Rudolf Steiner

W0063117

Eurythmie als sichtbare Sprache

Laut-Eurythmie-Kurs

Vortragskurs, gehalten in Dornach
vom 24. Juni bis 12. Juli 1924,
mit einem Vorwort von Marie Steiner

Zwei Vorträge, Dornach 4. August 1922
und Penmaenmawr 26. August 1923

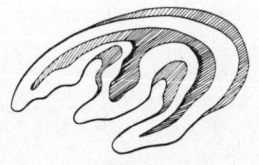

RUDOLF STEINER VERLAG
DORNACH / SCHWEIZ

Nach vom Vortragenden nicht durchgesehenen Nachschriften
herausgegeben von der Rudolf Steiner-Nachlaßverwaltung

Ungekürzte Ausgabe nach dem gleichnamigen Band
der Rudolf Steiner Gesamtausgabe
herausgegeben von Eva Froböse
(Bibliographie-Nr. 279, ISBN 3-7274-2790-6)
5. Auflage, Dornach 1990

Taschenbuchausgabe
1.–6. Tsd. Dornach 1994

Bestell-Nr. tb 7180

Zeichen auf dem Umschlag und Titelblatt von Rudolf Steiner

Alle Rechte bei der Rudolf Steiner-Nachlaßverwaltung, Dornach/Schweiz
© 1994 by Rudolf Steiner-Nachlaßverwaltung, Dornach/Schweiz
Printed in Germany by Clausen & Bosse, Leck

ISBN 3-7274-7180-8

ZU DIESER AUSGABE

Der Kursus «Eurythmie als sichtbare Sprache» war 1924 für ausgebildete Eurythmistinnen eingerichtet, welche die neue Bewegungskunst schon in die Welt getragen hatten. Es wurden die Grundelemente des ersten sogenannten «Dionysischen Kursus» (1912) und jene des zweiten «Apollinischen Kursus» (1915) wiederholt und Erweiterungen gegeben.*

Schon Anfang dieses Jahrhunderts, im Jahre 1908, während des Vortragszyklus über das Johannes-Evangelium, wandte sich Rudolf Steiner nach dem ersten Vortrag über den Prolog des Johannes-Evangeliums an eine junge Künstlerin mit der Frage: «Könnten Sie das tanzen?» – und etwas später nochmals an dieselbe Persönlichkeit mit den Worten: «Der Tanz ist ein selbständiger Rhythmus. Der Rhythmus des Tanzes führt zu den Urzeiten der Welt. Die Tänze unserer Zeit sind eine Degeneration der uralten Tempeltänze, durch welche die tiefsten Weltgeheimnisse erkannt wurden.» Doch beides verhallte. – Drei Jahre später (1911) war es dann an der Zeit, auf die Frage von Frau Smits – einer Teilnehmerin an den Münchner Festspielen und Vorträgen – nach einer neuen, auf «ätherischen Bewegungsimpulsen beruhenden Bewegungskunst», diese zu entwickeln. «Aber es wird sich um das Wort handeln, nicht um Musik», ist die Antwort Rudolf Steiners. – Ein völlig neuer Einschlag in diesem Jahrhundert!

Im September 1912 gibt Rudolf Steiner der Tochter von Frau Smits in Bottmingen bei Basel die ersten Grundlagen dieser neuen Kunst,* die auch in weiteren Kreisen Interesse findet. Schon im Mai 1914 kann eine kleine Gruppe auf eine Einladung hin, in London die ersten Früchte ihrer Arbeit zeigen. – Jedoch der Weltkrieg unterbricht die Verbindung nach England.

Trotz der Kriegswirrnisse wird in Deutschland durch den Einsatz von Marie Steiner eine kontinuierliche eurythmische Arbeit durchgeführt. Ein zweiter Eurythmiekurs mit den ersten vier Lehrerinnen ergibt sich im Jahre 1915 in Dornach.* Regelmäßige interne eurythmische Darbietungen bringen die neue Kunst voran, sodaß im Februar 1919 in Zürich die erste öffentliche Aufführung stattfinden kann. Zahlreiche Tourneen folgen durch Deutschland sowie Aufführungen in Holland, Norwegen und England.

Seit der Gründung der ersten Waldorfschule in Stuttgart (1919) erfährt die Pädagogik Rudolf Steiners wachsendes Interesse. Die Arbeit breitet sich auch in England aus und es werden in den Jahren 1922, 1923 und 1924 in Oxford, Ilkley, Penmaenmawr und in Torquay Sommerkurse und Veranstaltungen mit eurythmischen Darbietungen eingerichtet. Zwei Vorträge aus diesen Jahren sind dem Kursus «Eurythmie als sichtbare Sprache» als Einführung vorangestellt. – Rudolf Steiner beginnt den Kursus von 1924 mit Ausführungen über den Prolog des Johannes-Evangeliums: «Im Urbeginne war das Wort». Diese Stimmung liegt dem ganzen Kursus zugrunde. Eva Froböse

---

* Siehe Rudolf Steiner: «Die Entstehung und Entwickelung der Eurythmie» (GA 277a, Dornach 1965, 2. Aufl. 1982).

INHALT

Ausführliche Inhaltsangaben siehe Seite 283.

ÜBER DIE EURYTHMISCHE KUNST

Dornach, 4. August 1922

Ich möchte Ihnen heute einige Andeutungen machen über unsere eurythmische Kunst. Wir müssen uns ja bewußt sein, daß jede Kunst zu arbeiten hat im Bereiche derjenigen Mittel, die ihr als ihre Kunstmittel zur Verfügung stehen. Und eine Kunst wird nur dann eine wirklich lebensvolle sein können, wenn sie sich dazu durchringt, dasjenige, was erreicht werden soll, einzig und allein durch die betreffenden Kunstmittel, die ihr zur Verfügung stehen, zu erreichen.

Nehmen wir einmal als Beispiel die plastische Kunst. Die plastische Kunst, die Bildhauerkunst, sie hat als Kunstmittel die Form, das Flächenhafte, das gerundete Flächenhafte, und sie muß nun, wenn sie zum Beispiel darstellt eine Tiergestalt oder eine Menschengestalt, das Gerundete, Flächenhafte, so ansetzen, daß auch alles andere, was am Menschen ist oder am Tier ist, in diesem gerundeten Flächenhaften durch die entsprechende Technik zum Ausdruck kommt.

Nehmen wir also an, wir wollen ein Tier darstellen, das glatt behaart ist, so werden wir den Marmor oder die Bronze oder das Holz in einer andern Weise in seiner Oberfläche behandeln müssen, als wir es behandeln, wenn wir darzustellen haben ein Tier, das wollig behaart ist. Wir werden immer dasjenige, was nicht im Bereiche der betreffenden Kunstmittel liegt, durch diese Kunstmittel zum Ausdrucke bringen müssen. Also zum Beispiel werden wir uns in der Bildhauerkunst dazu durchringen müssen, in der Flächenbehandlung der Hautoberfläche zugleich dasjenige zum Ausdrucke zu bringen, was am wirklichen Menschen die Farbe, das Inkarnat darstellt. Es würde daher falsch sein, wenn jemand versuchen wollte, statt eines Bildhauerwerkes von einem Menschen einen Gipsabdruck irgendwie darzustellen. Der würde zwar in der Form mit dem Menschen vollständig übereinstimmen, aber es wäre ja nur dasjenige wiedergegeben, was eben naturalistisch menschliche Form ist. Es würde eine solche Darstellung niemals den Eindruck machen können des wirklichen Menschen. Denn der wirkliche Mensch wirkt erstens durch sein Inkarnat, durch seine Farbe – er wirkt durch manches andere noch, er wirkt durch seinen Ausdruck. Das alles können wir in die Bildhauerkunst nicht hineinbringen. Wir müssen daher die Fläche anders gestalten, als wir sie am Menschen naturalistisch haben, wenn wir das Gesamtmenschliche zum Ausdruck bringen wollen. Und so zum Beispiel müssen wir in der Kunst der Malerei, wo wir wiederum auf einer Fläche arbeiten müssen, durch die Behandlung der Farbe dasjenige zum Ausdrucke bringen, was die Gestalten, die wir darstellen, in der naturalistischen Wirklichkeit durch ihre Formung mit zum Ausdrucke bringen können und so weiter. In der neueren Zeit ist diese künstlerische Einsicht doch bis zu einem gewissen Grade verlorengegangen, und weil man eben nicht verstanden hat, aus dem Bereich der künstlerischen Mittel einer Kunst heraus zu arbeiten, hat sich das naturalistische Prinzip immer mehr und mehr eingeschlichen, dieses naturalistische Prinzip, das dann, weil es aber doch nur in irgendeiner Kunst wiederum innerhalb der künstlerischen Mittel auftreten kann, Unnatürliches, Unlebendiges künstlerisch zum Vorscheine bringt.

Wenn wir zum Beispiel die Bühne vor uns haben, so müssen wir uns bewußt sein, was auf der Bühne alles vorgeht und dargestellt werden soll im Hinblick auf ein Leben, das ganz anders naturalistisch aufgefaßt ist, als was die Bühne darstellen kann. Die Bühne ist eine Art Relief des Lebens, und wir müssen alles auf der Bühne so einrichten, daß dem Rechnung getragen wird, daß wir es mit einem Relief des Lebens zu tun haben. Wir müssen zum Beispiel wissen, daß es etwas bedeutet, wenn ein Spieler in einem Drama von rückwärts nach vorn geht. Das bedeutet durchaus nicht dasselbe auf der Bühne, als wenn ein Mensch in einem Zimmer von rückwärts nach vorne geht, denn wir müssen mit dem ganzen Milieu rechnen, wir müssen den Zuschauerraum mitnehmen, denn das Kunstwerk entwickelt sich zwischen der Bühne und demjenigen, was mit den Zuschauern vorgeht.

Wenn zum Beispiel eine Passage zu sagen ist innerhalb eines Dramas von einem Spieler, die ihrem Inhalte nach besonders intim wirken soll, so werden wir für dieses intime Wirken niemals den Schauspieler dürfen zurückgehen lassen, sondern wir müssen für das intime Wirken den Schauspieler auf der Bühne vortreten lassen. Auf der Bühne bedeutet alles etwas anderes als im allgemeinen. Wenn ein Schauspieler, von der rechten Seite vom Zuschauerraum aus gesehen, nach der Mitte geht, so bedeutet das etwas ganz anderes, als wenn er von der linken Seite, vom Zuschauerraum aus gesehen, nach der Mitte geht und so weiter.

Wir müssen die Mittel, die wir im Bereich der Bühnenkunst haben, beherrschen. Wir müssen mit dem Gang des Spielers in dieser oder jener Richtung auf der Bühne rechnen. Es ist nicht einerlei, ob wir uns sagen: Was wird ein Mensch tun, der etwas Intimes aussprechen will? Die naturalistische Kunst, die hat in der Regel bloß die Anschauung: Nun, dann werden wir ihn halt hauchen lassen. Das kann unter Umständen für den naiven Zuschauer durchaus nicht dasselbe erreichen, was wir einfach dadurch erreichen, daß wir den Schauspieler bei einer solchen Gelegenheit um drei, vier, fünf Schritte vortreten lassen und so weiter.

Nehmen wir eine andere Kunst, die in unserer heutigen Zeit am allerwenigsten richtig angeschaut wird, nehmen wir die Deklamations- und Rezitationskunst. Wenn man in der Deklamations- und Rezitationskunst so sich verhält, wie man glaubt, daß so recht natürlich gesprochen werden soll, so recht naturalistisch pointiert werden soll, dann ist das am wenigsten künstlerisch. Bei der Deklamations- und Rezitationskunst handelt es sich um etwas ganz anderes; da handelt es sich darum, daß man zu studieren weiß: Welcher Charakter ist im Vokalisieren, welcher Charakter ist im Konsonantisieren, welche besondere Stimmung liegt in dem Vokale *e,* in dem Vokale *a*? Was verändert in der bloßen *a*-Stimmung das *m*? Was verändert in der bloßen *a*-Stimmung das *l*? Und daß man dann versteht, solche Stimmungen, die schon im Vokalisieren und Konsonantisieren liegen, solche Stimmungen über die ganze Zeile auszudehnen, ja vielleicht über einen ganzen Monolog auszudehnen, so daß durchaus davon gesprochen werden kann, ein besonderer Monolog könnte in der *e*-Stimmung, in der *a*-Stimmung gesprochen werden, das heißt in derjenigen Stimmung, die insbesondere beim *a* oder beim *e* oder beim *m* oder beim *l* entwickelt werden kann.

Und so ist es durchaus möglich, aus den besonderen Mitteln eine Konfiguration, eine künstlerische Behandlungsart hervorzurufen, welche eigentlich erst die betreffende Kunst ausmacht. Außerdem handelt es sich bei der Rezitations- und Deklamationskunst darum, daß die epische von der lyrischen und von der dramatischen Stimmung wesentlich unterschieden werde. Es handelt sich weiter darum, daß man gerade bei dieser Kunst ganz besondere Sorgfalt darauf verwendet, zu sehen, wie die naive Aufnahme beim Zuschauer ist, unter der größtmöglichen bewußten Kunstentwickelung desjenigen, der zu rezitieren oder zu deklamieren hat.

Das erreicht man niemals durch Naturalismus, das erreicht man nur dann, wenn man versteht, die Laute sowohl wie auch die Sätze und ganze rhetorische Partien zu gestalten, richtig zu gestalten. Deshalb muß ich oftmals sagen in Begleitung der Eurythmie, daß es sich bei der Rezitationskunst und Deklamationskunst durchaus darum handelt, das Musikalische und Imaginative schon in der Sprachbehandlung des Dichters herauszuholen, und dasjenige, was sonst im naturalistischen Leben durch die Pointierung erreicht wird, das ganz durch die Sprachgestaltung zu erreichen.

Wenn wir von diesem Gesichtspunkte aus nun die Eurythmie betrachten, insofern sie eine wirkliche Kunst werden soll, so müssen wir uns fragen: Was hat sie für Kunstmittel? Nun, Sie haben ja alle Eurythmievorstellungen beigewohnt und wissen daher, daß zunächst bei der Eurythmie das der Fall ist, daß die Bewegung der menschlichen Glieder, namentlich der Arme und Hände, aber auch wenigstens andeutungsweise überall die Bewegung des ganzen menschlichen Körpers zunächst ein Ausdrucksmittel für die Eurythmie ist als Kunst.

Die Bewegung selber also, das ist dasjenige, um was es sich zunächst handelt. Und das Vollkommene der Eurythmie ist erst dann erreicht für den Zuschauer, wenn er etwas erschaut in der Bewegung als solcher, in der Bewegung, die zum Beispiel einem Vokal oder Konsonanten zukommt, beziehungsweise in der Gestaltung, die dann infolge der Bewegung eintritt. Das ist das erste. Aber wir dürfen nicht vergessen, daß Eurythmie eben eine wirkliche sichtbare Sprache und als solche ein Seelenausdruck ist wie die Lautsprache. So daß also dasjenige, was die Eurythmie zur Darstellung bringt, für das Auge so wirken muß lediglich durch ihre Kunstmittel, wie die Lautsprache auf und durch das Ohr wirkt.

Es wäre also durchaus falsch, wenn jemand glauben würde, daß ohne weiteres bei der Eurythmie die gewöhnliche Mimik oder Physiognomie irgendeine Bedeutung hätte. Diese gewöhnliche Physiognomie oder diese gewöhnliche Mimik des Gesichtes hat gar keine Bedeutung, sondern alles dasjenige, was nur zur Bewegung gehört. Der Zuschauer muß also völlig vergessen können über dem Wesen der Bewegung, was in mimischer oder sonstiger Weise der eurythmisch Darstellende für ein Gesicht macht oder hat. Im idealen Sinne kommt es also gar nicht darauf an, ob der Eurythmisierende ein schönes Gesicht oder ein häßliches Gesicht hat. Es muß vollständig die Aufmerksamkeit durch die Bewegung selber auf die Bewegung konzentriert werden können.

Aber Eurythmie ist eben doch als Bewegung Sprache, ist Ausdruck der menschlichen Seele. Und niemand wird – sagen wir zum Beispiel als Rezitator oder als Bildhauer – einen Laut oder Lautzusammenhang gestalten können, oder eine Fläche formen können, wenn er nicht ein Gefühl hat, ein Gefühl für die gekrümmte Fläche, für die Gestaltung des Lautes oder des Lautzusammenhanges. Es kommt nicht so sehr darauf an, daß der Darstellende just im Momente seiner Darstellung ein naturalistisches Gefühl davon hat, was im Zuschauer oder Zuhörer und wie es erregt werden soll – dadurch würde er sich nur beirren –, sondern es kommt darauf an, daß er just den Lautzusammenhang, die Lautgestaltung fühlt; und es kommt darauf an, daß der Bildhauer die Fläche fühlt. Der Bildhauer hat ein anderes Gefühl, wenn er eine runde oder eine ebene Fläche fühlt. Das ist nicht dasselbe Gefühl, das man darstellen will, das ist das künstlerische Gefühl, das man entwickelt innerhalb des Bereiches der Kunstmittel.

Dieses Gefühl, das kann nun auch bei der eurythmischen Kunst beim Darsteller spielen. Und gerade wenn der Darsteller in dieser

Beziehung gegenüber seiner Bewegungsform das richtige Gefühl, die richtige Empfindung hat, wird er es dazu bringen, auf den Zuschauer seelenvoll zu wirken.

Vergegenwärtigen wir uns einmal, was da eigentlich sein kann. Nehmen wir an, die Bewegung würde, sagen wir, bei irgendeinem Buchstaben dem Eurythmisierenden auferlegen, daß er den Arm in dieser Weise bewegt und kurze Zeit hält (Zeichnung 1). Dann ist das

Tafel 1*

zunächst die *Bewegung* oder dasjenige an Gestaltung, in das die Bewegung hineingegangen ist. Nun wird aber diese Bewegung erst seelenvoll wirken, wenn der Eurythmisierende außerdem das *Gefühl* hat, daß er mit seiner Bewegung diese Bewegung selber so empfindet, als ob er etwa hier oben eine fühlbare Luft hätte, die sich anders anfühlt als die allgemeine Luft, oder wenn er meinetwillen etwas hier um den Arm geschlungen hätte, das er tragen muß (Zeichnung 2). Denken Sie sich, er bewegt den Arm so und hat das Gefühl, da ruht etwas ganz leicht ihn Berührendes und Drückendes, oder auch es zieht etwas. – Wenn wir uns das darstellen in einer expressionistischen Form etwa, so können wir das so darstellen, daß wir hier einen Schleier gestalten. Dann sieht der Zuschauer, was der Eurythmisierende fühlt, wenn dieser nun wirklich geschickt den Schleier so gestaltet, so legt, daß man sieht, der Eurythmisierende verspürt hier einen leisen Druck und hier einen leisen Zug. Und man kann alles Fühlen beim eurythmisierenden Bewegen in die Form des Schleiers gießen.

* Zu den Tafelzeichnungen siehe S. 272

Das ist natürlich schon eine sehr ideale Sache, die von vornherein nicht gleich erreicht werden kann, aber die mindestens nach und nach angestrebt werden muß. Es war daher durchaus richtig, unserer eurythmischen Darstellung zunächst den Schleier hinzuzufügen, denn der Schleier ist im wesentlichen ein Unterstützungsmittel für den Zuschauer, um das auch wirklich äußerlich in bewegter Plastik zu sehen, was das fluktuierende Fühlen beim Eurythmisierenden ist. Und wiederum, wenn zusammenwirken in dieser Weise, wie ich es geschildert habe, Bewegung und Gefühl, so haben wir schon einen Teil des Seelischen. Denn statt dem Gedanken haben wir die Bewegung, und das Gefühl haben wir ja direkt. Es wird natürlich eine wesentliche Unterstützung für den Zuschauer noch herauskommen, wenn der Schleier eine bestimmte Färbung hat im Verhältnisse zum Gewand, denn am Gewand wird im wesentlichen die Bewegung zum Ausdrucke kommen, wenn am Schleier das Gefühl sichtbar ist.

So kann man außerdem noch in schönen expressionistischen Formen das Zusammenstimmen von Bewegung und Gefühl zum Vor-

15

schein bringen. Und man kann dann davon sprechen, daß wenn man, sagen wir, dem Gewand eine Farbe gibt, entsprechend etwa dem *e*-Laut, so wird entsprechend dem *e*-Laut dann, wenn das Gewand eine bestimmte Farbe hat, der Schleier eine entsprechende andere Farbe haben müssen, so daß aber dann auch beide Farben in demselben Verhältnisse stehen wie Bewegung und Gefühl.

Das wird man allerdings zunächst bei der eurythmischen Darstellung nicht in solcher Art verwenden können, weil man natürlich nicht bei jedem Laut Gewandung und Schleier wechseln kann. Aber ich habe ja schon vorhin gesagt: Wir können sprechen, wenn wir wirklich künstlerisch die Dinge durchdringen, von gewissen Stimmungen, sagen wir beim *e* oder beim *u,* können das dann übertragen nicht nur auf Zeilen und Strophen, sondern auf ein ganzes Gedicht. Und wenn wir ein Gefühl haben dafür: dieses Gedicht ist auf *i,* jenes Gedicht ist auf *e* gestimmt, oder sagen wir, wenn wir das Gefühl haben: in diesem Gedichte bekommen wir eine richtige Stimmung heraus, die dem Gedichte entspricht, wenn wir bei zwei eurythmischen Darstellern die Sache so machen, daß wir durch den einen eine *e*-Stimmung charakterisieren durch das Gewand und den Schleier, bei dem andern eine *i*-Stimmung, dann kann wiederum durch das Zusammenwirken dieser beiden Stimmungen in Komplikationen gerade die Stimmung des Gedichtes zum Vorschein kommen.

Solche Versuche sind allerdings schon gemacht worden bei der Zusammenstimmung von Schleier und Gewandung für ganze Gedichte, denn von solchen Dingen muß nämlich ausgegangen werden. Man kann nicht sagen, daß die Dinge auf einer nebulosen Phantasie beruhen können, sondern sie müssen durchaus innerlich künstlerisch erlebt, künstlerisch studiert werden; dann können sie erst in eine solche Wirklichkeit umgesetzt werden, daß der Zuschauer, wenn er von alledem gar nichts weiß, dennoch in ganz naiver Weise den entsprechenden Eindruck hat.

Nun kommt beim Darstellen des Eurythmischen aber noch ein drittes Element in Betracht. Und das ist das willenshafte Element, der *Charakter.* Sie werden, wenn Sie an irgendeinen Laut denken und daran denken, er soll eurythmisiert dargestellt werden, sich sagen: In der Bewegung stellt sich zunächst etwas dar wie die allgemeine Sprachgestaltung im Rezitieren. Die Art und Weise, wie man bildhaft oder musikalisch die Sprache gestaltet, die drückt sich in der Bewegung aus bei der Eurythmie.

Das Gefühl, das der Rezitator auch hineinlegt in sein Rezitieren, das Gefühl, das kommt also zum Ausdruck ganz sichtbarlich in demjenigen, was der Eurythmist in seiner Phantasie selber fühlen muß; da drückt es etwas, da zieht es etwas, dadurch benimmt er sich in der Bewegung ganz anders. Das wird ganz unwillkürlich, instinktiv anders in der Bewegung, indem er sich in dieser Weise oder in anderer Weise fühlt. Dadurch wird das Ganze wirklich beseelt und durchseelt, und es ist gut, wenn der Eurythmist nicht nur die ganz äußerliche Bewegung bezwingt, sondern wenn er auch dieses Gefühl hat, wenn er ein *e* macht, so hat er ganz bestimmte, leise Empfindungen da oder dort, wenn er in seiner Phantasie sich diesem leisen Empfinden hingibt. Aber weil er die Bewegung macht, so wird er die Bewegung in einer andern Weise beseelt machen, als wenn er nur mechanisch die Bewegung macht.

Aber der Rezitator gibt ja auch ein Willenselement in das Rezitieren hinein. Er spricht, sagen wir, das eine leise, er steigert, er spricht manches ganz laut. Das ist das Willenselement, das hineingetragen wird. Und dieses Willenselement, das ich nennen möchte den Charakter im Künstlerischen, dieses Willenselement, Sie können es auch hineintragen in die eurythmische Darstellung. Nehmen Sie an, Sie haben für irgendeinen Laut den Arm in einer bestimmten Stellung zu halten. Jetzt werden Sie unwillkürlich und instinktiv künstlerisch etwas anderes machen, wenn Sie die Hand ganz schlapp halten, so daß Sie sie ihrer eigenen Schwere überlassen, oder wenn Sie sie strecken. Und Sie werden in bezug auf den Charakter in ähnlicher Weise wie der Rezitator durch stärkere, kräftigere Sprache oder weniger kräftige Sprache Charakter hineinbringen in das Rezitieren und Deklamieren. Sie werden zum Beispiel dem, was Sie mit dem Arm darstellen, einen ganz andern Charakter geben, wenn Sie als eurythmischer Darsteller sich nicht nur Ihrer Phantasie hingeben, sondern diese Phantasie auch in sich zur Ausführung bringen. Sagen wir, Sie spannen die Stirne an bei irgendeinem Buchstaben oder irgendeiner Passage, die Sie darstellen; oder Sie fühlen, Sie geben Kraft den Muskeln des Oberarmes bei irgendeiner Bewegung; oder Sie fühlen, Sie stellen bewußt, indem Sie auf den Boden drücken, die Füße auf bei irgendeiner Bewegung. Das ist das dritte Element, der Charakter, der in das Eurythmische hineinkommen kann. Da haben wir also die Möglichkeit, wirklich das ganze Seelische im Eurythmischen zur Darstellung zu bringen.

Es ist merkwürdig, wenn man diesen Gedanken, den ich eben ausgesprochen habe, nun wirklich ausführt, dann kommt man dazu, einfach indem man die Eurythmie in einer gewissen Weise ausdrückt, die Ansätze zu dem zu schaffen, was heute als eine besondere Kunstform gesucht wird: das Expressionistische der Kunst. Denn die Eurythmie ist nun in gewissem Sinne wirklich expressionistisch. Sie bedient sich nur nicht jener vielfach albernen Mittel, deren sich der sogenannte Expressionismus bedient; sie bedient sich derjenigen Kunstmittel, mit denen man wirklich Ausdrucksformen, Expressionen künstlerisch schaffen kann, in der Bewegung des menschlichen Leibes, in dem in die Glieder hineingegossenen Fühlen und in dem in die Glieder hineingegossenen Charakter, so wie ich es eben dargestellt habe.

Und nun ist versucht worden in einigen Darstellungen, die allerdings auch erst im Anfange sind, gerade das, was ich jetzt ausgesprochen habe, so zu gestalten, daß zunächst wenigstens nach diesen Prinzipien die Laute behandelt worden sind. Und zwar so behandelt worden sind, daß man jedem Laute gerecht wird in einer gewissen Ausdrucksweise, daß da wirklich in einer Farbgebung die Bewegung dargestellt ist, in einer zweiten das Gefühl, welches in den Schleier aber hineingelegt ist, von dem man natürlich nur die Farbe zu sehen hat in der Darstellung, und in einer dritten Farbe der Charakter zum Ausdruck kommt, so daß Sie jeden Laut eurythmisch darstellen können durch die Farbe nach: Bewegung, Gefühl und Charakter.

Dadurch kann vielleicht zweierlei erreicht werden. Erstens kann gesehen werden, inwiefern das Eurythmische mit seinen Mitteln Künstlerisches erreicht. Denn alles, was künstlerisch erreicht werden soll durch die Eurythmie, was einfach auf der Bühne geschehen soll und verwendet werden soll, das ist dieses: Bewegung, Gefühl, Charakter, in der Form, wie ich es ausgesprochen habe. Geradeso wie der Bildhauer mit seiner Flächenführung, der Rezitator mit seiner Lautgestaltung, der Musiker mit seinen Tongestaltungen, so muß mit Bewegung, Gefühl und Charakter der Eurythmiker alles dasjenige erreichen, was zu erreichen ist. Das andere darf alles nicht in Betracht kommen. Das ist der Bereich der Mittel für die eurythmische Kunst. Mit diesen Mitteln muß alles erreicht werden.

Bei den figuralen Darstellungen, die hier gegeben worden sind, namentlich mit Rücksicht darauf, daß bei den Oxforder Eurythmiedarstellungen* gleichzeitig dem Verständnis der Eurythmie geholfen werden sollte durch solche Darstellungen, und die dasjenige, was das Wesen der Eurythmie ist, noch deutlicher machen sollen, werden Sie nun sehen, wie ich versucht habe, manche Intentionen in dieser Beziehung wenigstens zunächst anzuregen, und die Darstellungen sind dann in den letzten Zeiten durch den Fleiß von Miss *Maryon* zustande gekommen.

Es ist mir da gelungen, solche Darstellungen zu geben, daß in der Darstellung nichts anderes ist als nur die drei Elemente, von denen ich gesprochen habe. So daß man also auf der einen Seite dadurch in das Verständnis der Eurythmie hineingeführt werden kann, aber auf der andern Seite auch der Eurythmist selber außerordentlich viel an diesen Darstellungen wird lernen können, weil ihm da, indem er die figuralen Darstellungen vor sich hat, eben von irgendeinem eurythmischen Elemente das Wesentliche gegeben wird.

Indem ich Ihnen diese Darstellungen zeige, bitte ich, zuallererst beachten zu wollen, daß sie in keiner Weise kopiert werden sollen und in keiner Weise nachgeahmt werden sollen: «Nachdruck strengstens verboten.» Das ist das erste. Und das zweite ist, wenn ich sie Ihnen nun zeige, daß Sie sie nicht umstoßen und alle durcheinander laufen.

---

* Anläßlich des pädagogischen Kurses über «Die geistig-seelischen Grundkräfte der Erziehungskunst. Spirituelle Werte in Erziehung und sozialem Leben» (Bibl.-Nr. 305) von Rudolf Steiner in Oxford im Jahre 1922 fanden am 18. und 19. August Eurythmie-Aufführungen statt.

So ist zunächst nur versucht worden, die Buchstabenreihe nach diesen Richtungen darzustellen, von denen ich eben gesprochen habe. Sie werden also hier Darstellungen von Menschen sehen, bei denen alles übrige weggelassen ist, was nicht zur Eurythmie gehört. Also Sie werden nicht etwa erwarten dürfen irgendwelche malerischen oder bildhauerischen Darstellungen von Menschen, sondern lediglich eurythmische Menschen, das heißt Menschen, an denen gar nichts anderes ist als Eurythmie, aber diese Eurythmie eben für die einzelnen Laute in höchster Vollständigkeit. Also Gesichter haben die Eurythmiefiguren nicht, vielmehr sind die Gesichter so, daß angedeutet ist der Charakter, die Form und so weiter.

Wenn Sie der Reihe nach gehen, so haben Sie also: *a, e, i, o, u, d, b, f, g, h*. Wie dasjenige, was sonst Gesicht ist, geformt ist, das gibt eben die Bewegung, die natürlich nur angedeutet werden kann, aber es ist auch das selbst gut, wenn der Eurythmist die Phantasie sich bildet, daß er so ausschaut. Sie haben dann weiter hier: *t, s, r, p, n, m* und *l*.

Ich bitte jetzt, sich etwas näher zu begeben. (Rudolf Steiner zeigte darauf die einzelnen Figuren.)

Die Eurythmie ist uns eigentlich auf dem Boden der anthroposophischen Bewegung wie eine Schicksalsgabe zugewachsen. Es war im Jahre 1912, da verlor eine anthroposophische Familie den Vater, und die Tochter suchte einen Beruf, der nun aus der anthroposophischen Bewegung hervorgeholt werden sollte. Und da ergab es sich aus mancherlei Absichten, die man nach diesem oder jenem gehabt hat, daß eine Art von Raumbewegungskunst, die es damals noch nicht gab, gerade bei dieser Gelegenheit inauguriert werden konnte. Und so wuchsen denn eigentlich die allerersten, allerdings nur diese allerersten Prinzipien und Formen der Eurythmie aus der Unterweisung jener jungen Dame heraus.

Es gehört damit gerade diese Eurythmie zu denjenigen Konsequenzen der anthroposophischen Bewegung, die eigentlich immer so zugewachsen sind, daß man die ersten Anfänge wie eine Schicksalswendung genommen hat und dann ungefähr so davorgestanden hat, wie ich vor den Säulenformen im Goetheanum stand, die sozusagen durch das künstlerische Schaffen ein eigenes Leben gewannen, noch etwas ganz anderes hatten als dasjenige, was ursprünglich hineingelegt worden ist.

So ist es immer, wenn man sich für das künstlerische Schaffen oder überhaupt für das menschliche Schaffen hingibt an die schaffenden Kräfte der Natur. Wie die schaffenden Kräfte der Natur selber gleichsam aus einem Unendlichen heraus arbeiten, so daß man immer viel mehr herausfinden kann aus dem, was entsteht, als dasjenige ist, was man zunächst hineingelegt hat, so ist es, wenn man sich beim künstlerischen Schaffen mit den schöpferischen Kräften und Mächten der Natur verbindet. Man führt dann nicht nur engbegrenzte Impulse aus, sondern man kommt dazu, daß man zuletzt eine Art von Werkzeug wird für die schöpferischen Mächte der Welt und daß eben viel mehr aus der Sache herauswächst, als man ursprünglich beabsichtigen konnte.

Es wurde dann auch diese Eurythmie zunächst in sehr kleinen Kreisen getrieben und unterrichtet. Dann nahm sich ihrer Frau Dr. Steiner im Beginne der Kriegszeit an, und dadurch gewann sie gewissermaßen immer mehr und mehr an Ausdehnung, aber auch an Inhalt. Dasjenige, was heute die Eurythmie ist, ist eigentlich erst seit jener Zeit zu den ersten, 1912 gegebenen Prinzipien dazugekommen. Und wir arbeiten fortwährend – denn dasjenige, was heute Eurythmie ist, ist ja ein Anfang – an der Ausgestaltung, an der Vervollkommnung. Sie trägt aber, ich möchte sagen, unbegrenzte Vervollkommnungsmöglichkeiten in sich. Und deshalb wird sie ganz zweifellos, wenn wir längst nicht mehr dabei sind, ihre weitere Ausbildung und ihre weitergehende Vervollkommnung finden und sich dann als eine jüngere Kunst neben die älteren Künste hinstellen können.

Künste sind niemals bloß entstanden aus verstandesgemäß gefaßten menschlichen Absichten, sind auch niemals entstanden aus dem Prinzipe heraus, die Natur auf irgendeinem Gebiete so oder so nachzuahmen, sondern sie sind immer entstanden, wenn Herzen, menschliche Herzen sich gefunden haben, welche Impulse erhalten konnten aus der geistigen Welt, und sich genötigt fanden, diese Impulse zu verkörpern, zu realisieren durch diesen oder jenen äußeren Stoff.

Man kann für jede der einzelnen Künste: Baukunst, Plastik oder Bildhauerei, Malerei, Musik und so weiter, überall nachweisen, wie gewisse spirituelle Impulse aus höheren Welten zu den Menschen kamen, wie besonders geeignete Naturen diese Impulse aufgenommen haben, und dasjenige, was gewissermaßen sich abgeschattet hat von höheren Welten in das menschliche Schaffen in der physischen Welt, das gab die Künste. Gewiß, die Künste sind dann in ihrer Entwickelung zumeist so fortgefahren, daß sie naturalistisch geworden sind, daß die ursprünglichen Impulse verlorengegangen sind und eine Art äußerer Nachahmung eintrat. Aber bei dieser äußeren Nachahmung liegt eben niemals der Ursprung der Künste.

Heute – ich will nur beispielsweise dies anführen – denkt man zunächst daran, wenn man zum Beispiel als Bildhauer oder Maler das menschliche Selbst wiederzugeben hat, wie man diese Wiedergabe nach dem Modell besorgt. Es ist durchaus nachweisbar, daß die Bildhauerkunst auf ihrer Höhe innerhalb Griechenlands nicht dadurch entstand, daß man nach einem Modell arbeitete, also gewissermaßen den äußeren Sinnenschein nachahmte, sondern innerhalb desjenigen Zeitalters, in dem gerade die Blüte der griechischen Plastik entstanden ist, fühlte der Mensch noch etwas in sich von seinem Ätherleib, der die eigentlich gestaltenden und Wachstumskräfte des Menschen enthält. In der besten Griechenzeit entdeckt der Mensch, was es heißt, mit Hilfe des Ätherleibes einen Arm und eine Hand in eine gewisse Attitüde zu bringen, und er empfindet die Muskelhaltung und Muskelstellung bei dieser Attitüde. Er erlebte gewissermaßen innerlich die Weite des Armes, die Streckkraft des Armes, die Streckkraft der Finger. Und dieses innerliche Erlebnis, das gab er durch seinen Stoff, durch die äußere Materie wieder.

Es war also dasjenige, was der griechische Plastiker der Materie anvertraute, innerliches Erlebnis; es war das, was man dann in den Ton oder in das Plastilin hineindrückte, nicht äußerlich mit den Augen angeschaut – so geht diese Linie, diese Fläche –, sondern es war tatsächlich ein inneres Erlebnis, das nachgeschaffen war den schaffenden Kräften der Natur und das anvertraut wurde dem äußeren Stoff.

Und so ist es bei jeder Art Kunst in dem Augenblick, wo innerhalb der Menschheitsentwickelung diese Kunst auf der Höhe steht. Und es gibt ja in der Menschheitsentwickelung auf der Erde immer solche Epochen, in denen das Spirituelle mehr als in andern Epochen herunterkommt aus den geistigen Welten, in denen sozusagen die Menschen aufgefordert werden, durch die Fenster, die in das Spirituelle hineingehen, hineinzublicken und dasjenige, was in spirituellen Welten lebt, hinunterzutragen auf die Erde.

Damit nehmen die Künste ihren Anfang. Es folgen dann immer mehr naturalistisch geartete Zeitalter. In denen entwickelt sich das Epigonenhafte der Künste manchmal zu größerer äußerer formeller Vollkommenheit als die betreffende Kunst bei ihrem Ausgangspunkte hatte; aber bei ihrem Ausgangspunkte hat die Kunst den lebendigeren, kraftvolleren, enthusiastischeren spirituellen Impuls. Da hat sie ihre wahre Realität, ihre wahre, aus dem ganzen Menschen herauskommende Praktik, die nicht bloß eine Praktik sein kann des äußerlichen formellen Schaffens, sondern wie eine Praktik sein muß des Physischen, Seelischen und Geistigen.

Daß in der Menschheitsentwickelung dies immer so war, konnte einem den Mut geben, nachdem schon einmal, ich möchte sagen, diese Eurythmie wie ein Schicksalsvogel hereingeflogen war in die anthroposophische Bewegung, sie immer weiter und weiter auszubilden. Denn anthroposophische Bewegung will ja für die Gegenwart diesen spirituellen Impuls, der gerade unserer Gegenwart angemessen ist, zur Offenbarung bringen.

Sie ist tatsächlich in aller Bescheidenheit der Ansicht, daß ein solcher spiritueller Impuls gerade jetzt wiederum in die Menschheit kommen müsse. Daher kann dieser spirituelle Impuls nicht anders, als sich ausdrücken durch eine besondere Kunstform, in die er hineinströmt. Und diese besondere Kunstform ist eigentlich in der Eurythmie gegeben. Das wird man immer mehr und mehr einsehen.

In bezug auf andere Kunstformen wird Anthroposophie berufen sein, Vertiefung, Erweiterung, Belebung herbeizuführen. Die Eurythmie konnte geradezu nur auf anthroposophischem Boden erwachsen, konnte nur durch dasjenige ihre Impulse erlangen, was eben aus unmittelbarer anthroposophischer Anschauung auch hervorgehen kann.

Diejenige Offenbarungsart, durch die der Mensch sein Wesen nach außen für andere Menschen kundgibt, ist ja die Sprache. Durch die Sprache offenbart sich der Mensch am allerinnerlichsten. Und so ist denn zu denjenigen Künsten, die mehr entweder das räumlich Äußere oder das zeitlich Äußere zu ihrem Vorwurf nehmen, hinzugetreten zu allen Zeiten, entsprechend den einzelnen Zeitaltern – gewissermaßen die verschiedenen Künste begleitend –, die Kunst, welche sich durch die Sprache zur Offenbarung bringt: die Dichtung.

Diese Kunst der Sprache – ich nenne die Dichtung ausdrücklich, wir werden nachher sehen, daß dies berechtigt ist, eine Kunst der Sprache –, sie ist universeller als die andern Künste, denn sie kann die andern Künste in ihren Formen in sich aufnehmen. Man kann davon sprechen, daß die Dichtkunst die Sprachkunst ist, die bei dem einen Dichter mehr plastisch, bei dem andern Dichter mehr musikalisch wirkt. Ja, man kann auch von einer malerisch wirkenden Dichtkunst sprechen und so weiter.

Die Sprache ist in der Tat ein universelles Ausdrucksmittel der menschlichen Seele. Und derjenige, der unbefangen in Urzeiten der Menschheitsentwickelung auf Erden hineinschauen kann, der kann sehen, daß in gewissen alten Ursprachen tatsächlich ein tief künstlerisches Element in der Menschheitsentwickelung waltete. Nur waren diese Ursprachen viel mehr als die heutigen Zivilisationssprachen aus dem ganzen Menschen herausgeholt. Wir kommen sogar, wenn wir unbefangen diese Entwickelung verfolgen, zu Ursprachen, die sich äußerten fast wie ein Singen, aber so, daß der Mensch lebendig begleitet dasjenige, was er spricht, mit Bewegungen seiner Beine, mit Bewegungen seiner Arme, so daß eine Art von Tanzen dann zum Sprechen hinzutrat bei gewissen Ursprachen, wenn irgend etwas in gehobener Form oder in beabsichtigt kultusartiger Form zum Ausdrucke gebracht werden sollte.

Man empfand die Begleitung des aus der Kehle dringenden Wortes mit der menschlichen Gebärde gerade in Urzeiten der Menschheitsentwickelung als etwas wie Selbstverständliches. Und richtig beurteilen wird man das, was da waltete, nur dann, wenn man sich Mühe gibt, darauf hinzuweisen, wie in der Tat dasjenige, was sonst nur als begleitende Gebärde beim Sprechen auftritt, selbständig Leben gewinnen kann. Man kommt nämlich dann darauf, daß die Gebärde, die durch Arme und Hände ausgeführt wird, in künstlerischer Beziehung nicht nur geradeso ausdrucksvoll, sondern sogar viel ausdrucksvoller sein kann als die Sprache.

Ich will schon zugeben, daß man nicht immer und überall ganz vorurteilslos sich diesen Dingen hingibt. Es gibt zum Beispiel da oder dort gewisse Antipathien gegen die das Sprechen begleitenden Gebärden, und ich habe schon gesehen, daß es Leute gibt, die es sogar für etwas Unvornehmes halten, wenn irgend jemand seine Rede mit besonderen Gebärden begleitet, so daß manchmal auch heute schon die Attitüde eingerissen ist, während des Redens seine Hände so*

---

* Eine in London bei Rednern damals häufige Gebärde: die Hände wurden in die hinteren Rocktaschen gesteckt. (M. St.)

in die Taschen zu stecken. Mir war das immer eine höchst unsympathische Attitüde. Ich habe mir daher niemals hier Taschen machen lassen, damit ich das gar nicht machen kann!

Es ist tatsächlich dasjenige, was durch Arme und Hände sich ausdrücken kann, etwas, was in ungemein hohem Grade das Innere des Menschen offenbaren kann. Ich muß zum Beispiel sagen, es juckt mich manchmal förmlich in den Fingern, einen Aufsatz zu schreiben über einen mir sehr lieben, vor einigen Jahren verstorbenen Philosophen, *Franz Brentano*. Ich habe über ihn manches geschrieben, aber ich möchte auch noch einen andern Aufsatz einmal schreiben, auf das Folgende gehend:

Wenn Franz Brentano den Katheder bestieg, sich hinstellte auf das Podium, da war die ganze Philosophie, die man sonst bei Brentano in ihrer geistvollen Weise bewundern konnte, die man durch Begriffe ausdrücken konnte, die man schildern konnte eben mit philosophischen Abstraktionen, diese Philosophie war viel wunderschöner als alles dasjenige, was Brentano selber sagte; und dasjenige, was er über sie hätte sagen können, war zum Ausdruck gebracht durch die Art und Weise, wie er seine Arme und Hände bewegte, wenn er sprach, wie er das Blatt, das sein Konzept enthielt, hinhielt. Es war eine ganz besondere Art der Bewegung, die immer darauf hinging, durch das Halten des Blattes gewissermaßen zugleich wie etwas Wichtiges und doch wieder wie etwas Gleichgültiges in die Gebärde hineinströmen zu lassen. So daß man sah, wie die ganze Philosophie sich ausdrückte in dieser Gebärde, die während einer Vortragsstunde die mannigfaltigsten Formen annahm.

Dieser Franz Brentano ist besonders dadurch bemerkenswert, daß er eine Psychologie begründet hat, in welcher er von allen andern Psychologen, von Spencer, Stuart Mill und andern, dadurch abweicht, daß er unter die psychologischen Kategorien nicht den Willen rechnet. Nun, ich kenne alle Beweise und Auseinandersetzungen, die Franz Brentano über diese seine Theorie gegeben hat. Keine wirkt auf mich so überzeugend als die Art und Weise, wie er nun das Blatt hielt, und in dem Augenblicke, wo er die Handgebärde, die Armgebärde machte, aus seiner ganzen Philosophievertretung der Wille entschwand, während das Gefühl und die Idee sich in mächtiger Weise entfalteten, wie der Wille entschwand. Dieses Präponderieren der Idee und des Gefühles und das Entschwinden des Willens, das lag in jeder Handbewegung, die er machte. So daß ich wirklich gar nicht anders können werde, als den Aufsatz zu schreiben: Die Philosophie Franz Brentanos, sich offenbarend aus seiner Armbewegung, aus seiner ganzen Geste. Denn da scheint sie mir viel mehr drinnen zu liegen als in alledem, was man sonst auf philosophisch gehaltene Weise über die Sache zu sagen weiß. Wer sich in dieses unbefangen vertieft, der kommt darauf, daß das, was wir als Ausatmungsluft durch unsere Atmungsorgane, durch die Sprach- und Gesangsorgane treiben, was wir herausstoßen, wenn es vokalisiert wird, was wir durch Lippen, Zähne, Gaumen formen im Herausstoßen, daß das ja schließlich nichts anderes ist als die Luftgebärde. Nur wird die Luftgebärde in einer solchen Weise in den Raum hineingestellt, daß man sie durch dasjenige, was sie im Raume erzeugt, eben für das Ohr hören kann.

Wenn man nun durch wirkliche sinnlich-übersinnliche Schau sich hineinversetzen kann in diese Luftgebärde, in dasjenige, was der Mensch macht, indem er Vokale ausspricht, indem er Konsonanten ausspricht, indem er Sätze ausspricht, indem er Reime formt, Jamben oder Trochäen formt, wenn man sich in diese Luftgebärde hineinzuversetzen vermag, so sagt man sich: Ach, die zivilisierten Sprachen haben ja furchtbare Konzessionen an die Konvention gemacht. Sie sind schließlich Ausdrucksmittel geworden für die wissenschaftliche Erkenntnis, Ausdrucksmittel für das, was man sich im Leben mitteilen will. Ihre ursprüngliche Seelenhaftigkeit haben sie verloren. Es gilt eigentlich für die zivilisierte Sprache schon das, was der Dichter so schön sagt: «*Spricht* die Seele, so spricht, ach! schon die *Seele* nicht mehr.»

Man kann aber nun dasjenige, was man lernen kann an den Luftgebärden, was man schauen kann an den Luftgebärden durch sinnlich-übersinnliches Schauen, nachahmen durch Arme und Hände, durch die Bewegung des ganzen Menschen nachahmen. Dann entsteht sichtbar ganz dasselbe, was in der Sprache wirkt. Und dann kann man den Menschen hinstellen so, daß er jene Bewegungen ausführt, die eigentlich der Sprach- und Singorganismus immer ausführt. Und dadurch entsteht die sichtbare Sprache, der sichtbare Gesang. Diese sind eben die Eurythmie.

Wenn man die Sprache selbst betrachten kann mit künstlerischem Sinn, so stellt sich gewissermaßen für die einzelnen Äußerungen der Sprache ein Imaginatives hin vor die Seele. Man muß nur hinweg können von dem abstrakten Charakter, den die Sprache in der Tat gerade bei den vorgerückteren Zivilisationen in der Gegenwart schon erlangt hat. Da redet man eigentlich, ohne daß man mit seinem menschlichen Wesen in der Sprache noch drinnen steckt.

Die Sprache ist ja aus dem ganzen menschlichen Wesen heraus geboren. Nehmen wir irgendeinen Vokal. Er drückt immer aus dasjenige, was die Seele im Umfang ihres Fühlens erlebt. Entweder der Mensch will dasjenige ausdrücken, was im Staunen lebt: *a,* oder er will dasjenige ausdrücken, was eine Art Sich-Halten gegen einen Widerstand offenbart: *e,* oder er will ausdrücken seine Selbstbehauptung, sein Sich-Hineinstellen in die Welt: *i.* Er will ausdrücken sein Staunen oder wohl auch sein Anschmiegen an irgend etwas: *ei.*

Das wird sich natürlich für die verschiedenen Sprachen verschieden gestalten, weil die verschiedenen Sprachen aus verschieden geartetem Empfindungsleben hervorgehen. Aber alles Vokalische drückt ursprünglich ein seelisches Fühlen aus, das sich nur verbindet mit dem Gedanken, der aus dem Kopfe kommt und dann ins Sprachliche übergeht.

Und wie das bei den Vokalen in der Sprache ist, so ist es bei dem Tönen im Musikalischen. Es drückt immer das gefühlsmäßige Erleben der Seele der Sprachton, der Sprachbuchstabe, die Sprachwendung, die Gestaltung, die Formung des Satzes und so weiter aus. Und ebenso beim Singen drückt der Ton das Leben der Seele aus.

Studieren wir die Konsonanten. Wir finden bei den Konsonanten, daß sie Nachahmungen desjenigen sind, was äußerlich um uns herum ist. Der Vokal stammt aus dem Inneren, will das Innere, gewissermaßen die volle Seele nach außen ergießen. Der Konsonant stammt aus dem Erfassen der Dinge; wie wir sie umgreifen, auch nur mit den Augen umgreifen, das wird in den Konsonanten hinein geformt. Der Konsonant malt, zeichnet die äußere Form der Dinge. Ursprünglich liegt in der Tat im Konsonanten eine Art imaginativen Nachmalens dessen, was draußen in der Natur vorhanden ist.

Diese Dinge kommen bei manchen Sprachforschern immer in ganz einseitiger Weise zum Vorschein. Es gibt in bezug auf die Entstehung der Sprache, von denjenigen aufgestellt, die ganz außerhalb des Erkennens der Sprache eigentlich leben, aber eben diejenigen sind, die wissenschaftliche Theorien machen, zwei berühmte Sprachtheorien, die Bimbam-Theorie und die Wauwau-Theorie. Die Bimbam-Theorie, die nimmt an, daß, so wie in der Glocke ganz im Extrem, so in jedem Ding innerlich eine Art Laut liegt, der dann vom Menschen nachgeahmt wird. Es soll alles in diese Nachahmungstheorie hineinkommen, und nach dem auffälligsten Lautenachahmen, dem Bimbam der Glocke, hat man diese Theorie die Bimbam-Theorie genannt. Wenn man «Welle» sagt, ahmt man die Bewegung der Welle nach, was ja in der Tat so ist.

Die andere Theorie, die Wauwau-Theorie, könnte auch heißen: Muhmuh-Theorie; diese glaubt wiederum, daß die Sprache durch Umgestaltung, Vervollkommnung der Tierlaute entstanden ist. Und weil ein auffälliger Tierlaut der ist: Wauwau –, so hat man diese Theorie die Wauwau-Theorie genannt.

Nun, alle diese Theorien zeichnen sich darinnen aus, daß sie von irgendeiner Seite her etwas Wahres enthalten. Es sind ja niemals die wissenschaftlichen Theorien ganz falsch. Es ist das an ihnen bemerkenswert, daß sie immer eine Viertel- oder Achtel- oder Sechzehntel- oder eine Hundertstelwahrheit enthalten, die dann die Leute in suggestiver Weise gefangennimmt. Aber das Wahre ist, daß der Vokal immer aus dem Seelenleben entspringt, der Konsonant immer in dem Erfühlen, Nachbilden des äußeren Gegenstandes ist. Man bildet nach dasjenige, was der äußere Gegenstand tut, indem man die Ausatmungsluft mit den Lippen hält, oder mit den Zähnen oder mit der Zunge gestaltet, oder mit dem Gaumen formt; indem da die Konsonanten gebildet werden, also diese Luftgebärde geformt wird, wird bei den Vokalen das Innere nach außen strömen gelassen.

Die Konsonanten, die bilden dann plastisch in Gestaltungen dasjenige nach, was eben ausgedrückt werden soll. Und so, wie sich der einzelne Laut formt, der einzelne Buchstabe, so formen sich dann die Sätze, so formt sich in der dichterischen Sprache dasjenige, was eben wirkliche Luftgebärde wird. Wir können heute schon an der Dichtung bemerken, wie der Dichter eigentlich kämpfen muß gegen das Abstrakte in der Sprache.

Ich habe schon gesagt, wir reden, ohne daß wir eigentlich noch mit unserer Seele in die Sprache selber hineinströmen, ohne daß wir aufgehen in der Sprache. Wer fühlt denn noch dieses Verwundern, dieses Erstaunen, dieses Perplexwerden, dieses Sich-Aufbäumen bei den Vokalen! Wer fühlt das sanfte rundliche Umweben eines Dinges, das Gestoßenwerden eines Dinges, das Nachahmen des Eckigen, das Ausgeschweifte, das Samtartige, das Stachelige bei den einzelnen Konsonanten! Und doch ist das alles in der Sprache enthalten. Indem wir uns durch ein Wort durchwinden, können wir, so wie das Wort ursprünglich aus der ganzen Menschenwesenheit hervorgegangen ist, an einem Worte alles mögliche erleben; himmelhoch jauchzend, zu Tode betrübt, den ganzen Menschen, hinauf- und heruntergehend die Skalen der Gefühle, die Skalen der Anschauung der äußeren Dinge.

Das alles kann in Imaginationen hinaufgehoben werden, wie die Sprache auch ursprünglich aus Imaginationen hervorgegangen ist. Und so empfindet derjenige, der solche Imaginationen haben kann, wie ein *i* immer sich in einem solchen Bilde vor die Seele hinstellt, daß das Bild eine Selbstbehauptung ausdrückt, das Gewahrwerden des gestreckten Muskels im Arm zum Beispiel. Wenn jemand mit der Nase besonders geschickt ist, kann er dasselbe auch mit der Nase machen. Man kann es auch mit dem Sehstrahl machen; aber man macht es natürlich, weil die Arme und Hände das Ausdrucksvollste sind, wirklich künstlerisch mit den Armen. Aber darauf kommt es an, daß dieses Streckgefühl, dieses Hineinstoßen bei dem ausgestreckten Glied bei dem *i* zum Ausdruck kommt.

E stellt sich so hin, daß, wenn wir schon die ausgeatmete Luft zum Vorbilde nehmen in der *e*-Bewegung, etwas wie gekreuzte Ströme sich als Imagination vor uns hinstellen. Daher das *e* in der Eurythmie. Alle diese Bewegungen sind ebensowenig willkürlich, wie willkürlich sind die Sprachlaute oder die Gesangstöne selbst.

Es gibt Leute, die sagen: Ja, wir wollen doch nicht, daß da etwas so Abgezirkeltes uns gegeben wird, daß da in der Bewegung der eine Laut wie der andere so ausgedrückt werden muß. Wir wollen Gebärden haben, die spontan aus dem Menschen herauskommen. – Man kann ja die Lust haben zu solchen Sachen, aber dann soll man nur auch gleich die Lust haben, daß es keine deutsche, französische oder englische Sprache geben kann, damit der Mensch in seiner Freiheit nicht gestört wird, daß jeder sich in einem andern Laut ausdrücken kann, wie er will. Er kann auch sagen, seine Freiheit wird gehemmt dadurch, daß er in der englischen oder in einer andern Sprache reden muß!

Die Freiheit wird eben gar nicht gehemmt. Aber die Schönheit in der Sprache kann erst dadurch geschaffen werden, daß der Mensch da ist; die Schönheit in der eurythmischen Bewegung kann erst dadurch geschaffen werden, daß die Eurythmie da ist. Die Freiheit wird gar nicht dadurch beeinträchtigt. Diese Einwände entstammen durchaus der Einsichtslosigkeit.

Und so wurde die Eurythmie tatsächlich geschaffen, geschaffen als eine Sprache durch, ich möchte wirklich sagen, die ausdrucksvollsten menschlichen Organe, Arme und Hände.

Das könnte man heute sogar schon wissenschaftlich einsehen. Nur weiß die Wissenschaft von dieser Sache – obwohl sie eigentlich mit nicht wenigem, was sie weiß, auf dem richtigen Weg ist –, sie weiß ungefähr so viel von der Sache, als derjenige von einem Kalbe vor sich hat, der einen Kalbsbraten auf dem Teller hat, nämlich einen ganz kleinen Teil. Die Wissenschaft weiß, daß das Sprachzentrum in der linken Gehirnhemisphäre liegt und daß das zusammenhängt mit demjenigen, was das Kind sich aneignet in der Bewegung des rechten Armes. Linkshänder haben ihr Sprachzentrum in der rechten Gehirnhälfte. Man kennt also nicht das ganze Kalb, aber den Braten. Man kennt einen Teil des Ganzen, einen kleinen Teil des Zusammenhangs zwischen den Vorgängen, den Lebensvorgängen in dem einen Arm und der Entstehung der Sprache.

In Wahrheit entsteht überhaupt die ganze Sprache durch die zurückgehaltene Bewegung der menschlichen Gliedmaßen. Und wir hätten keine Sprache, wenn nicht während der naiven, selbstverständlich elementarisch kindlichen Entwickelung das Kind in sich die Tendenz hätte, namentlich Arme und Hände zu bewegen. Diese Bewegung wird zurückgehalten, wird konzentriert in die Sprachorgane, die ein Abbild sind desjenigen, was sich eigentlich äußern will in den Armen und Händen und als Begleitung in den andern Gliedmaßen des Menschen.

Der Ätherleib spricht niemals mit dem Munde, er spricht immer mit den Gliedmaßen. Und nur dasjenige, was der Ätherleib ausführt, indem der Mensch spricht, das wird auf den physischen Leib übertragen. Sie können schon ohne Gebärde, mit den Händen in der Tasche meinetwillen, beim Reden dastehen, wie wenn Sie Starrkrampf bekommen hätten und reden würden, aber Ihr Ätherleib macht um so lebendigere Bewegungen, weil er dagegen protestiert.

Und so sehen Sie, wie tatsächlich auf eine so natürliche Weise aus der menschlichen Organisation diese Eurythmie wie hervorgeholt wird, die Sprache durch die Natur selbst aus dieser menschlichen Organisation.

Der Dichter muß gegen die konventionelle Sprache kämpfen, um aus ihr wiederum dasjenige herauszuholen, was die Sprache zu einer Hindeutung machen könnte auf das Übersinnliche. Und ebenso ist es beim Gesang. Und so sehen wir denn, daß der Dichter, wenn er ein wirklicher Künstler ist – das sind nicht einmal ein Prozent von denjenigen Leuten, die Gedichte fabrizieren! –, wenn er ein wirklicher Dichter ist, legt er ja nicht den Hauptwert auf den Prosainhalt der Worte. Der ist nur die Gelegenheit, um das eigentlich Künstlerische zum Ausdrucke zu bringen. Wie für den Bildhauer nicht der Ton oder der Marmor die Hauptsache ist, die das Künstlerische macht, sondern dasjenige, was wird durch das Formen, so ist das Dichterisch-Künstlerische dasjenige, was durch die imaginative Gestaltung des Lautes, was durch die musikalische Gestaltung des Lautes entsteht.

Das ist dann dasjenige, was durch Rezitation und Deklamation zum Ausdrucke kommen muß.

In unserem heutigen, etwas unkünstlerischen Zeitalter deklamiert und rezitiert man so, daß man das Prosaische gern pointiert. Es glaubt im Grunde genommen heute jeder, rezitieren und deklamieren zu können, der überhaupt reden kann. Aber Rezitation und Deklamation ist ebenso eine Kunst wie die andern Künste, denn es handelt sich darum, daß dasjenige, was in einer schon geheimen Eurythmie, was in der Gestaltung, in der imaginativen, in der plastisch-malerischen Gestaltung der Worte, in der musikalischen, rhythmischen, taktvollen, melodiösen Gestaltung der Worte liegt, in der Sprachbehandlung zum Ausdrucke kommt. *Goethe* hat mit seinen Schauspielern seine Jamben-Dramen wie ein Kapellmeister mit dem Taktstock einstudiert, wie ein Kapellmeister seine Musikstücke studiert mit seiner Kapelle, weil es ihm nicht ankam auf den bloßen Prosagehalt, sondern auf das Heraus-arbeiten desjenigen, was durch eine geheime Eurythmie in der Sprach-behandlung, Sprachgestaltung lag. Schiller hatte bei seinen berühm-testen Gedichten gar nicht den Prosainhalt im Sinne. Da hätte meinet-willen «Das Lied von der Glocke» entstehen können, aber auch ein ganz anderes Gedicht seinem Inhalte nach; denn zuerst hatte er ein unbestimmtes melodiöses Motiv, das er in der Seele erlebte, etwas Musikalisches, daran wie Perlen um einen Kettenfaden gelegt die Worte. So faßte er die Prosaworte an die musikalischen Motive.

Soweit ist eigentlich nur eine Sprache dichterisch-künstlerisch, als sie entweder plastisch-malerisch gestaltet ist oder musikalisch ge-staltet ist.

Frau Dr. Steiner hat in jahrelanger Arbeit diese besondere Art der Rezitations- und Deklamationskunst herauszuarbeiten versucht. Das ist dasjenige, was nun möglich macht, wie man in einem Orchester verschiedene Instrumente verbindet, so wirklich zu orchestralem Zu-sammenwirken zu verbinden dasjenige, was im Bühnenbilde in der eurythmisch sichtbaren Sprache zum Ausdruck kommt mit dem-jenigen, was nun schon in der Sprachbehandlung eurythmisch durch das Sprechen, durch das Rezitieren und Deklamieren selber zum Aus-drucke kommt. So daß man auf der einen Seite die sichtbare Eurythmie hat und auf der andern Seite die nicht nur im Tone allein, sondern in der Sprachbehandlung liegende geheime Eurythmie. Und für das Künstlerische der Dichtung kommt es nicht darauf an, daß wir sagen: Der Vogel singt –, sondern es kommt darauf an, daß wir an einer bestimmten Stelle mit Enthusiasmus zu sagen haben, nach dem, was vorangeht oder folgt: Der Vogel singt. – Oder daß wir zu sagen haben in zurückgehaltenem Ton mit einem ganz andern Tempo: Der Vogel singt. – Auf diese Gestaltung kommt es an. Und das ist gerade dasjenige, was nun auch in die Eurythmie, in die eurythmische Behandlung übergehen kann. Daher kann man eben als Ideal anstreben dieses orchestrale Zusammenwirken des eurythmisch sichtbaren Dargestellten und des in der Rezitation und Deklamation Auftretenden.

Mit der prosaischen Rezitation und Deklamation, wie sie heute vielfach beliebt werden, kann man die Eurythmie nicht begleiten; danach würde man nicht eurythmisieren können, weil gerade da das Seelenvolle, was der Mensch offenbaren will, sei es durch die hörbare, sei es durch die sichtbare Sprache, zum Ausdruck kommen soll.

Ebenso wie man nun das Rezitatorische und Deklamatorische mit Eurythmie begleiten kann, so kann man auch das am Instrument musikalisch Angeschlagene begleiten. Nur muß man sich klar sein, daß die Eurythmie nicht ein Tanz ist, sondern ein bewegtes Singen ist, etwas anderes ist als ein Tanz. Die Leute kommen zur Eurythmie, meinen dann: Ja, wenn man die Eurythmie auf der Bühne anschaut, da bewegen sich die Menschen – es muß doch Tanz sein –, also muß man es auch als Tanz beurteilen können! – Es ist gerade an demjenigen, was hier auftritt als Toneurythmie als Begleitung der Instrumentalmusik, zu sehen, wie man das Tanzen von dem unterscheiden kann, was dieser sichtbare Gesang, die Eurythmie, ist. Es ist ein Singen durch Bewegen des einzelnen Menschen oder von Menschengruppen, nicht ein Tanzen. Und wenn auch die andern Glieder, die Beine und so weiter, meinetwillen auch der Kopf, die Nase meinetwillen, neben der Bewegung der Arme und der Hände in Betracht kommen, so ist es wie zu einer Art von Unterstützung, wie wenn wir auch das Sprachliche, das gewöhnliche Sprachliche unterstützen. Wenn wir einen Jungen ermahnen, so sprechen wir die Ermahnung aus, machen aber auch das entsprechende Gesicht dazu. Das muß natürlich in dezenter Weise dazu gemacht werden, sonst ist es fratzenhaft. So werden auch diejenigen Bewegungen, die tanzend oder mimisch sind, wenn sie hinzukommen zu dem Eurythmischen, sie werden fratzenhaft, wenn sie aufdringlich sich hinzugesellen, sie werden brutal, oder sie werden in einer gewissen Weise undezent; während dasjenige, was in der wirklichen Eurythmie zum Ausdrucke kommt, eben die reinste Offenbarung der menschlichen Seele ist in der Sichtbarkeit.

Das ist das Wesentliche: in der Sichtbarkeit wird gesungen, wird gesprochen. Und man kann auch sagen, daß dies alles wirklich aus der inneren Organisation des menschlichen Wesens hervorgehen kann. Derjenige, der sagt: Mir ist Sprache, mir ist die Musik genug, warum soll man noch irgendwie weiter ausdehnen das Künstlerische, ich verlange nach keiner Eurythmie –, der hat natürlich von seinem Standpunkte aus recht. Man hat immer recht, wenn man auch ein Philister ist, von seinem philiströsen Standpunkte aus. Warum denn nicht einen solchen Standpunkt haben? Alles hat seine gewisse Berechtigung, sicher; aber ein künstlerischer Standpunkt, ein wirklich innerlicher Standpunkt ist das nicht; denn derjenige, der eine wirkliche künstlerische Natur ist, hat alles Interesse daran, daß die Kunst so weit reiche wie nur irgend möglich. So wie dem Bildhauer das Erz, der Ton, der Marmor sich ergeben, wie sich dem Maler die Farben ergeben – wenn sich die aus der Natur hervorgeholte, auf natürliche Weise entwickelte Eurythmie als ein Kunstmittel ergibt –, so hat derjenige, der eine künstlerische Natur ist, ich möchte sagen, den intensiven Enthusiasmus, die Kunst wirklich auch auf dieses Terrain hin zu verbreiten.

Manches noch auf die Einzelheiten der Bewegung Deutende können Sie ersehen aus diesen Eurythmiefiguren. Ich möchte nur andeutend darauf hinweisen, wie in diesen Eurythmiefiguren einzelnes aus den eurythmischen Bewegungen, aus der eurythmischen Charakterisierung von Attitüden und so weiter zur Offenbarung kommen kann. Diese Eurythmiefiguren sind so gemeint, daß sie nur dasjenige wiedergeben wollen, was für irgendein eurythmisches Motiv in die wirkliche eurythmische Bewegung übergeht. So daß also nach drei Richtungen hin das Eurythmische in dieser Figur festgehalten ist: festgehalten ist die Bewegung als solche, festgehalten das Gefühl, das in der Bewegung liegt, und festgehalten der Charakter, der sich aus dem Seelischen heraus in die Bewegung hineinergießt.

Nur sind diese Eurythmiefiguren in einer ganz besonderen Weise ausgeführt. Sie dürfen in diesen Eurythmiefiguren nicht irgendwie plastische Nachbildungen der menschlichen Gestalt und dergleichen sehen. Das gehört in die Plastik, in die Malerei. Hier in diesen Eurythmiefiguren sollte nur dasjenige, was im Menschen eurythmisch wirkt, wirklich dargestellt werden. Es konnte sich also nicht darum handeln, etwa die ruhende Menschengestalt schön plastisch zum Ausdruck zu bringen. Wer glaubt, in der Eurythmie ein schönes Menschengesicht sehen zu müssen, gibt sich einem Irrtum gegenüber der Eurythmie hin. Man kann ebensogut ein häßliches Menschengesicht sehen in der Eurythmie, denn es kommt nicht darauf an, ob das Menschengesicht schön ist oder häßlich, jung oder alt und so weiter, sondern es kommt darauf an, wie dieser Mensch, der eurythmisiert, seine ganze menschliche Wesenheit in die gestalteten und gestaltenden Bewegungen übergehen lassen kann.

So daß also zum Beispiel diese Eurythmiefigur hier dem *h*-Erlebnis entspricht. Ja, hier haben Sie die Vorstellung: Wohin schaut dieses Gesicht? – Man könnte nun fragen: Schaut es hinauf, schaut es geradeaus? Das kommt dabei zunächst gar nicht in Betracht, sondern es kommt etwas anderes in Betracht. Zunächst ist festgehalten in der ganzen Ausgestaltung der Figuren die Bewegung, die bei der Eurythmie ausgeführt wird, also sagen wir zum Beispiel die Bewegung der Arme, der Beine. Und dann ist festgehalten in der Schleierhaltung, wie man, indem man den Schleier irgendwie erfaßt, ihn anzieht, ihn wirft, ihn fallen läßt, ihn wellt, die Bewegung, die mehr intellektuell ausdrückt das Seelenleben durch die Eurythmie, durch diese Schleierbewegung gefühlsmäßig vertiefen kann.

Es ist immer rückwärts auf den Figuren angegeben, was die einzelnen Farben bei den einzelnen Figuren bedeuten. Dann ist immer angegeben an gewissen Stellen, wie hier am Kopfe, wo der Eurythmisierende, indem er seine Bewegung ausführt, die Muskeln stärker anspannt, also zum Beispiel diese Bewegung vollzieht bei einem so hinschauenden Gesichte, wie dieses dann andeutet, dieses Blaue hier: daß hier an der Stirne der Muskel besonders gespannt wird und ebenso im Nacken; währenddem hier die Muskeln freier, lässiger bleiben. Der Eurythmisierende kann ganz genau unterscheiden, ob er einen Arm lässig hinausbewegt, oder ob er den Muskel spannt, den Finger spannt, ob er in der Beugelage spannt dasjenige, was zu der Beugung hintreibt, oder ob er das lässig bloß im Winkel gebeugt sein läßt. Durch diese vom Eurythmisierenden selbst innerlich gefühlte Muskelspannung kommt Charakter in die Bewegung hinein.

So daß man also sagen kann: In der Gestaltung der Bewegung liegt dasjenige, was mehr bloß der Ausdruck ist für das, was die Seele durch die sichtbare Sprache sagen will. Wie aber die Worte auch ihren Timbre, ihren besonderen Ton haben durch das Gefühl, das da drinnen ist, so auch die Bewegung durch die Art und Weise, wie zum Beispiel Furcht, wenn sie im Satze zum Ausdrucke kommt, oder Freude, Entzücken von dem Eurythmisierenden in die Bewegung hineingelegt werden. Und das kann er dann, wenn er sich des Schleiers bedient, durch das wellende Bewegen, Heben, Senken und so weiter des Schleiers zum Ausdrucke bringen, so daß die vom Schleier begleitete Bewegung die gefühlsmäßige Bewegung ist. Und die von der inneren Muskelspannung begleitete Bewegung ist die Bewegung, die den Charakter in sich trägt. Wenn der Eurythmisierende in der richtigen Weise seine Muskeln spannt, oder lässig läßt, so geht das in der Empfindung über auf den Zuschauer, und man empfindet tatsächlich dasjenige, was einem gar nicht interpretiert zu werden braucht, tatsächlich dasjenige, was nach Charakter, Gefühl und Bewegung in der eurythmischen Sprache liegen kann. Die Figuren sind angeregt von Miss *Maryon,* sie werden auch von ihr ausgeführt. Sie sind aber in der weiteren Gestaltung nach meinen Angaben gemacht.

Es handelte sich auch in künstlerischer Beziehung bei diesen Figuren sowohl in bezug auf das Ausschneiden wie auch auf die Farbengebung darum, das rein Eurythmische ganz loszulösen von dem, was am Menschen nicht eurythmisch ist. In dem Augenblicke, wo der Eurythmisierende sein charmantes Gesicht zeigt, gehört das nicht zum Eurythmisieren, sondern dasjenige, das er an dieser Muskelspannung, von der ich gesprochen habe, aus seinem Gesichte zu machen versteht. Und daher ist es nicht eine rein künstlerische Empfindung, wenn man etwa einen schönen Eurythmisten mehr liebt als einen weniger schönen Eurythmisten. Es kommt bei allen diesen Dingen nicht an auf dasjenige, was der Mensch ist als Mensch in der nichteurythmischen Attitüde; von dem muß ganz abgesehen werden.

Und so ist gerade bei der Gestaltung dieser Figuren nur so viel fixiert, als am Menschen durch die eurythmische Bewegung selbst zum Ausdrucke kommt.

Es wäre überhaupt gut, wenn man namentlich in der Entwickelung der Kunst auf das sehr viel sehen würde, daß man loslöst von dem, was nicht in den Bereich einer Kunst gehört, dasjenige, was gerade aus den Mitteln dieser Kunst heraus und aus den Motiven dieser Kunst heraus zum Ausdrucke kommen soll. Man muß in dieser Beziehung tatsächlich gerade dann, wenn es sich um eine so unmittelbare und so ehrliche und aufrichtige Offenbarung des menschlichen Seelen- und Geisteslebens und auch Körperlebens handelt, wie es bei der Eurythmie ist, wirklich sehen, wie die Offenbarung sich unterscheidet von dem am Menschen, was eben nicht Offenbarung ist in der betreffenden Kunst.

So habe ich auch immer gesagt, wenn ich gefragt worden bin, wie alt man sein kann, wenn man Eurythmie treiben will: Eine Altersgrenze gibt es nicht; von drei Jahren angefangen bis neunzig Jahre kann man durchaus in der Eurythmie seine Persönlichkeit stellen, denn es kann jedes Lebensalter, wie ja sonst auch, so auch durchaus in der Eurythmie seine Schönheiten offenbaren.

Was ich bisher gesagt habe, bezieht sich auf die Eurythmie als Kunst, als reine Kunst. Und als reine Kunst ist sie auch zunächst ausgebildet worden, die Eurythmie. Damals, 1912, als sie entstanden ist, dachte man überhaupt nur an das Künstlerische, sie als Kunst vor die Welt hinzustellen.

Dann, als die Waldorfschule begründet worden ist, hat es sich herausgestellt, daß die Eurythmie auch ein wichtiges Erziehungsmittel sein kann, und wir sind tatsächlich dazu gekommen, die pädagogisch-didaktische Bedeutung der Eurythmie voll würdigen zu können. Wir haben die Eurythmie als einen obligatorischen Lehrgegenstand in der Waldorfschule von der untersten bis zur höchsten Klasse für Knaben und Mädchen eingeführt, und es zeigt sich da in der Tat, daß dasjenige, was da als sichtbare Sprache oder Gesang von den Kindern angeeignet wird, tatsächlich von ihnen in einer so selbstverständlichen Weise angeeignet wird, wie in ganz jungen Jahren die Tonsprache oder der Gesang angeeignet werden. Das Kind findet sich ganz von selbst in das Eurythmisieren hinein. Und es zeigt sich dabei, daß die andern Arten von Gymnastik alle eigentlich gegenüber der Eurythmie etwas Einseitiges haben. Denn die andern Arten von Gymnastik tragen gewissermaßen den materialistischen Vorurteilen unserer Zeit Rechnung und gehen mehr vom Körperlichen aus. Das Körperliche wird durchaus bei der Eurythmie auch berücksichtigt, aber es wirkt bei der Eurythmie zusammen Leib, Seele und Geist, so daß man eine beseelte und durchgeistigte Gymnastik in der Eurythmie hat. Das fühlt das Kind. Es fühlt in jeder Bewegung, die es macht, wie es nicht nur aus einer körperlichen Notwendigkeit heraus die Bewegung macht, sondern wie es die Bewegung macht, indem es zugleich das Seelische und das Geistige überfließen läßt in den bewegten Arm, den ganzen bewegten Körper. Das Eurythmische erfaßt das Kind im tiefsten Inneren der Seele. Und da wir jetzt schon Jahre der Waldorfschule hinter uns haben, können wir ja sehen, was da besonders herausgebildet wird. Die Willensinitiative, die der Mensch in der Gegenwart so sehr braucht, die wird besonders kultiviert durch die Eurythmie als pädagogisch-didaktisches Mittel in der Schule. Aber man muß durchaus sich klar sein darüber, daß, wenn man einseitig bloß die Eurythmie in die Schule hineinstellen würde, sie nicht als Kunst würdigen würde, so würde man die Schule mißverstehen. Eurythmie gehört zunächst als Kunst in das Leben hinein wie die andern Künste. Und wie wir die andern Künste lehren, wenn sie draußen blühen, so kann auch Eurythmie in der Schule nur gelehrt werden, wenn sie wirklich als Kunst in der Zivilisation anerkannt und gewürdigt wird.

Dann wiederum, als durch eine größere Anzahl von Ärzten, die sich innerhalb unserer anthroposophischen Bewegung gefunden haben, die Pflege des Therapeutisch-Medizinischen aus dem Anthroposophischen heraus kam, da wurde auch das Begehren rege, diese aus der gesunden Natur des Menschen herausgeholten Bewegungen, wo sich der Mensch tatsächlich so äußert, so offenbart, wie es seinem Organismus angemessen ist, auch in der Therapie, in der Heilkunst zu verwerten. Die Eurythmie ist ja in dieser Beziehung wirklich dasjenige, was aus dem Menschen heraus will. Derjenige, der eine Hand versteht, der weiß doch, daß eine Hand nicht da ist, damit man sie als ruhend anschaut. Die Finger haben gar keinen Sinn, wenn man sie nur als ruhende anschaut; die Finger haben einen Sinn, wenn sie greifen, umfassen, wenn sie in Bewegung versetzt werden aus ihrer ruhigen Form. Man sieht ihnen schon die Bewegung an. So ist der ganze Mensch; dasjenige, was als Eurythmie aus der Bewegung hervorgehen kann, ist eben das gesunde Überfließen seines Organbaues in die Bewegung. So daß man, natürlich nicht so, wie sie hier als Kunst auftritt, sondern in umgestalteten, ähnlichen, aber doch wieder andersgearteten Bewegungen diese Eurythmie als Heileurythmie in der Therapie verwenden kann, indem man sie als Hilfsmittel bei der Therapie in der Erkrankung verwendet, wo man weiß, diese Bewegung wirkt zurück in der Gesundung auf diese oder jene Organe.

Wiederum haben wir gute Erfolge damit bei unseren Kindern in der Waldorfschule erzielt. Da ist es allerdings notwendig, daß man eine wirkliche Einsicht in die Kindernatur hat. Man hat ein Kind, das ist in einer gewissen Weise schwach, kränklich. Man gibt ihm diejenigen Bewegungen, die es gesund machen. Und da ergeben sich tatsächlich, man kann das in aller Bescheidenheit sagen, die allerglänzendsten Resultate. Aber das alles wird nur mit allen Dependancen bestehen können, wenn die Eurythmie als Kunst voll entwickelt wird. Da muß allerdings gestanden werden: Wir sind am Anfang. Aber ein Stückchen weit haben wir es doch gebracht mit der Eurythmie, und wir suchen sie immer weiter auszubilden. Anfangs gab es zum Beispiel nicht die stummen Formen am Anfang und Ende eines Gedichtes, die wiedergeben das, was in bezug auf das Einleitende gegeben werden kann, und wiederum den Ausklang geben. Anfangs gab es nicht die Beleuchtungen, die auch so aufzufassen sind, daß nicht etwa für die einzelne Situation irgendein Lichteffekt zu erfolgen hat, sondern es hat sich selber Lichteurythmie ergeben. Nicht darauf kommt es an, wie der eine Lichteffekt zu dem gerade stimmt, was im einzelnen Moment auf der Bühne vorgeht, sondern die ganze Lichteurythmie, das Spielen des einen Lichteffektes in den andern hinein, das ergibt selber eine Lichteurythmie, die denselben Charakter und dieselbe Empfindungsart in sich trägt wie dasjenige, was in der Bewegung der Menschen oder des einzelnen Menschen sonst auf der Bühne zum Ausdruck kommt. Und so wird noch manches in der Ausgestaltung des Bühnenbildes, in der weiteren Vervollkommnung der Eurythmie zu demjenigen kommen müssen, was man jetzt schon an ihr sehen kann.

Ja, meine sehr verehrten Anwesenden, ich könnte noch die ganze Nacht fortsprechen über die Eurythmie, bis ich dann gleich mit dem morgigen Vormittagsvortrag fortsetzen könnte. Allein ich denke, das würde Ihnen doch nicht gut bekommen, und den anwesenden Eurythmisten auch nicht gerade. Denn das wird doch die Hauptsache sein, daß man das alles, was man jetzt als eine Ausführung gehört hat, morgen beim Besuch der Vorstellung verwirklicht vor sich sieht, denn die richtige Anschauung soll in der Kunst die Hauptsache sein.

EURYTHMIE ALS SICHTBARE SPRACHE

ERSTER VORTRAG

Dornach, 24. Juni 1924

Die Eurythmie als sichtbare Sprache

Die Vorträge, die ich hier halten werde, Besprechungen über das Eurythmische, sind zunächst hervorgegangen aus der Ansicht von Frau Dr. Steiner, daß es notwendig sei, zur exakten Gestaltung gewissermaßen der eurythmischen Tradition zuerst einmal wiederholentlich alles dasjenige durchzuführen, was sich auf die Lauteurythmie bezieht, was im Laufe der Jahre in der Lauteurythmie an die entsprechenden Persönlichkeiten herangebracht worden ist. Es wird sich dann darum handeln, daß an diese Wiederholungen sich angliedern werden, und zwar immer jeweilig an die Einzelheiten selbst, nicht etwa abgeteilt nach Kapiteln, Erweiterungen des Eurythmischen.

Ich werde dabei versuchen, das Eurythmische nach seinen verschiedenen Aspekten, sowohl nach dem künstlerischen Aspekt, der natürlich hier vorzüglich in Betracht kommt, wie auch nach dem pädagogischen Aspekt und nach dem Heilwertaspekt zu betrachten.

Heute möchte ich eine Art Einleitung vorausschicken, an die sich dann morgen Besprechungen über die ersten Elemente der Lauteurythmie anschließen werden. Dasjenige, was vor allen Dingen für den Eurythmiker auf jedem Gebiete notwendig ist, das ist, daß er in der eurythmischen Kunst, in der eurythmischen Betätigung mit seiner Persönlichkeit, mit seinem Menschentum leben kann, so daß Eurythmie ein Ausdruck des Lebens wird. Das kann man nicht erreichen, ohne daß man eindringt in den Geist der Eurythmie als einer sichtbaren Sprache. Derjenige, der Eurythmie bloß ansieht, als künstlerischen Genuß hinnimmt, der braucht, wie es beim künstlerischen Genießen überhaupt der Fall sein sollte, ja nichts von dem Wesen der Eurythmie zu wissen, ebensowenig wie irgend jemand musikalische Harmonielehre oder Kontrapunkt oder dergleichen gelernt zu haben braucht, der Musik genießen will. Das ist dasjenige, was einfach in der naturgemäßen, in der selbstverständlich menschlichen Entwickelung begründet ist, daß man für das, was man im Aufnehmen des Künstlerischen Verständnis nennen kann, auch als gesund ausgebildeter Mensch Verständnis hat.

Kunst muß durch sich selber wirken. Sie muß selbstverständlich wirken. Derjenige aber, der Eurythmie treibt, der Eurythmie in irgendeiner Art hinzustellen hat in der Welt, der muß für Eurythmie ebenso in das Wesen der Sache eindringen, wie, sagen wir, der Musiker oder der Maler oder der Plastiker in das Wesen der Sache eindringen muß. Bei der Eurythmie haben wir es zugleich mit einem Eindringen in das Menschliche überhaupt zu tun, wenn wir in das Wesen der Eurythmie eindringen wollen. Denn es gibt keine Kunst, die sich in einem so eminenten Sinne desjenigen, was am Menschen selbst ist, bedient wie die Eurythmie. Nehmen Sie alle Künste, Künste, die Instrumente haben, Künste, die irgendwelche Werkzeuge nötig haben, sie haben nicht Mittel und nicht Werkzeuge, die so nahe an den Menschen herankommen wie die Eurythmie.

Die mimische Kunst und die Tanzkunst kommen gewiß bis zu einem gewissen Grade an den Menschen selbst heran in dem Gebrauche von künstlerischen Mitteln und dem Gebrauche eben des Menschen selbst als eines Werkzeuges. Aber bei der mimischen Kunst steht zunächst dasjenige, was mimisch ausgebildet wird, nur im untergeordneten Dienste der Gesamtdarstellung, die sich nicht in künstlerischer Gestaltung am Menschen selbst verliert, sondern den Menschen eigentlich dazu benützt, um im einzelnen Falle dasjenige nachzuahmen, was schon im Menschen selber hier auf Erden vorgebildet ist.

Außerdem haben wir es in der mimischen Kunst damit zu tun, daß man gewissermaßen nur dasjenige verdeutlicht, dessen sich der Mensch im gewöhnlichen Leben bedient, verdeutlicht das Sprechen. Man fügt, um das Sprechen intimer zu machen, Gebärdenhaftes zur Sprache hinzu. Wie gesagt, man hat es also höchstens mit einer geringen Weiterführung desjenigen zu tun, was auf dem physischen Plane vom Menschen schon vorhanden ist.

Bei der Tanzkunst hat man es zu tun, wenn überhaupt von Kunst dabei die Rede sein kann, wenn sich der Tanz zum Künstlerischen erhebt, mit einem Ausfließenlassen des Emotionellen, des Wollens in menschliche Bewegung, wobei wiederum nur dasjenige, was im Menschen veranlagt ist an Bewegungsmöglichkeiten, die auch sonst auf dem physischen Plane vorhanden sind, weiter ausgebildet wird. Bei der Eurythmie haben wir es zu tun mit etwas, das nach keiner Richtung da ist am Menschen im gewöhnlichen physischen Leben, das durch und durch eine Schöpfung sein muß aus dem Geistigen heraus, mit etwas, das sich nur des Menschen bedient, wie der Mensch nun einmal dasteht in seiner Gestalt in der physischen Welt, das sich nur des Menschen als eines Ausdrucksmittels, und zwar der menschlichen Bewegung als eines Ausdrucksmittels bedient.

Nun fragt es sich: Was wird denn eigentlich dargestellt? Sie werden nur begreifen, was in der Eurythmie dargestellt wird, wenn Sie eben ins Auge fassen, daß Eurythmie eine sichtbare Sprache sein will. Mit der Sprache selbst ist es auch so. Wenn wir die Sprache mimisch gestalten, so haben wir an der gewöhnlichen Sprache das Vorbild, aber wenn wir die Sprache selbst gestalten, so hat diese als solche kein Vorbild. Sie tritt als selbständiges Produkt aus dem Menschen heraus. Nirgends in der Natur ist dasjenige vorhanden, was in der Sprache sich offenbart, in der Sprache zutage tritt.

Ebenso muß Eurythmie durchaus etwas sein, was eine ursprüngliche Schöpfung darstellt. Die Sprache – gehen wir von ihr aus – erscheint als Hervorbringung des menschlichen Kehlkopfes und desjenigen, was mit dem Kehlkopfe mehr oder weniger zusammenhängt. Dieser Kehlkopf, was ist er denn eigentlich? Die Frage muß einmal aufgeworfen werden, denn ich habe oft angedeutet, in der Eurythmie wird der ganze Mensch zu einer Art von Kehlkopf. Wir müssen also einmal uns die Frage vorlegen: Was für eine Bedeutung hat denn überhaupt der Kehlkopf? Wenn wir zunächst auf die Sprache als auf eine Hervorbringung aus dem Kehlkopfe hinschauen, so werden wir nicht aufmerksam darauf sein, was da eigentlich aus dem Kehlkopfe herauskommt, was sich da bildet. Aber wir können uns vielleicht erinnern, daß eine merkwürdige Tradition vorhanden ist, die heute wenig verstanden wird, die Sie einfach angedeutet haben, wenn Sie den Anfang des Johannes-Evangeliums nehmen: «Im Urbeginne war das Wort und das Wort war bei Gott und ein Gott war das Wort.» Das Wort. Nicht wahr, dasjenige, was man sich heute als Wort vorstellt, das ist etwas, was innerhalb dieses Zusammenhanges im Beginne des Johannes-Evangeliums nicht den allergeringsten Sinn gibt. Es wird zwar dieser Anfang des Johannes-Evangeliums fortwährend besprochen. Die Leute glauben, sie können sich dabei auch etwas denken. Sie tun es nicht, denn eigentlich, wenn man das nimmt, was sich der heutige Mensch unter Wort vorstellen kann, wovon er zu gleicher Zeit sagt: Name ist Schall und Rauch, umnebelnd Himmelsglut ... und so weiter – was er ja in gewissem Sinne sogar dem Gedanken gegenüber gering achtet und wobei er sich erhaben vorkommt, wenn er es geringachten kann gegenüber dem Gedanken –, wenn man sich in das versetzt, was der heutige Mensch unter Wort vorstellen kann, hat der Anfang des Johannes-Evangeliums nicht den geringsten Sinn, gar keinen Sinn. Denn das Wort – wir haben so viele –, welches Wort? Es kann doch nur ein bestimmtes, konkretes Wort sein. Und was ist denn das Wesen dieses Wortes? Das muß gefragt werden.

Nun ist allerdings dieser Tradition, die sich eben andeutet in dem Beginn des Johannes-Evangeliums, das zugrunde liegend, daß man einmal in einer instinktiven Erkenntnis wußte, was das Wort ist. Heute weiß man es nicht mehr. Die Idee, der Begriff «das Wort» umfaßte einmal in einer ursprünglichen menschlichen Anschauung den ganzen Menschen als ätherische Schöpfung.

Sie wissen ja alle, da Sie Anthroposophen sind, was der ätherische Mensch ist. Wir haben den physischen Menschen, wir haben den ätherischen Menschen. Der physische Mensch, von der gewöhnlichen Physiologie, von der Anatomie beschrieben, der physische Mensch hat äußerlich und innerlich gewisse Formen, die man zeichnet; wobei man natürlich nicht berücksichtigt, daß dasjenige, was man da zeichnet, nur der allergeringste Teil des physischen Menschen selber ist, da der physische Mensch zu gleicher Zeit flüssig ist, luftförmig ist, Wärmeinhalt hat, den man natürlich gewöhnlich nicht zeichnet, wenn man in der Physiologie oder Anatomie vom Menschen spricht. Aber man kann immerhin doch zunächst eine Vorstellung von dem haben, was der physische Leib des Menschen ist.

Aber nun ist das zweite Glied der menschlichen Natur da, der Ätherleib des Menschen. Dieser Ätherleib des Menschen, wenn man ihn aufzeichnen würde, würde etwas ungeheuer Kompliziertes darstellen. Denn dieser Ätherleib des Menschen kann im Grunde genommen als etwas Bleibendes ebensowenig hingemalt werden wie der Blitz, wenn man den Blitz hinmalt, so hat man ja nicht den Blitz gemalt, denn der Blitz ist in Bewegung, der Blitz ist in Strömung. Man müßte also in der Nachahmung des Blitzes eine Strömung, eine Bewegung darstellen. Man kann nur so, wie man etwa den Blitz malen könnte, wenn man ihn malen wollte, den Ätherleib irgendwie fixieren. Der Ätherleib ist in fortwährender Beweglichkeit, in fortwährender Regsamkeit.

Diese Bewegungen nun, diese in Bewegung begriffenen Formen, aus denen der Ätherleib des Menschen nicht besteht, sondern fortwährend entsteht und vergeht, haben wir sie irgendwo in der Welt der Menschen, so daß wir an sie herantreten können? Ja, wir haben sie. Daß man sie hat, das wußte eben eine ursprüngliche intuitive Erkenntnis. Man hat sie in dem, was der Mensch überhaupt – bitte, meine lieben Freunde, ich spreche genau, die Dinge müssen genau so gefaßt werden, wie ich spreche –, man hat sie, indem man alles dasjenige lautlich formt, was in den Inhalt der Sprache hineinfließt.

Nun halten Sie im Geiste Umschau über alles dasjenige, was Sie aus Ihrem Kehlkopf heraus lautlich formen, so daß verwendet wird dieses lautliche Formen zu alledem, was in dem ganzen Umfang der Sprache zustande kommt; also alles das, was Bestandteil ist von irgend etwas, was zur Sprache gehört, zum Behufe dessen aus dem Kehlkopfe herauskommt, das fassen Sie ins Auge. Werden Sie sich bewußt, daß alle diese Elemente, die aus dem Kehlkopf herauskommen, die Bestandteile alles dessen sind, was im Sprechen zutage tritt, werden Sie sich bewußt, daß alles das aus bestimmten Bewegungen besteht, denen ursprünglich in der Anlage die Formungen des Kehlkopfes und seiner Nachbarorgane zugrunde liegen. Da heraus kommt es.

Es kommt natürlich nicht auf einmal heraus. Wir sprechen nicht auf einmal alles dasjenige, was der Sprache zugrunde liegt. Wann würden wir es denn sprechen, alles dasjenige, was der Sprache zugrunde liegt? Wir würden es sprechen – so paradox das klingt, es ist so –, wenn wir einmal von *a b c* bis *z* alle möglichen Laute hintereinander ertönen ließen. Stellen Sie sich das einmal vor. Stellen Sie sich vor, ein Mensch würde beginnen mit dem *a, b* und so fort hintereinander, ohne abzusetzen natürlich, nur mit dem entsprechenden Atemholen, bis zum *z,* ein Mensch würde das hintereinander lautlich erklingen lassen. Alles dasjenige, was wir aussprechen, zeichnet in die Luft hinein eine gewisse Form, die man nur nicht sieht, die man aber durchaus als vorhanden voraussetzen muß, von der man sich sogar denken könnte, daß sie durch wissenschaftliche Mittel ohne die menschliche Zeichnung fixiert würde. Tafel 2

Wenn wir ein Wort aussprechen: Baum, Sonne – immer führen wir eine ganz bestimmte Luftform aus. Wenn wir das aussprechen von *a* bis *z,* würden wir eine sehr komplizierte Luftform bilden. Fragen wir uns einmal, wenn wirklich ein Mensch das zustande brächte, was da entstünde. Es müßte in einer gewissen Zeit geschehen – wir werden schon im Laufe der Vorträge noch hören, warum –, so daß, wenn wir beim *z* angekommen sind, nicht schon das erste vollständig wiederum auseinandergeflossen ist, daß also das *a* in seiner Form plastisch noch bleibt, wenn wir beim *z* angekommen sind. Wenn wir tatsächlich vom *a* bis zum *z* gehen könnten in der Lautformulierung, wenn wir dies so zuwege brächten, daß das *a* stehenbleiben würde bis zum *z,* und das Ganze würde sich in der Luft abbilden, was wäre denn das? Was wäre das für eine Form?

Das wäre die Form des menschlichen ätherischen Leibes. Der menschliche ätherische Leib würde auf diese Weise zustande kommen. Der menschliche ätherische Leib stünde vor Ihnen, wenn Sie einmal das ganze Alphabet – man müßte es erst richtigstellen, heute ist es nicht ganz richtig so, wie es gewöhnlich aufgestellt wird, aber es kommt ja auf das Prinzip jetzt an –, wenn Sie einmal lautlich das Alphabet von *a* angefangen bis zum *z* hinstellen würden, der Mensch stünde vor Ihnen.

Was ist da eigentlich geschehen? Der Mensch als Ätherleib ist ja immer da. Sie tragen ihn immer in sich. Was tun Sie also, indem Sie sprechen, das Alphabet aussprechen? Sie versenken sich gewissermaßen in die Form Ihres Ätherleibes und teilen sie der Luft mit. Sie bilden in der Luft ein Abbild Ihres Ätherleibes. Wenn wir ein einzelnes Wort sprechen, das nicht alle Laute hat selbstverständlich, was geschieht dann? Stellen wir uns vor, der Mensch steht vor uns. Da steht er als physischer Leib, als Ätherleib, Astralleib, Ich. Er spricht irgendein Wort. Man sieht, er versenkt sich mit dem Bewußtsein in seinen Ätherleib. Ein Stück dieses Ätherleibes bildet er in der Luft ab, so wie wenn Sie sich vor den physischen Leib stellen würden und meinetwillen eine Hand abbilden würden, so daß die Hand in der Luft zu sehen wäre. Nun, der Ätherleib hat nicht diese Formen, die der physische Leib hat, aber die Formen des Ätherleibes bilden sich in der Luft ab. Wir schauen, wenn wir dies richtig verstehen, gerade in die wunderbarste Metamorphose der menschlichen Gestalt, der Entwickelung hinein. Denn, was ist dieser Ätherleib? Er ist dasjenige, was die Kräfte des Wachstums, die Kräfte, die in Betracht kommen, um die Ernährung zu besorgen, aber auch die Kräfte, die in Betracht kommen, um das Gedächtnis in die Wege zu leiten, was das alles enthält. Das alles teilen wir der Luftgestaltung mit, indem wir sprechen.

Das Innere des Menschen, also insofern sich dieses Innere des Menschen im Ätherleib auslebt, das prägen wir der Luft ein, indem wir sprechen. Wenn wir Laute zusammenstellen, entstehen Worte. Wenn wir das zusammenstellen vom Anfang des Alphabets bis zum Schluß, entsteht ein sehr kompliziertes Wort. Aber dieses Wort enthält alle Wortmöglichkeiten. Dieses Wort enthält aber zu gleicher Zeit den Menschen in seiner ätherischen Wesenheit. Bevor aber ein physischer Mensch auf der Erde war, war der ätherische Mensch da. Denn der ätherische Mensch liegt dem physischen Menschen zugrunde. Was ist denn aber der ätherische Mensch? Der ätherische Mensch ist das Wort, das das ganze Alphabet umfaßt.

Und so können wir, wenn wir von der Gestaltung dieses Urwortes, das im Anfange war, bevor der physische Mensch da war, sprechen, können – wenn wir darauf Rücksicht nehmen – das, was da mit der Sprache entsteht, eine Geburt nennen, eine Geburt des ganzen ätherischen Menschen, wenn eben das Alphabet lautlich gesagt wird. Sonst ist es die Geburt von Fragmenten, von Teilen des Menschen in einzelnen Worten. Immer ist es etwas vom Menschen, das in einem einzelnen Wort ertönt. Sagen wir «Baum» – was bedeutet das, wenn wir «Baum» sagen?

Wenn wir «Baum» sagen, bedeutet das, daß wir den Baum so bezeichnen, daß wir sagen: Von uns, von unserem ätherischen Menschen ist das, was da draußen steht, Baum, das ist ein Stück von uns. – Jedes Ding in der Welt ist ein Stück von uns; es gibt nichts, was sich nicht durch den Menschen ausdrücken läßt. So wie der Mensch, wenn er das ganze Alphabet lautlich ausspricht, sich ausspricht, und damit die ganze Welt, so spricht er in einzelnen Worten, die Fragmente des Gesamtwortes, des Alphabetes, darstellen, irgend etwas, was Teil der Welt ist, aus. Das ganze Universum würde ausgesprochen mit *a, b, c* und so weiter. Teile des Universums werden ausgesprochen mit einzelnen Worten.

Da müssen wir uns aber klar sein darüber, wenn wir das durchdenken wollen, was nun dem Laute als solchem zugrunde liegt. Dem Laute als solchem liegt zunächst alles das vom menschlichen Inneren zugrunde. Es ist dann, was sich vom Ätherleib darlebt, alles das vom menschlichen Inneren, was gefühlsmäßig sich in der Seele erleben läßt. Nun müssen wir aber einmal herandringen an dasjenige, was sich da gefühlsmäßig in der menschlichen Seele erleben läßt.

Beginnen wir beim *a*. Heute lernt man das *a* aussprechen, wie man es erlernt in jenen unbewußten träumerischen Zuständen, wenn man ganz kleines Kind ist. Das wird ja begraben, wenn man später in der Schule malträtiert wird mit dem weiteren Unterrichtetwerden der Laute. Wenn man als Kind sprechen lernt, da ist schon etwas da von dem, was eigentlich das große Geheimnis des Sprechens ist; aber es ist eben noch im Traumhaften, im Unterbewußten drunten.

Wenn wir *a* aussprechen, so müssen wir, wenn wir einigermaßen gesund empfinden, dieses *a* als dasjenige empfinden, was aus unserem Inneren kommt, wenn wir in irgendeiner Art von *Verwunderung, Erstaunen* sind.

Diese Verwunderung, das ist wiederum nur ein Teil des Menschen. Der Mensch ist ja nicht etwas Abstraktes. Er ist in jeder Minute irgend etwas. In jeder wachen Minute ist er irgend etwas. Man kann ja hindösen selbstverständlich, da ist man nichts Genaues. Man ist auch dann etwas, wenn man hindöst; aber man ist eigentlich in jeder Minute irgend etwas. Bald ist man der Sich-Verwundernde, bald ist man der Sich-Fürchtende, bald ist man der, nun, sagen wir, der Dreinschlagende. Irgend etwas ist man in jeder Minute, in jeder Sekunde. Man ist nicht bloß abstrakt ein Mensch, man ist in jeder Sekunde irgend etwas. So ist man eben auch zuzeiten der Sich-Verwundernde, der Erstaunende. Das kommt dann zum Ausdrucke, indem man, was im Ätherleib vorgeht beim Erstaunen, beim Erleben des Erstaunens, indem man das in die Luft hineinformt mit Hilfe des Kehlkopfes: *a*. Man setzt also einen Teil seines Menschtums, nämlich den sich verwundernden Menschen, dabei heraus; man setzt ihn in die Luft hinein.

Wenn ein physischer Mensch auf Erden entsteht, entsteht er, wenn überhaupt die Entstehung den allgemeinen Entwickelungsmöglichkeiten entsprechen soll, als ganzer Mensch. Er kommt, dieser ganze Mensch, aus demjenigen Organe des mütterlichen Organismus, das man den Uterus nennt. Da entsteht ein physischer Mensch mit seiner physischen Gestalt.

In dem, was entstehen würde von *a* bis *z,* würde ein ätherischer Mensch, nur in der Luft ausgeprägt, da sein, aus dem menschlichen Kehlkopf und seinen Nachbarorganen herausgestaltet.

Ebenso müssen wir sagen, wenn das Kind in die Welt gesetzt wird, wenn das Kind, wie man sagt, das Licht der Welt erblickt: aus dem Uterus und seinen Nachbarorganen entsteht der physische Mensch.

Nun wirkt der Kehlkopf nicht so wie das andere Mutterorgan, sondern er wirkt in fortwährendem Schaffen. So daß in den Worten Fragmente des Menschlichen entstehen, und daß eigentlich, wenn man umfassen würde alle Worte der Sprache – was ja nicht einmal der Fall ist bei so wortreichen Dichtern wie Shakespeare, aber nahezu der Fall ist –, in dem schaffenden Kehlkopfe würde man eben den ganzen ätherischen Menschen in Luftgestalt formen, aber in Aufeinanderfolge, im Werden: eine Geburt, die sich während des Sprechens fortwährend vollzieht. Das Sprechen ist immer Teil von dieser Geburt des ätherischen Menschen.

Und wiederum, der physische Kehlkopf ist nur die äußere Schale jenes wunderbarsten Organes, das im Ätherleib vorhanden ist, das gewissermaßen die Gebärmutter des Wortes ist. Und da haben wir jene wunderbare Metamorphose vor uns, auf die ich hindeutete, indem ich von der Metamorphose sprach. Alles, was im Menschen ist, ist Metamorphose von gewissen Grundformen. Der ätherische Kehlkopf und seine Schale, der physische Kehlkopf, sind eine Metamorphose des mütterlichen Uterus. Mit einer Menschenschöpfung haben wir es zu tun, wenn gesprochen wird, mit einer ätherischen Menschenschöpfung.

Auf dieses Geheimnis der Sprache weist auch hin der Zusammenhang, der sich, wenn wir jetzt die Sache über beide Geschlechter hinüber verfolgen, darstellt in dem Zusammenhang zwischen dem Sprechen und den Sexualfunktionen, zum Beispiel beim männlichen Geschlechte in der Veränderung der Stimme.

Wir haben es also mit einer schöpferischen Tätigkeit zu tun, die aus dem Tiefsten des Weltenlebens herausquillt in der Sprache. Wir sehen im Offenbaren dasjenige fluktuierend sich vor uns abspielen, was sich sonst in die geheimnisvollen Tiefen der menschlichen Organisation bei der physischen Menschenentstehung zurückzieht. Da bekommen wir dann das, was wir für eine künstlerisch-schöpferische Betätigung brauchen, wir bekommen Respekt, Achtung vor dem Schöpferischen, in das wir als Künstler hineingestellt sind. Im Künstlerischen können wir nicht eine bloße theoretische Erörterung brauchen, das können wir nicht, das verabstrahiert uns. Im Künstlerischen brauchen wir etwas, was uns mit unserem ganzen Menschen hineinstellt in das Weltenwesen. Aber wie könnten wir mehr mit unserem ganzen Menschen in das Weltenwesen hineingestellt werden, als wenn wir uns bewußt sind, wie mit der Entstehung des Menschen das Sprechen zusammenhängt. Jedesmal, wenn der Mensch spricht, stellt er einen Teil desjenigen hin, was in Urzeiten einmal Menschenschöpfung war, wo der Mensch als solcher aus den Weltentiefen, aus dem Ätherischen heraus als Luftform gebildet wurde, bevor er Flüssigkeitsform oder später feste Form wurde. Indem wir sprechen, versetzen wir uns zurück in das Welten-Menschenwerden, wie es in Urzeiten der Fall war.

Nehmen wir jetzt einmal ein einzelnes Beispiel heraus. Gehen wir noch einmal zurück zu diesem *a,* das diesen sich verwundernden Menschen vor uns entstehen läßt. Man sollte sich bewußt sein, daß überall da, wo in der Sprache das *a* auftritt, irgendwie eine Verwunderung Tafel 2 zugrunde liegt. Nehmen Sie das Wort Wasser, nehmen Sie das Wort Pfahl, was Sie wollen, irgendein Wort, in dem ein *a* drinnen ist. Da, wo Sie am *a* halten mit dem Sprechen, da liegt irgendwie eine Verwunderung zugrunde, da drückt sich der sich verwundernde Mensch in der Sprache aus. Das hat man einmal gewußt. Das wußte man selbst noch bei denjenigen, welche die hebräische Sprache handhaben; denn, was war in der hebräischen Sprache das *a,* das Aleph? Was war Tafel es? Es war der sich verwundernde Mensch.

Nun möchte ich Sie an etwas erinnern, das Sie hinbringen könnte zu dem, was eigentlich mit diesem *a* angedeutet, gemeint ist. Sehen Sie, in Griechenland sagte man, die Philosophie beginnt mit der Verwunderung, mit dem Erstaunen. Philosophie, Liebe zur Weisheit, Liebe zum Wissen beginnt mit dem Erstaunen, mit der Verwunderung. Würde man ganz organisch geredet haben im Sinne der ursprünglichen Erkenntnis, der ursprünglichen instinktiv-hellseherischen Erkenntnis, so würde man auch haben sagen können, die Philosophie beginnt mit dem *a* – es würde ganz dasselbe für den ursprünglichen Menschen bedeutet haben –, die Philosophie, Liebe zur Weisheit, beginnt mit dem *a*.

Aber was erforscht man denn eigentlich, wenn man Philosophie treibt? Man erforscht letzten Endes doch eben den Menschen. Es strebt doch alles nach Selbsterkenntnis. Letzten Endes will man den Menschen erkennen. So beginnt man Menschenerkenntnis, Menschenanschauen mit dem *a*. Aber es ist zu gleicher Zeit das Verborgenste, denn man muß sich anstrengen, man muß viel tun, um solche Menschenerkenntnis zu erlangen. Erst wenn man an den Menschen herankommt, wie er ganz aus dem Geistig-Seelisch-Leiblichen heraus gebildet ist, wenn man ihn in seiner ganzen Fülle hat, dann steht man eigentlich vor dem, wovor man als vor dem Menschen *a* im höchsten Erstaunen sagen kann. Deshalb ist der sich verwundernde Mensch, der über sich selbst, über sein wahres Wesen sich verwundernde, vor sich erstaunende Mensch, also eigentlich der Mensch in seiner höchsten, idealsten Entfaltung: *a*.

Wenn man empfunden hat einmal, daß der Mensch, wie er als physischer Mensch dasteht, nur ein Teil des Menschen ist und man eigentlich den Menschen erst vor sich hat, wenn man ihn in der Fülle desjenigen, was Göttliches in ihm ist, vor sich hat, so nannte das eine ursprüngliche Menschheit den vor sich selbst erstaunten Menschen: *a*. Das *a* ist der Mensch, der Mensch in seiner höchsten Vollendung. Das *a* also würde der Mensch sein, und wir drücken im *a* eben aus, was gefühlsmäßig erlebt wird im Menschen.

Gehen wir vom *a* zum *b* über, um zunächst wenigstens andeutend etwas hinzustellen, was dazu führen kann, dieses Urwort vom *a* bis zum *z* zu verstehen. Gehen wir zum *b*. Mit dem *b* haben wir einen sogenannten Konsonanten, mit dem *a* einen Selbstlaut, einen Vokal. Sie werden verspüren, wenn Sie einen Vokal aussprechen, zunächst äußern Sie sich aus Ihrem tiefsten Inneren heraus. Mit jedem Vokal haben Sie ebenso wie mit dem *a* ein gefühlsmäßiges Erlebnis. Überall, wo ein *a* auftritt, hat man das Erstaunen. Überall, wo ein *e* auftritt, hat man dasjenige, was ich etwa bezeichnen möchte: *Das hat mir etwas* Tafel 2 *getan, das ich spüre.* – Überall, wo ein *e* steht und der Mensch hält bei dem *e,* bedeutet das eigentlich: Das hat mir etwas getan, das ich spüre.

Denken Sie nur, wie wir Abstraktlinge geworden sind, wie schrecklich verschrumpelte Menschen; so wie wenn ein Apfel oder eine Pflaume ganz verschrumpelt ist, so sind wir in bezug auf das Erleben der Sprache geworden. Denken Sie doch nur einmal, wir reden so hin, haben keine Ahnung, wenn ein *a* irgendwo ist und wir halten es – wir tun es fortwährend –, wie wir da, wenn wir vom *a* zum *e* gehen, von dem Erstaunen gehen zu dem: Es hat mir etwas getan, ich spüre es, es hat mir etwas getan. – Fühlen wir es dem *i* an, was es ist, dieses Neugieriggewesensein und dann Daraufgekommensein; fühlen Sie es nur dem Vokal an, überall liegt ein wunderbares, ganz kompliziertes Erlebnis zugrunde. Man bekommt da den Eindruck eines frischen, ursprünglichen Menschen, wenn man nur die fünf Vokale nacheinander auf sich wirken läßt. Der Mensch gebiert sich eigentlich in seiner Würdigkeit wieder, wenn er diese fünf Vokale mit vollem Bewußtsein, das heißt, aus seinem Inneren mit völliger Bewußtheit herauskommen läßt. Deshalb sage ich: Wir sind so verschrumpelt, und wir haben nur noch dasjenige vor uns, was es bedeutet, gar nichts mehr vom Erlebnis, nur was es bedeutet; Wasser – bedeutet etwas und so weiter. Ganz verschrumpelt sind wir.

Etwas anderes ist es aber bei den Konsonanten, bei den Mitlauten. Da können wir nicht verspüren, daß wir gefühlsmäßig aus unserem Inneren hervorgehen, sondern da bilden wir dasjenige nach, was außer uns ist.

Nehmen Sie an, ich erstaune, ich sage: *a*. Das kann ich nicht abbilden, das muß ich aussprechen. Wenn ich aber dasjenige ausdrücken will, was rund ist, das etwas abrundet, diesen Tisch hier zum Bespiel, was tue ich denn da, wenn ich nicht sprechen will? Ich bilde es nach, ich forme es nach (entsprechende Geste). Wenn ich eine Nase abbilden will, indem ich nicht spreche, indem ich nicht sage Nase, sondern mich verständigen will, so kann ich zeichnend es hinstellen (entsprechende Geste). So ist es aber, indem ich die Konsonanten bilde. Sie sind Nachbildungen von etwas Äußerem, sie formen immer etwas Äußeres nach. Nur drücken wir diese Formen aus eben in einer Luftgestaltung, die aus den Nachbarorganen des Kehlkopfes, aus Gaumen und so weiter hervorkommt. Wir bilden mit Hilfe unserer Organe eine Form aus, die nachgestaltet, nachbildet, nachahmt dasjenige, was da draußen ist. Das geht bis in die Fixierung durch die Buchstaben hinein. Auch darüber werden wir später einmal sprechen.

Aber wenn wir das *b* – wir können es nicht für sich lauten lassen, wir müssen das *e* hinzufügen –, wenn wir aber dieses *b* formen, so ist es immer die Nachahmung von etwas. Würde man nun festhalten können in der Luftgestaltung dasjenige, was da in dem *b* sich bildet – es liegt darinnen, daß wir das *b* aussprechen –, so ist es immer etwas *Umhüllendes*. Es kommt eine umhüllende Form heraus. Es kommt dasjenige heraus, was man eine Hütte, ein Haus nennen kann. Das *b* bildet immer eine Hütte, ein Haus nach. Wenn wir also anfangen *a, b,* dann haben wir «den Menschen in seiner Vollendung» und «der Mensch in seinem Haus»: *a, b*.

Und so würden wir das ganze Alphabet durchgehen können und wir würden in den aufeinanderfolgenden Lauten das Geheimnis des Menschen ausgesprochen haben, was der Mensch im Weltenall ist, der Mensch in seinem Haus, in seiner körperlichen Hülle. Wenn wir zum *c, d* und so weiter fortschreiten würden, jedes würde uns etwas sagen über den Menschen. Und wenn wir beim *z* angekommen wären, so hätten wir die Weisheit vom Menschen eigentlich im Laut vor uns, denn der Ätherleib ist die Weisheit vom Menschen.

Es geschieht also im Sprechen etwas ganz außerordentlich Bedeutungsvolles. Es bildet sich der Mensch. Und man kann schon mit einer gewissen Vollständigkeit zum Beispiel das Seelische bilden, wenn man umfassende Gefühle hinstellt. *I O A,* das stellt vieles vom Tafel 2 Seelischen dar, fast das ganze Seelische seinem Gefühlsleben nach: *I O A.*

Nun können wir sagen: Schauen wir einmal dasjenige an, was da aus dem Menschen heraus als Sprache kommt. – Nehmen wir an, jemand spricht vor uns dieses *a b c;* da ist der ganze menschliche Ätherleib da, kommt aus dem Kehlkopfe, aus dem Uterus heraus. Da ist er. Wir sehen auf den physischen Menschen hin, der innerhalb des Irdischen aus einem mütterlichen Organismus, aus einer Metamorphose des Kehlkopfes, eben dem wirklichen Uterus, herauskommt.

Aber jetzt stellen wir uns vor diesen ganzen Menschen, der in die Welt hereingestellt ist mit allem, was an ihm ist; denn dasjenige, was aus dem mütterlichen Organismus herauskommt, das kann ja nicht so bleiben. Wenn es das ganze Leben hindurch so wäre, wäre es kein ganzer Mensch; es muß erst alles immer hinzugefügt werden. Der ganze Mensch im, sagen wir meinetwillen fünfunddreißigsten Jahre hat ja mehr bekommen von dem ganzen Weltenwesen als dasjenige, was das Kind hat. Dieser ganze Mensch, wenn wir den uns nun vorstellen schematisch, und uns vorstellen, daß, wie die Sprache aus dem Kehlkopfe, der physische Mensch als Kind aus dem Uterus, daß dieser ganze Mensch etwa in seiner fünfunddreißigjährigen Vollendung herauskommt aus dem ganzen Weltenall – der Mensch so herausgesprochen ist aus dem Weltenall, wie das Wort aus uns herausgesprochen ist, dann haben wir den Menschen in seiner Form, in seiner ganzen Gestaltung selber als ein gesprochenes Wort. (Siehe Zeichnung.) Tafel 3

Nun steht er da vor uns – die menschliche Gestalt ist ja das Wunderbarste auf der Erde –, dann steht er da in seiner Gestaltung, und wir können fragen, fragen die ursprünglichsten göttlichen Mächte: Wie habt ihr denn den Menschen geschaffen? In ähnlicher Art, wie geschaffen wird das Wort, wenn man spricht? Was ist da denn eigentlich geschehen, indem ihr den Menschen geschaffen habt? – Und wir würden, wenn wir Antwort bekämen aus dem Weltenall, auf diese Frage diese Antwort bekommen: Da überall gehen an uns heran Bewegungen, Formen in der verschiedensten Art, solch eine Form (*a* eurythmisiert), solch eine Form (*e* eurythmisiert), solch eine Form (*i* eurythmisiert), alle möglichen Formen in Bewegung gehen aus dem Weltenall hervor. Alle Bewegungsmöglichkeiten, die wir uns so, wie wir einmal sind, in Anknüpfung an den menschlichen Organismus denken können.

Tafel 3

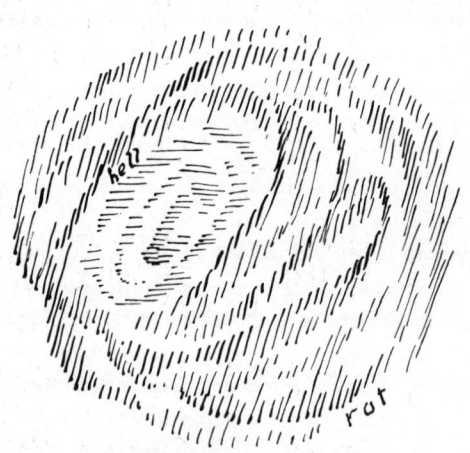

Ja, aber diese Bewegungsmöglichkeiten sind diejenigen, die, erstarrt, die physische Form des Menschen geben, so wie er etwa in der Mitte seines Erdenlebens ist. Was also würde die Gottheit machen, wenn sie den Menschen tatsächlich aus einem Erdenkloß, aus dem Staub der Erde formen wollte, was würde die Gottheit machen? Die Gottheit würde Bewegungen machen, und aus dem, was aus diesen Bewegungen entsteht, wie sich im Sinne dieser Bewegungen der Staub der Erde formt, das würde zuletzt die Menschenform geben.

Nun können wir uns einmal das *a* vorstellen. Sie alle kennen das *a* in Eurythmieform, das *b* in Eurythmieform, das *c* in Eurythmieform und so weiter. Denken Sie, die Gottheit käme, stellte heraus aus der Urtätigkeit, aus der göttlichen Urtätigkeit hintereinander dasjenige, was Sie eurythmisch für *a, b, c* – aber eurythmisch jetzt – kennen, so würde, indem das abläuft, wenn sich das im physischen Stoffe formen könnte, der Mensch vor Ihnen stehen. Das ist dasjenige, was der Eurythmie zugrunde liegt, daß wir uns sagen: Der Mensch ist eine fertige Form, wie er vor uns steht. Aber diese fertige Form ist aus Bewegung hervorgegangen. Diese fertige Form ist aus sich bildenden und ablösenden Urformen hervorgegangen. Nicht das Bewegte geht aus dem Ruhenden, das Ruhende geht ursprünglich aus dem Bewegten hervor. Und wir gehen zurück zu den Urbewegungen, indem wir die Eurythmie ausbilden.

Was tut mein Schöpfer in mir als Mensch aus dem Urwesen der Welt heraus? Wenn Sie auf das Antwort geben wollen, so müssen Sie die eurythmischen Formen bilden. Gott eurythmisiert, und indem er eurythmisiert, entsteht als Ergebnis des Eurythmisierens die Menschengestalt.

So wie ich hier über Eurythmie spreche, kann man schon über jede Kunst sprechen, denn von irgendeiner Ecke her ist jede Kunst in dieser Art aus dem Göttlichen heraus zu kriegen. Aber gerade bei der Eurythmie sieht man, weil sie sich des Menschen als eines Teiles, als eines Werkzeuges bedient, am tiefsten hinein in den Zusammenhang des Menschenwesens mit dem Weltenwesen. Daher muß Ihnen Eurythmie gefallen. Denn denken Sie, wenn man zunächst nicht recht weiß, was menschliche Schönheit ist, aus den äußeren menschlichen Gestalten, und dann vorgeführt bekommt, wie Gott ursprünglich die schöne Menschengestalt aus der Bewegung heraus formte, in der Wiederholung der eurythmischen Formen aus den göttlichen Schaffensbewegungen für den Menschen, so ist das die Antwort auf die Frage: Wie bildet sich die menschliche Schönheit?

Wenn man den kleinen Menschen, das Kind vor sich hat, das noch nicht fertig ist, das erst ein voller Mensch werden soll – man soll nachhelfen der Gottheit, damit die Form richtig weitergebildet werde, welche die Gottheit veranlagt hat beim Kinde –, was muß man denn für Formen anwenden im Unterricht, in der Erziehung? Eurythmieformen. Das ist die Fortsetzung des göttlichen Bewegens, des göttlichen Formens des Menschen.

Und wenn der Mensch krank wird in einer gewissen Weise, da werden schadhaft die Formen, die seinem göttlichen Urbilde entsprechen. Sie werden hier in der physischen Welt anders. Was sollen wir tun? Wir gehen zurück zu den göttlichen Formen, helfen nach, lassen den Menschen diese göttlichen Formen wiederum machen. Das muß so zurückwirken auf ihn, daß die schadhaften Formen wiederum ausgebessert werden.

Wir haben es mit der Eurythmie als einer Heilkunst zu tun, so wie ursprünglich gewußt wurde in hellseherischen Zeiten, daß in gewissen Lauten, die der Mensch in einer entsprechenden Intonierung sagte, zurückgewirkt wurde auf die Gesundheit. Aber da war man eben darauf angewiesen, auf dem Umwege durch die Luft, die in den Ätherleib zurück wiederum hineinwirkte, diese Gesundheit zu bewirken. Wenn man direkt vorgeht, wenn man den Menschen die Bewegungen machen läßt, die seiner Organbildung entsprechen, wobei man nur wissen muß, wie diese Bewegungen sind – zum Beispiel gewisse Fuß- und Beinbewegungen entsprechen gewissen Formungen selbst bis in den Kopf hinauf –, wenn man das alles nachbilden läßt, dann entsteht dieser dritte Aspekt der Eurythmie, die Heileurythmie.

Ich wollte dieses heute vorausschicken, damit jeder, der nun in der Eurythmie tätig ist, eine ursprüngliche Empfindung, ein ursprüngliches Gefühl davon hat, was er eigentlich tut; nicht hinnimmt die Eurythmie als irgend etwas, was man nur konventionell lernen kann, sondern hinnimmt als etwas, wodurch der Mensch tatsächlich näher an das Göttliche herankommt, als er es ohne Eurythmie kann, wie das bei jeder Kunst der Fall ist, damit wir uns mit dieser Empfindung, mit diesem Gefühl durchdringen. Was gehört zu einer ordentlichen Eurythmieunterweisung? Da muß Atmosphäre drinnen sein, Empfindung von der Verbindung des Menschen mit dem Göttlichen. Dann ist eben wirkliche Eurythmie da. Das ist nötig.

ZWEITER VORTRAG

Dornach, 25. Juni 1924

Der Charakter der einzelnen Laute

Nachdem ich gestern versucht habe, im allgemeinen den Charakter des Sprachlichen als solchen, den Charakter dieser besonderen, sichtbaren Sprache der Eurythmie zu erörtern, möchte ich heute zunächst den Charakter der einzelnen Laute vor Sie hinstellen, denn erst dann, wenn der Charakter, die innere Wesenheit der einzelnen Laute vor uns steht, werden wir die Elemente des Eurythmischen auch wirklich verstehen können. Ich mache dabei aufmerksam darauf, daß durchaus im Leben der Menschheit, in der Entwickelung der Menschheit immer ein mehr oder weniger deutliches Bewußtsein davon vorhanden war; nur in unserer Zeit sind wir, wie ich gestern sagte, so zusammengeschrumpelt in bezug auf die Handhabe der Sprache. Es war immer mehr oder weniger ein deutliches Bewußtsein vorhanden, daß in diesem Durchlaufen der Laute, das im Worte liegt, eben doch überall in den Konsonanten ein Nachbild äußerer Formen oder äußeren Geschehens vorhanden ist, und in den Vokalen ein inneres Erleben.

Dieses Bewußtsein ist mehr oder weniger in die Buchstabenformen übergegangen, so daß man schon in ursprünglicheren Buchstabenformen, namentlich zum Beispiel in hebräischen Buchstabenformen eine Art Nachahmung desjenigen sehen kann – und zwar im Hebräischen bei den Konsonanten –, was da eigentlich in der Luftform, in der Luftgestaltung geschieht. In den neueren Sprachen – und da rechne ich natürlich unter die neueren Sprachen alle diejenigen, die etwa, sagen wir, beim Lateinischen beginnen, das Griechische hat noch etwas von dem, was ich jetzt eben meine – ist dann dies in der entsprechenden Schrift mehr oder weniger verlorengegangen; aber es erinnert noch manches durchaus daran, daß man versuchte, in den Buchstabenformen dasjenige nachzubilden, was eigentlich in der Formierung, in der Gestaltung des Wortes liegt, wenn man das Wort herausbildet aus dem Konsonantischen – das ist der Imitation des

Äußeren – und dem, was man dabei empfindet, was man erlebt als von innen kommend, von der Seele herstammend. Wir können sagen, heute ist so etwas im eigentlichen Sinne nur noch deutlich vorhanden in gewissen Empfindungsworten, in gewissen Empfindungslauten oder -worten. Wollen wir einmal ein Beispiel studieren; gerade solch ein Beispiel kann uns vielleicht tief in das Wesen des Eurythmischen hineinführen.

Sehen Sie, dasjenige, was wir das *h* nennen, wenn wir es aussprechen, wenn wir es nicht bloß hauchen, der *h*-Laut, das ist so etwas, was eigentlich mitten drinnensteht zwischen dem Konsonantischen und dem Vokalischen. Es ist das bei allem der Fall, was in einer gewissen Beziehung mit dem Atmen in Beziehung steht. Das Atmen wurde immer wie etwas empfunden, wo der Mensch zum Teil innerlich erlebt, zum Teil aber schon nach außen geht.

Nun, dieses *h,* der einfache Hauchlaut, kann empfunden werden und wurde auch von den primitiven Menschen empfunden als die Nachahmung, die Gestaltung in der Luft, also die nachahmende Gestaltung in der Luft des Heranwehenden, so wie der Atem, die Atemluft heranweht, das Heranwehende. Also sagen wir: Das *h* kann man

Tafel 4 empfinden als das *Heranwehende.* – Alles, was erlebt wird als ein Heranwehendes, wird durch irgendein Wort ausgedrückt werden, in dem dieser *h*-Laut drinnen ist, weil das *h* selbst empfunden wird als das Heranwehende.

Das *u* – also ein Vokal – kann empfunden werden als dasjenige, was seelisch-innerlich erkältet, versteift, erstarrt. So ist das innerliche Erlebnis des *u,* was erkältet, was versteift, erstarrt, wobei einen friert.

Tafel Also *u:* das *Erkältende, Versteifende.*

Tafel Und das *sch,* das ist das *Wegblasende,* alles, was etwas wegbläst, was man so empfindet als das Wegblasende, was vorüberbläst.

In gewissen Gegenden sagt man, wenn ein kalter Wind bläst, heranbläst, einen etwas erstarren, versteifen macht, wenn er da vorüberbläst: husch-husch, husch-husch. In dem Empfindungswort, in der Interjektion, haben Sie noch vollständig das durchfühlte *h u sch* drin-

Tafel nen: husch-husch. In der Ursprache waren alle Worte Interjektionen, Empfindungsworte.

Nun wollen wir einmal eine andere Zusammenstellung von Lauten machen. Nicht wahr, Sie kennen alle das *r*, das, was man das *r-r-r* nennt. Erlebt wird richtig das *r*, wenn man es als das Drehende empfindet, das *r* als ein Rad empfindet: *r-r-r*. Also das *r* ist das *Wälzende,* Tafel 4 *Drehende;* alles das, was irgendwie den Eindruck macht, daß es rrrt. Das Drehende, Walzende, Rollende. So muß es gedacht, angeschaut werden:

Tafel 6

Von dem *a* sprach ich schon gestern. *a,* habe ich gesagt, ist die Verwunderung. Das *sch* haben wir schon; das ist das Wegblasende, das Vorbeiblasende. Und jetzt empfinden wir das Wort «rasch». Sie können es anschauen – wenn etwas rasch ist, so wälzt es sich vorbei, es verursacht einige Verwunderung und geht fort, wird weggeblasen: rasch. Sie sehen also, es kann sich schon darum handeln, in den Konsonanten überall die Nachahmung von irgend etwas zu empfinden. In dem *r* das Wälzende, Rollende, Sich-Drehende; in dem *a* (vokalisch) das innere Verwundern; in dem *sch* das, was weggeht, was vorübergeht.

Sie werden jetzt empfinden, daß es eine gewisse Berechtigung hat, von einer Ursprache zu sprechen, denn Sie werden empfinden, wenn die Menschen ganz richtig die Laute durchfühlen würden, so würden sie alle gleich reden; sie würden dann naturgemäß aus ihrer Organisation heraus alles in gleicher Weise bezeichnen.

In der Tat, so etwas – es zeigt uns das die Geisteswissenschaft – gab es einmal auf der Erde, und es ist nicht bloß Mythe, Legende, als

Mythe, Legende kennen Sie es ja alle, es ist nicht bloß Mythe, Legende, sondern es ist etwas, was wirklich allen Sprachen zugrunde liegt, eine in dieser eben geschilderten Weise aufgebaute Ursprache.

Tafel 4

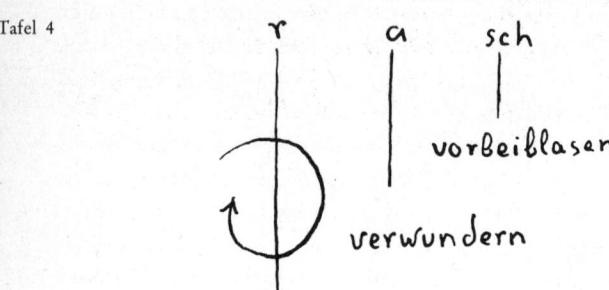

Wenn man auf gewisse Tatsachen des Lebens sieht, wie sie mit ungeheurer Weisheit in Parallelbenennungen auftreten, so wird man außerordentlich überrascht von der Weisheit, die da waltet in dem ganzen Werden zum Beispiel des Menschen, überhaupt in dem Werden der Welt. Bedenken Sie doch nur einmal das Folgende – es ist keine Spielerei, die ich da vorführe, sondern es rührt von einer wirklichen Urempfindung der Menschen her.

Gerade für den, der wirklich über Erkenntnisprobleme nachdenkt, werden eben gewisse Dinge, die intimer, möchte ich sagen, drinnenstehen im Leben, Probleme, werden Rätsel, an denen der andere Mensch einfach grobschlachtig vorbeigeht. So kann es einem schon zum Rätsel werden, daß eine Parallelbenennung existiert zwischen Muttermilch und Muttersprache. Daß man nicht Vatermilch sagt, ist begreiflich; aber daß man nicht Vatersprache sagt, das ist schon weniger begreiflich. Was ist da die Parallelbenennung: Muttermilch und Muttersprache?

Für solche Dinge gibt es durchaus überall innere Gründe; wenn auch die äußeren Gründe manchmal blendend bewiesen werden können, aber für diese Intimitäten des Werdens in der Menschheit gibt es überall innere Gründe. Wenn das Kind zur Welt kommt, sorgt die Muttermilch für die Gestaltung des physischen Leibes am besten. Die Muttermilch sorgt für die physische Gestaltung des Leibes am besten. Hätten wir dazu die Zeit, so könnten wir das ja auch tun, doch gehört es eigentlich nicht in die eurythmischen Vorträge, wenn wir untersuchen würden richtig, aber nicht tot-chemisch, sondern lebenschemisch, die Muttermilch, so würden wir schon finden, warum die Muttermilch gerade am besten in der ersten Lebensepoche den physischen Leib des Menschen ernährt, durchgestaltet müßte man eigentlich sagen, wenn man medizinisch-naturwissenschaftlich richtig spricht, durchgestaltet. Das ist das erste, die Muttermilch, die gestaltet den physischen Leib. Und die Muttersprache – wir haben gestern gesagt, die Muttersprache ist der Ätherleib –, die gestaltet wiederum weiter den Ätherleib. Daher diese Parallelbenennung. Da kommt zuerst der physische Leib dran mit der Muttermilch; dann kommt der Ätherleib dran mit der Muttersprache.

In solchen Dingen ist schon eine tiefe Weisheit; sowohl in derjenigen Wortgestaltung, die auf frühe Zeiten zurückgeht, wie auch in manchen sprichwörtlichen Anschauungen finden wir tiefe Weisheiten. Wir dürfen nicht alles, was zum Beispiel in Volkssprichworten auftritt als Weisheitssprüche, etwa bloß als Aberglaube ansehen, sondern da sind manchmal großartige, bedeutsame Traditionen drinnen.

Nachdem ich Ihnen dieses gesagt habe, Ihnen dasjenige anschaulich gemacht habe, was eigentlich gemeint ist, wollen wir jetzt an die Charakteristik des Wesens der Laute gehen. Wenn wir verstehen, was die Laute darstellen, wie die Vokale das innere Erlebnis, die Konsonanten das Nachbilden des Äußeren darstellen, wenn wir verstehen, wie das im einzelnen der Fall ist, dann werden wir auf der einen Seite an das Künstlerisch-Eurythmische, auf der zweiten Seite an das Pädagogisch-Eurythmische, auf der dritten Seite an das Heilpädagogische der einzelnen Laute herangeführt. Ich werde jetzt sozusagen alles, was es gibt, zu Hilfe nehmen, um Ihnen die einzelnen Laute in ihrer Wesenheit vor Augen zu führen, damit Sie dann die Gestaltungen, die wir eurythmisch suchen für diese Laute, morgen in ganz verständnisvoller Weise aufnehmen können.

Beim *a* haben wir schon gesagt: Verwunderung, Erstaunen. Beim *b* – ich habe auch gestern schon darüber gesprochen – ist überall eine Nachahmung von etwas, das einhüllt, das Schutz vor dem Äußeren gibt; *b* ist das Einhüllende. Das können Sie noch im Buchstaben *b* verfolgen; nur in den neueren, modernen Buchstaben ist im *B* das Einhüllen doppelt darinnen: einmal einhüllen, noch einmal einhüllen. Das *b* ist immer ein Einhüllen, ein Schutzgewähren; ganz grob dargestellt: das Haus, in dem man darinnen ist. Das *b* ist das Haus.

Ich will also jetzt die deutschen Buchstaben nehmen; wir könnten ebensogut ältere nehmen, aber wir wollen ja jetzt die Lauteurythmie an Hand der deutschen Buchstaben, der deutschen Laute haben, und so wollen wir charakterisieren nach dem, wie die deutschen Buchstaben, die deutschen Laute eigentlich in ihrem Wesen sich offenbaren.

Wenn Sie dann zum *c* kommen, ich will natürlich nicht bei den einzelnen Lauten auf die Buchstabenformen eingehen, die sind vielfach korrumpiert, die geschriebenen Buchstaben brauchen uns für das Eurythmische nicht zu interessieren: Sie werden in dem Laute *c* empfinden, *c-c,* daß da etwas nachgeahmt wird, was in Bewegung ist. Man wird nicht fühlen können, daß dasjenige, was man mit dem Laute *c* nachahmen will, in Ruhe ist: *c,* es ist ein Stoßen; aber wenn Sie innerlich erfühlen, was in dem *c* liegt, so wird Ihnen auffallen, daß Sie sich unmöglich vorstellen können, wenn Sie *c, c* sagen, daß Sie etwas Schweres haben. Sie werden nicht auf die Idee kommen, daß Sie mit dem *c* nachahmen sollen, wenn Sie es so handhaben, daß Sie schwitzen dabei. Das läßt sich nicht in diesem Laute nachahmen. Es läßt sich nur dasjenige nachahmen, was nicht schwer, sondern was leicht ist. Die Eigenschaft des Leichtseins, die wird nachgeahmt in dem *c*-Laute. Ich kann also einfach sagen: In dem *c* wird nachgeahmt das *Leichtsein.*

Sie können, wenn Sie eingehen auf solche Intimitäten des Lautens, des Lautierens, Sie können schon empfinden, was Sie tun würden, wenn Sie, sagen wir, wie man es manchmal im Zirkus sieht, Kugeln haben, scheinbare Eisenkugeln, wo draufsteht «1000 kg» – dann hebt sie der Clown rasch auf! Nehmen Sie einmal an, Sie würden in dem Glauben, da wäre eine Eisenkugel mit tausend Kilo, die, sagen wir, wenigstens zehn Kilo wiegt, Sie würden herankommen, sie aufheben und Sie werden so etwas Ähnliches ausstoßen wie den Laut *c-c*. Die Natur macht es auch, denn das Niesen ist fast dem *c* ähnlich. Das Niesen ist eine Erleichterung.

Und die alten Okkultisten haben gesagt: Das *c*, das ist in dem Urworte der Regent für die Gesundheit. – In Österreich sagt man noch heute, wenn einer niest: Zur Gesundheit! – Man ruft ihm zu: Zur Gesundheit! – Das sind eben Empfindungen, die man an die Laute anknüpfen muß, sonst versteht man das Wesen der Laute nicht.

Das *d* – wann werden Sie auf naturgemäße Weise zum Ausstoßen des *d* kommen? *d, d, d,* ich glaube, Sie können es nachempfinden, wenn Sie jemand fragt, wo etwas ist, und Sie wissen es, so werden Sie die Gebärde des Hinweisens, die Sie machen, am ehesten mit dem Laute *d* begleiten. Und wenn Sie noch ausdrücken wollen, daß er über Ihr schnelles Informieren erstaunt sein soll, verwundert sein soll, dann sagen Sie eben: Da. – Wenn Sie das Verwundern weglassen: *d*. Da sind Sie nicht so eitel, ihn in Verwunderung bringen zu wollen, sondern Sie deuten ihm nur hin. Sie strahlen nach allen Seiten Deutungen aus mit dem *d,* und Sie können das empfinden. So daß wir sagen können: Das *d* ist *Hindeuten, Hinstrahlen*. Die Nachahmung dieses Hindeutens, Hinstrahlens, das Aufmerksammachen, daß etwas da ist, das liegt in dem *d*. Tafel 5

Das *e* ist ein Laut, der immer eigentlich die Menschen außerordentlich interessiert hat. Ich sagte schon gestern, *e* ist der Laut, der eigentlich darauf hinweist: Etwas hat einem was getan, und man hat sich dagegen aufrechterhalten. *e: Man läßt sich nicht anfechten durch etwas, was einem geschieht.* Tafel

Wir können hier einfügen dasjenige, was der Laut *t* bedeutet – *Tao, t.* Sie wissen vielleicht, daß man dem *Tao, t,* eine tiefe Ehrfurcht entgegenbringt, wenn man versteht, was darinnen lebt. Dieses *Tao, t,* ist eigentlich das, unter dem man sich vorzustellen hat, daß es darstellt das Gewichtige, sogar das Schöpferische, dasjenige, was auch deutend strahlt, aber im besonderen vom Himmel auf die Erde strahlt. Es ist das wichtige Strahlen. Sagen wir also, dieses *t: Bedeutsam von oben nach unten strahlen.* Tafel

Nun aber kann natürlich etwas, was als etwas Majestätisch-Großes in gewissem Zusammenhange empfunden wird, auch im gewöhnlichen Leben auftreten. Nehmen wir diese drei Laute. *e,* wie wir es kennengelernt haben, würde also darstellen: Es hat mir etwas getan, aber ich behaupte mich dagegen –; es ist dieses Erlebnis. Das *t, Tao*: Es hat eingeschlagen. – Wollen wir ausdrücken, was dem Erlebnis gemäß ist: Irgend etwas hat mich berührt, ich behaupte mich dagegen: *e*. – Es ist ein Ereignis, das eingeschlagen hat, aber es geht vorüber. Es geht vorüber, das Wegblasende: *sch*. Wir bekommen die Lautzusammenstellung «etsch». Wann sagen Sie «etsch»? Nun, wir sagen es zum Beispiel, wenn einer irgend etwas Gewichtiges sagen will, das aber falsch ist, und Sie kommen gleich darauf: es ist falsch. Wenn Sie es also rasch wegblasen können, wenn es Sie berührt, wenn er wie ein Blitz gewichtig einschlagen will, aber Sie zersplittern es ihm, Sie

werden es wegblasen: «etsch.» Da haben Sie diesen Lautzusammenhang. Darinnen können Sie fühlen das *e,* das Berührtwerden. Man könnte sich nicht vorstellen, daß man «itsch» oder «atsch» in solchem Fall sagt, sondern man muß es einfach selbstverständlich, wenn das Erlebnis so vorliegt, daß man das, wovon man berührt ist, wieder wegblasen kann, man muß es halt als «etsch» haben.

Nun werden Sie dann in der Art, wie wir das *e* gestalten, eurythmisch eben völlig empfinden, was in manchen Gegenden noch dazu gemacht wird. Es wird aus der Gebärde heraus das eurythmische *e* geformt: «etsch, etsch» (mit der entsprechenden Gebärde). Da eurythmisiert man schon das *e* drinnen. Das sind solche natürlichen, selbstverständlichen Empfindungen.

Also wir haben im *e* das Berührtwerden und Sich-Aufrechterhalten, sich erhalten in der Berührung. Natürlich, wenn man die Dinge beschreibt, so nimmt es sich immer ein bißchen ungeschickt aus, aber man muß es eben empfinden.

F: das ist vielleicht schwer zu empfinden in dem heutigen, sprachlich so verschrumpelten Leben. Aber es kann einem dann etwas zu Hilfe kommen, eine Redensart, die Sie alle kennen, die ziemlich allgemein gebraucht wird. Man sagt nämlich, wenn einer über etwas Bescheid weiß: Er kennt die Sache aus dem *ff.* – Es ist eine außerordentlich interessante Empfindung, dieses: Einer kennt die Sache aus dem *ff*. – Wenn man das, was man heute auf der Straße findet: Einer kennt die Sache aus dem *ff* –, vergleicht – ich sagte, ich werde alles gebrauchen, was sich nur herbeitragen läßt, damit die Laute Empfindung werden können, wo es auch immer gelehrt oder ungelehrt herbeigeholt werden kann, meistens aber ungelehrt selbstverständlich –, wenn man das, was man also auf der Straße findet: Er kennt die Sache aus dem *ff* –, vergleicht mit dem, was über das *f* in alten Mysterien gesagt worden ist, dann stellt sich etwas ganz Merkwürdiges heraus. In alten Mysterien, wo lebendig war: «Im Urbeginn war das Wort und das Wort war bei Gott...», wo also das lebendig war, was ich Ihnen gestern auseinandergesetzt habe, wo man wirklich das Schöpferische des Wortes, des Logos empfand – denn Logos ist nicht zu übersetzen mit Weisheit, mit dem manche Moderne ihr Unverständnis für die alten Sachen zeigen möchten, Logos ist schon zu übersetzen mit Verbum, Wort, nur muß man es dann, das Wort, so nehmen, wie wir es gestern auseinandergesetzt haben –, nun, wenn über das *f* gesprochen worden ist, da sagte man etwa das Folgende in alten Mysterien, namentlich in den vorderasiatischen, afrikanischen, südasiatischen Mysterien. Man sagte, wenn jemand das *f* spricht, stößt er den ganzen Atem aus; der Atem aber ist dasjenige, wodurch die Gottheiten den Menschen geschaffen haben, was also die ganze menschliche Weisheit im Winde enthält, in der Luft enthält, im Windhauch enthält. So daß der Inder alles dasjenige, was er etwa lernen konnte, indem er in der Jogaphilosophie den Atem beherrschen lernte, dadurch sich mit innerer Weisheit füllte, dann fühlte, wenn er das *f* ausstieß. Und im älteren indischen Jogaüben empfand man das auch so; man machte seine Jogaübungen, deren Technik darinnen bestand, daß man innerlich fühlte die Organisation des Menschen, die Fülle der Weisheit. Und im Aussprechen des *f* fühlte man, wie einem die Weisheit im Worte bewußt wurde. *f* kann daher nur dann richtig empfunden werden, wenn man auch noch nachfühlt, wie eine gewisse Formel, die wenig bekanntgeworden ist in der Welt, die aber vorhanden war, wie eine gewisse Formel in den ägyptischen Mysterien lautete: Willst du anzeigen, was die Isis ist, die da weiß das Vergangene, das Gegenwärtige und das Zukünftige, die niemals ganz enthüllt werden kann, so mußt du es in dem Laute *f* tun.

Das Sich-Erfüllen mit der Isis in der Technik des Atems, das Erleben der Isis im ausgehauchten Atmungsvorgange ist im *f*. So daß eigentlich *f* nicht ganz genau, aber annähernd gefühlt werden kann als: Ich weiß. – Aber es ist mehr drinnen als das: Ich weiß. – «Ich weiß» ist noch ärmlich, wenn man das *f* empfindet. Es wurde daher am frühesten verloren die *f*-Empfindung. Es läßt sich eigentlich fühlen als: *Wisse du* – der andere, zu dem man spricht; *f* sage ich zu ihm,
Tafel 5 um ihn aufmerksam zu machen, daß ich ihn belehren kann –, *wisse, daß ich weiß.*

Ich werde es daher als natürlich empfinden, durchaus als natürlich empfinden, wenn jemand, der einen belehren will, auf ihn losgeht und in irgendeiner Form *f* haucht. Es ließen sich nun interessante Worte studieren – doch das kann ich Ihnen selber überlassen –, in denen das *f* in irgendeinem Zusammenhange vorkommt. Sie werden schon erinnert werden an dasjenige, was ich Ihnen jetzt als eine intime Empfindung über das *f* gesagt habe.

Tafel Über das *h* habe ich vorhin gesprochen; es ist das Heranwehende.
Tafel Und nun *i; i* ist leicht zu empfinden als die *Selbstbehauptung,* als die feste Selbstbehauptung. In der deutschen Sprache gibt es ein sehr glückliches Wort, das ist das Wort der Bejahung: Ja – wo allerdings in Konsonantisches umgedeutet das *i* da ist und nachher das Erstaunen folgt, die Verwunderung. Man kann die Bejahung nicht besser ausdrücken als durch die Selbstbehauptung der Verwunderung. Wir haben gestern gesagt, die Verwunderung ist eigentlich der Mensch. Wenn wir die Selbstbehauptung noch hinzufügen: Ja –, so haben wir die deutliche Bejahung. *i* ist also die Selbstbehauptung. Wir werden sehen, was das für die eurythmische Darstellung für eine Bedeutung hat, daß *i* immer eine sich verteidigende Selbstbehauptung darstellt.

Ein merkwürdiger Laut ist das *l* – da ist das *e* dabei –, der bloße Laut *l*. Denken Sie nur einmal, was Sie da alles tun, wenn Sie ein *l* lauten lassen. Denken Sie an Ihre Zunge, wenn Sie ein *l* lauten lassen. Sie gebrauchen Ihre Zunge in einer sehr kunstvollen Weise, wenn Sie ein *l* lauten lassen: *l-l-l*. Sie fühlen das Schöpferische, das Formende, indem Sie ein *l* lauten lassen. Man könnte sagen, wenn man nicht besonders stark hungrig ist, und man spricht ein *l* aus, recht lang und recht deutlich, das könnte einen fast satt machen. So empfindet man das *l* als etwas Reales, wie wenn man einen Kloß essen würde, der besonders schmackhaft ist und den man, weil er nicht hart ist, sondern weich ist, an der Zunge leicht zerschmelzen läßt in innerem Wohlgefallen. Dieses Erlebnis kann man so haben im deutlichen Aussprechen des *l-l-l*. Es ist etwas Schöpferisches dadrinnen, etwas Gestaltendes. Und der Plastiker, der Bildhauer, der wird leicht versucht werden, ohne das *l* anlauten zu lassen, zu probieren die Formen, die er schafft, mit einer Bewegung der Zunge, weil die besonders empfindlich ist – mit der Bewegung der Zunge, die ähnlich ist den Bewegungen, die die Zunge macht bei dem *l*-Lautieren. Wenn einer eine Nase mit der Zunge empfinden kann, wobei stark das Formen des *l* drinnensteckt, dann ist er ganz gewiß ein guter Plastiker für das Gestalten der Nase.

In den alten Mysterien hat man gesagt: Das *l* ist das in allen Dingen und Wesen *Schöpferische, Gestaltende,* die die Materie überwindende Formkraft. Tafel 5

Sie werden leicht begreifen, daß *ei,* der Doppelvokal, so etwas wie ein liebevolles Anschmiegen bedeutet. In der Behandlung des Kindes gebraucht man diesen Laut *ei-ei: liebevolles Anschmiegen.*

Wir werden gleich nachher noch das *m* besprechen, werden sehen, daß das *m* etwas hat, was auf alles eingeht, die Form von allem annimmt. Nehmen wir jetzt einmal an – es ist auch das keine Spielerei, sondern ist wirklich aus einer weit, weiten Geschichte hergeholt, was ich Ihnen jetzt sagen werde –, nehmen wir an, wir hätten eine Substanz, von welcher wir voraussetzten, sie soll Materie in Form umgestalten. Setzen wir die Geschichte einmal zusammen. Also von dieser Substanz fordern wir zuerst, sie soll Materie in Form umgestalten. Das soll ihr eigenes Wesen sein. Sie soll Materie in Form umgestalten, aber sie soll das so tun, daß sie sich liebevoll anschmiegt an etwas anderes, wie wenn man ein Kindchen streichelt: *ei-ei,* wenn man da etwas anschmiegt also. Sie soll sich anschmiegen. Und sie soll dann, dieses Anschmiegen beibehaltend, gewissermaßen die fremde Form in sich selber aufnehmen, so daß es gerade so ausschaut wie die fremde Form, also verständig nachahmt die fremde Form. Und nun nehmen wir an, wir sollten das lauten, wir sollten die Materie in Form umgestalten. Wir werden sagen: *l.* Sich anschmiegen: *ei.* Die fremde Form annehmen: *m.* Und wir haben ein Wort, «Leim», das ganz besonders in der deutschen Sprache charakteristisch ist, abgesehen von allen Nebenableitungen und so weiter. Daß sich diese überhaupt bilden, daß das im Geheimnis des wirkenden, werdenden Sprachgenius drinliegen kann, darauf beruht eben gerade dieses Leben des Sprachgenius. Es geschieht zuweilen, daß auch, wenn in irgendeiner Sprache irgendein Wort schon undeutlich da ist, es dann umgestaltet wird in einer Sprache, die später ausgebildet wird, aber angeähnelt wiederum dem ursprünglichen Empfinden, wenn bei dem empfangenden Volke dieses ursprüngliche Empfinden da ist. Das Sprache-Verstehen ist eben durchaus viel komplizierter, als man gewöhnlich denkt. Heute macht man ja etwas Entsetzliches in bezug auf die Sprachen, etwas ganz Fürchterliches. Für das äußere Leben, das heute auf Konvention und Oberflächlichkeit beruht – nun, da taugt es gerade; aber auf die menschliche Seele wirkt es riesig verheerend zurück. Man kann gar nicht sagen wie verheerend. Man nimmt irgend etwas, sagen wir zum Beispiel ein Buch oder ein Gedicht in irgendeiner Sprache, und will das in einer andern Sprache zum Ausdruck bringen. Da schaut man nach im Wörterbuch oder in seinem Gedächtnis, was das Wort in der entsprechenden Sprache bedeutet. Und dann nimmt man es herüber und sagt, man hat es übersetzt. Man hat eigentlich wirklich dasjenige, was da in Betracht kommt, richtig übersetzt, nämlich man ist darüber hinweggelaufen eigentlich. Es ist diese Art, so von einer Sprache in die andere hinüberzugehen, eben eigentlich das Entsetzlichste, was passieren kann.

Denn betrachten Sie diese Sache einmal von folgenden Gesichtspunkten aus. Wenn wir sagen, es ist eine Ursprache möglich – die dann für alle gleich sein muß, sie war auch einmal da –, woher kommen denn die vielen Sprachen? Woher kommt es denn, daß, wenn wir ein deutsches Wort nehmen, zum Beispiel «Kopf», und wir würden es ins Italienische übersetzen, wir dann «testa» sagen müßten?

70

Also wir haben das deutsche Wort Kopf, das italienische Wort testa. Wenn die Dinge so durchempfunden sind, wie kommt es denn, daß der Italiener plötzlich die ganz verschiedenen Laute testa empfindet, wenn der Deutsche Kopf empfindet? Übersetzungsgemäß soll es doch dasselbe bedeuten. Wenn Kopf irgendwie wirklich empfunden ist, so müßte ein Italiener und sogar der Chinese auch Kopf sagen. Woher kommt es denn, daß diese verschiedenen Sprachen da sind?

Nun werde ich Ihnen etwas sagen, worüber Sie sich vielleicht kugeln möchten vor Lachen, aber es ist doch wahr. Zu demselben, meine lieben Freunde, zu dem der Deutsche Kopf sagt, würde der Italiener auch Kopf sagen, wenn er es überhaupt benennen würde. Aber er benennt es niemals. Das liegt außerhalb seines Gesichtskreises. Dasjenige, was wir im Deutschen als den Kopf bezeichnen, jedenfalls so benennen, das kommt für den Italiener nicht vor in seinem Sprachschatz. Würde es vorkommen, so würde er geradeso wie der Deutsche sagen Kopf. Was meint denn der Deutsche, wenn er sagt Kopf? Meine lieben Freunde, wenn der Deutsche sagt Kopf, dann meint er die Form, die runde Form. Es ist in dem Worte Kopf richtig durchempfunden die runde Form. Wir werden dann, wenn wir das *k* und alles beisammen haben, was wir brauchen, darauf schon aufmerksam machen können. Er meint also die runde Form. Versuchen Sie einmal zu sehen, wenn das Wort Kopf eurythmisiert wird, wie das Runden in der Mitte sein wird (Ausführung). Da haben Sie das Runden in der Mitte drinnen. Der Deutsche bezeichnet die auf dem Körper aufsitzende Rundung als Kopf.

Würde der Italiener die auf dem Körper aufsitzende Rundung empfinden, so würde er auch Kopf sagen, nicht testa. Was empfindet aber der Italiener? Der Italiener empfindet gar nicht die Rundung, sondern er empfindet dasjenige, was wir aussagen, was etwas testiert, dasselbe, was im Worte Testament liegt; also was etwas testiert, aussagt, bekräftigt, das empfindet er, da sagt er testa. Er meint etwas ganz anderes. Es schaut nur so aus, als ob es dasselbe wäre – testa und Kopf; in Wahrheit ist es grundverschieden. Das eine Mal wird das, was da oben auf dem Körper sitzt, in seiner Form im Deutschen ausgedrückt. Und will man es ganz deutlich machen, mit einer manchmal veräcbt-

lichen Bedeutung, so kann man die runde Form noch besonders andeuten und kann sagen: Kohlkopf. Dann weiß man schon, daß die
Rundung gemeint ist, nicht wahr.

Aber dasjenige, was da auf dem Körper droben sitzt, das empfindet
der Italiener nicht als das Runde, sondern er empfindet dasjenige, was
behauptet, was etwas aussagt, was etwas feststellt. Da sagt er testa.
Das wird in diesem Worte empfunden.

Und so ist es überall, wo wir übersetzen. Wir übersetzen ganz ohne
Bewußtsein davon, daß wir erst hinübergleiten müssen zu dem Sinn,
den man treffen will in der andern Sprache. Denken Sie nur, wie äußerlich es ist, wenn man einfach lexikographisch übersetzt! Man geht
über das Wesentliche gerade hinweg. Man hat kein Bewußtsein davon.

Tafel 5 Wollen wir noch das *m* hinzufügen, jenen Laut, der in so groß-
artiger Weise schließt das heilige Wort Indiens: «aum»; *m,* dasjenige,
was alles versteht, was so hinübergeht im Atem, daß es sich allem
anschmiegt und alles versteht. *m,* das ist noch tief empfunden. Sehen
Sie, wenn mein Dorfschullehrer ausdrücken wollte, daß ich etwas
richtig gesagt habe, da sagte er: Mhn, er hat's verstanden, es stimmt –;
das *hn* ist nur die Freude darüber. Das *m* ist also das Ausdrücken dessen: Es steht im Einklange, es stimmt. Es schmiegt sich an, es stimmt,
wie das *m* am Ende des Wortes Leim.

Wir werden nun in diesen Beispielen zunächst schon gesehen haben,
wie eigentlich in jedem Laute ein ganzes Leben drinnen liegt. Und
man kann schon empfinden, wenn man Laute sprechen würde, so
würde zwar das, was man so ausdrückt, statt mit unseren Worten,
primitiver und einfacher sein, aber es würde zu gleicher Zeit eine viel
größere Intimität mit den Dingen und mit sich selbst darstellen.

So müssen Sie eben einfach die Laute empfinden, wenn Sie sich
hineinfinden wollen in das Eurythmisieren, denn das Eurythmisieren
ist in gewissem Sinne ein Bilden von Gebärde und Geste, aber nicht
von vorübergehenden, willkürlichen Gebärden, sondern von den kos-
mischen, bedeutungsvollen Gebärden, von denjenigen, die nicht
anders sein können, die keiner Willkür der menschlichen Seele entstammen.

Ich werde nun morgen noch die andern Laute charakterisieren, die heute nicht charakterisiert worden sind, und dann wollen wir allmählich den Übergang finden zu der Charakteristik der Formen, die wir in der Eurythmie gebrauchen und die wirklich nun gebärdenhaft ganz genau dasselbe ausdrücken in ihrem Wesen, was die Laute selber in die Luft hineinblasen, in die Luft hineingestalten.

	a:	Verwunderung, Erstaunen	Tafeln 4 + 5
	b:	Einhüllen	
	c:	Leicht sein	
	d:	Hindeuten, Hinstrahlen	
	e:	Berührt werden und sich erhalten in der Berührung	
	t:	Bedeutsam von oben nach unten strahlen	
	f:	Wisse, daß ich weiß	
	i:	Selbstbehauptung	
	l:	Die die Materie überwindende Form	
	m:	Es steht im Einklange	
husch husch!	*h:*	Heranwehendes	
	u:	Erkältendes, Versteifendes	
	sch:	Wegblasendes	
rasch	*r:*	Das Drehende	
	a:	Verwunderung	
	sch:	Vorbeiblasendes	
Leim		Sie (die Substanz) soll Materie in Form umgestalten: *l*	
		Soll sich anschmiegen: *ei*	
		Verständig nachahmen: *m*	

DRITTER VORTRAG

Dornach, 26. Juni 1924

Die erlebte und die geformte Gebärde

Ich möchte zu dem Gestrigen nur noch diejenigen Laute nachtragen, die wir vielleicht noch nicht besprochen haben. Das ist der *s*-Laut und der *z*-Laut, die doch eine gewisse selbständige Wesenheit darstellen. Sollte sich das oder jenes noch ergeben im rein Lautlichen, so kann das gelegentlich bei den späteren Besprechungen nachgeholt werden.

Der *s*-Laut, *s* – er ist dasjenige, was immer empfunden wurde, als eben ein Empfinden für diese Dinge noch vorhanden war, als etwas ganz besonders tief in das Sprachliche Eingreifendes. Man kann sagen, das Erlebnis des *s*-Lautes hängt zusammen mit denjenigen Empfindungen, welche man in Urzeiten der Menschheitsentwickelung für das Schlangensymbol oder auch in gewissem Sinne für das Symbol

Tafel 6 des Merkurstabes gehabt hat – aber nicht für das eigentliche Merkursymbol, sondern eben für das Symbol des Merkurstabes. Das eigentliche Merkursymbol müssen wir mehr im *e*-Laute suchen. Dagegen das Symbol des Merkurstabes, das eine so große Rolle spielt in gewissen orientalischen Schriften, wo die *s*-Bildung, die wir heute noch haben, die ja deutlich an das Schlangensymbol erinnert, wo die *s*-Bildung sozusagen als Buchstabe zugrunde liegt, diese Empfindung gegenüber dem *s*, der *s*-Schwingung, der *s*-Windung, sie ist eigentlich außerordentlich kompliziert, und sie wird, wenn man sie elementar empfindet, eigentlich darin bestehen, daß man eine gewaltige Beruhigung desjenigen fühlt, was in Unruhe ist, wobei man die Sicherheit empfindet, in das verborgene Wesen von irgend etwas beruhigend einzugreifen.

Das *s*-Symbolum war eigentlich in den Mysterien immer etwas, worauf, wie auf das ähnliche andere, das *z*, mit einer Dignität hingewiesen worden ist. Aber wies man hin auf solche Dinge, wie wir sie gestern besprochen haben, zum Beispiel auf das *t, Tao,* so tat man das mit einer gewissen feierlichen Andacht. Dagegen der Hinweis auf das *s* war immer verbunden mit etwas – wenn ich mich trivial ausdrücken darf –, mit etwas Furchterregen bei denjenigen, die man auf dieses Symbolum hinwies; etwas Furchterregendes, etwas, wovor man sich hüten soll und das man doch wiederum im Leben nicht entbehren kann. Daher kann ich Ihnen eigentlich nicht gut einfach erzählen, wie in den Mysterien über das *s*-Symbolum gesprochen wurde, aber ich kann das vielleicht in eine andere Form kleiden.

Sie würden heute manchmal erstaunt sein, wenn Sie sehen könnten unmittelbar, wie wenig sentimental die echten Schüler der alten Mysterien waren. Die echten Schüler der alten Mysterien waren nämlich nicht Menschen, die immer, wie eine unserer Freundinnen – sie war keine Deutsche – einmal über gewisse Anthroposophen sagte: Sie machen ein Gesicht so lang bis ans Bauch. – Diese Stimmung ist nicht eigentlich diejenige, welche die Stimmung der echten Mysterienschüler war. Die hatten Humor und kleideten schon dasjenige, was sie nun trotzdem gut heilig zu halten wußten, auch zuweilen in humoristische Formen. Und so möchte ich sagen: Wenn ein echter Mysterienschüler von einem Nichtmitgliede der Mysterien einmal gefragt wurde, was über das *s* zu halten ist – man hat natürlich solche Fragen gestellt, denn Neugier war eine Eigenschaft, welche die Menschen schon auch in alten Zeiten hatten –, dann hat der Mysterienschüler wohl etwas humoristisch geantwortet: Ja, weißt du, wenn man das *s*-Geheimnis kennt, da kann man die verborgenen Eigenschaften der Männerherzen sehen und das Frauenherz erforschen; man kann beruhigen alles dasjenige, was sich in den Herzen verbirgt und kommt in die verborgenen Tiefen hinein. – Das war eine, wie gesagt, sehr exoterische Erklärung, aber sie wies dennoch schon hin auf dasjenige, was in dem *s*-Laute liegt: ein Beruhigen des Bewegten, wobei man sicher ist, daß durch das angewendete Mittel die Beruhigung eintritt.

Wenn Sie das, was Sie so definieren, in die Gebärde umsetzen, dann bekommen Sie eben den eurythmischen *s*-Laut. Nun haben wir noch den *z*-Laut, der das *z*, das *z*-Gefühl zum Erleben bringen muß. Tafel 6 Das *z* ist eine Gebärde, welche natürlich der *c*-Gebärde ähnlich ist, nur mit einem Ansatz ist, und ähnlich empfunden werden kann. Sie

75

werden schon finden, daß diese Empfindung in ihm liegt, wenn Sie sich nur ernsthaftig dafür erwärmen. Das χ kann empfunden werden als dasjenige, was heiter stimmt dadurch, daß es nicht schwer, sondern leicht genommen werden kann; aber absichtlich eigentlich heiter stimmen will. Das kann natürlich auch ein lebloses Ding sein.

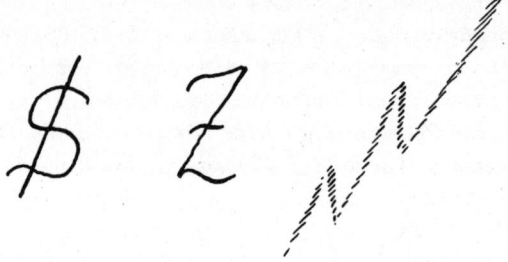

Damit hätten wir den Sinn der einzelnen Laute nun absolviert und wir kämen dazu, diese einzelnen Laute vor unsere Seele hinzustellen. Ich sagte Ihnen ja, das erste wird eine Art Rekapitulation sein, eine solche, die dann als Tradition stehenbleiben kann. Wir kommen nun dazu, die einzelnen Laute eurythmisch noch einmal vor unsere Seele treten zu lassen.

Da handelt es sich darum, daß wir vor allen Dingen eben einsehen, daß dasjenige, was ich als das Wesen der Laute vorgebracht habe, in künstlerischer Weise als Gebärde empfunden wird.

Nun muß man durchaus sich darüber klar sein, der Mensch ist aus denjenigen Elementen des Kosmos heraus gebildet, die ich an den Lauten angeführt habe. Wenn Sie alles das, was wir an den Lauten angeführt haben, nehmen, so bekommen Sie ungefähr – ich möchte sagen wie in naturgesetzlicher Art – jene Triebkräfte, die den Menschen herunterführen aus dem vorirdischen Dasein in das irdische Dasein herein und ihn noch weiterleiten, bis er ein reifer Mensch von etwa fünfunddreißig Jahren ist.

Dieser ganze Weg mit den Kräften, die den Menschen trennen, stoßen, die ihn dahin bringen, daß er das eben ist, was ein tatsächlich ausgewachsener Mensch ist, diese Kräfte liegen in den Gebärden der Laute. Deshalb wurde das Wort, der Laut, als etwas so ganz Besonderes empfunden.

Nun beginnen wir einmal bei demjenigen, was sozusagen am intimsten dem Menschen angehört, wovon man sagte in Griechenland, daß der Mensch es erlebt, wenn er vor den Rätseln des Daseins steht; so daß die Philosophie, die Liebe zur Weisheit allein ausgehen kann von der Verwunderung, von dem Erstaunen. Nehmen wir das und erinnern wir uns daran, meine lieben Freunde, daß die menschliche Art des Verwunderns rein menschlich ist, wirklich schon zu dem gehört, was den Menschen über das Tier heraufhebt. Und wenn wir uns wieder fragen: Was ist es am Menschen, was den Menschen über das Tier heraufhebt? – dann müssen wir uns sagen: Es ist die Möglichkeit, gewisse Maße, eigentlich Maßrichtungen, die das Tier in eine strenge Form bringen, in der menschlichen Wesenheit beweglich zu halten, so daß der Mensch als ein Zusammenfluß von Kräften angeschaut werden kann, die sich in ihm eben zusammenfinden. – Der Mensch würde das einförmig empfinden müssen, wenn er seinen Ursprung, über den er selbst erstaunen soll, über den er selbst verwundert sein soll, wenn er seinen Ursprung, so wie wir ihn für die Pflanzen, für das Tier suchen müssen, an einem Punkte des Himmels suchen müßte. Der Mensch kann gerade dasjenige, was ihn an sich selbst in Verwunderung versetzt, nur von verschiedenen Richtungen des Himmels her empfinden. Und das drückt sich dadurch aus, daß wir empfinden, wenn wir uns selbst als Mensch in unserer eigentlichen Wesenheit und Würde erfassen wollen, daß wir uns dann erfassen sollen, als ob die Götter aus dem Umkreise des Weltenalls ihre Kräfte in uns zusammenfließen lassen.

Stellen wir uns den Umkreis des Weltenalls schematisch vor, so dringen aus dem Umkreise des Weltenalls die Kräfte, sagen wir, nach der Mitte, nach der Erde hin (siehe Zeichnung, Pfeile). Wenn wir uns Tafel 7 als «Menschen» nun fühlen auf Erden, dann müssen wir unsere Würde dadurch fühlen, daß wir sie von den verschiedenen Punkten des Weltenalls zusammenfließend erfassen.

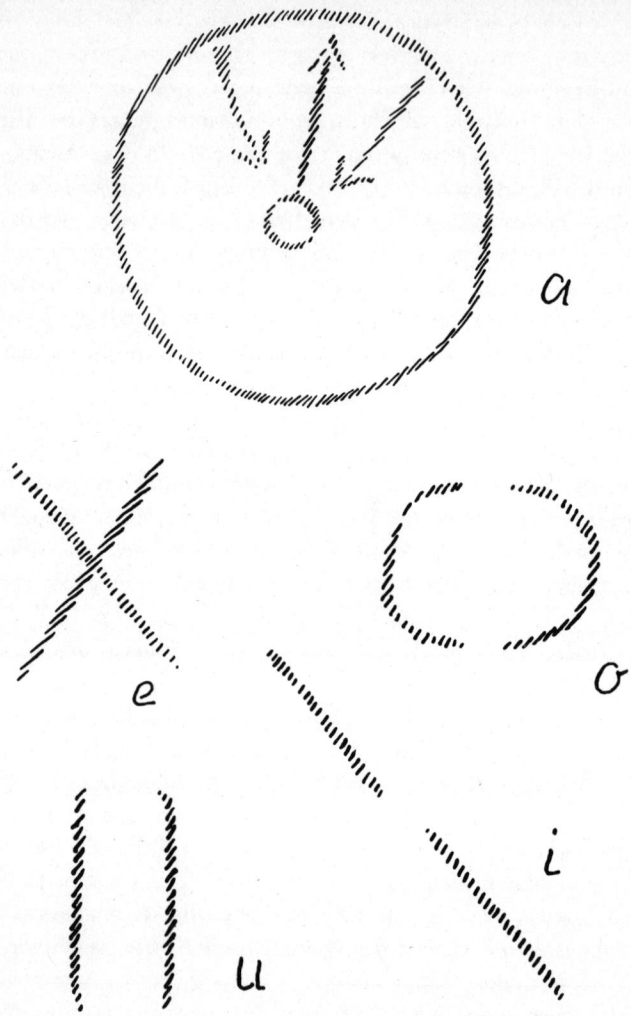

Stellen Sie ein *a* dar. Das *a* besteht im wesentlichen darinnen, daß Sie eben diese zwei Richtungen mit den Händen und durch die Hände mit den Armen erfassen. Das *a* besteht also nicht darinnen, daß Sie einen Schwung machen, sondern Sie stellen sich vor, Sie selbst als Mensch sind von zwei verschiedenen Richtungen im Weltenall herein, sagen wir, geschaffen, bestimmt, determiniert, und Sie greifen nach diesen zwei Richtungen hin. In diesem Greifen nach diesen beiden Richtungen liegt das *a* für sich. Zum *a* selbst gehört nur dieses. Gleichgültig, wie Sie die Arme halten, aber das *a* besteht darinnen, daß Sie in diese beiden Richtungen hineingreifen und nun aussteifen Ihr Muskelgefühl so, als ob Sie in diese zwei Richtungen hineinfahren würden. Sie müssen das in den Muskeln fühlen und möglichst sogleich von dem vorhergehenden Laut aus hinein in die Streckbewegung der Arme gehen. Das ist das *a* für sich.

Also das *a* für sich besteht im wesentlichen darinnen, daß man sich gewissermaßen sagt: Du Mensch, du bist aus zwei verschiedenen Punkten des Weltenalls. Du streckst die Arme dahin, um diese zwei Richtungen zu erfassen. Jetzt erfaßt du das, woraus du stammst. Du fühlst, wie diese Kräfte durch deine Arme strömen, wie sie in deiner Brust zusammenströmen. Dann hast du das *a*.

Das ist dann das eurythmische *a*. Und in dem Zusammenhang wird das schon von selber so, daß man auch spürt, in dieser Gebärde ist menschlich der Laut *a* enthalten.

Wir haben vom *e* gesagt, es bedeute so ungefähr: Mir hat etwas was getan, aber ich halte mich dagegen aufrecht. – Was liegt in diesem Erlebnisse? In diesem Erlebnisse liegt eigentlich das Entgegengesetzte des *a*-Erlebnisses. Das *a*-Erlebnis erlebt eben den Menschen aus dem Kosmos heraus. Das *e*-Erlebnis hat schon etwas hinter sich. Es ist etwas geschehen, und das Nachstadium des Geschehens erlebt man in der Gebärde. Man kann es nur erleben, wenn etwas geschehen ist, wenn man etwas spürt. Man spürt etwas in der Gebärde, wenn ein Teil des menschlichen Organismus mit dem andern in Zusammenhang gebracht wird.

Nun kann das nicht auf viele Arten gemacht werden, weil zum Beispiel der Mensch kein Elefant ist, er also seine Nase nicht so beweglich machen kann, daß er die Backe mit der Nasenspitze berührt. Könnte er es, so wäre zunächst damit die *e*-Gebärde in ganz ausgezeichneter Art gegeben. Aber das kann man eben nicht. Und so kann die *e*-Gebärde nur so gemacht werden, wie sie in unserer Eurythmie auftritt, und bedeutet dann zugleich, indem ein Glied des Menschen das andere berührt, die Berührung ausdrückt, das Sich-Aufrechterhalten gegen das Geschehen. Das Berühren ist die Nach-

Tafel 7

ahmung, daß einem etwas geschehen ist; das Halten in der Kreuzesform ist dann das Sich-Aufrechterhalten. Es liegt der eine Arm auf dem andern; es kann auch der eine Finger auf dem andern liegen; es kann auch, wenn jemand in der Lage ist, dies zu tun, die eine Augenrichtung die andere kreuzen. Jede Gebärde, die also ganz wirklich diese Empfindung des Berührtwerdens des einen Teiles des Organismus von dem andern spürt, die drückt diese *e*-Empfindung aus, wobei, wenn die Gebärde stehenbleibt, eben die Gebärde im Sich-Halten gegenüber dem, was einem getan worden ist, das volle Erlebnis zur Anschauung bringt. Bedenken Sie nur, was da für ein großer Unterschied ist zwischen dem *a*-Erlebnis in der Gebärde und dem *e*-Erlebnis in der Gebärde.

Das *a*-Erlebnis in der Gebärde setzt voraus, daß Sie in Ihrem Bewußtsein die Muskelstreckung erfassen; Sie müssen also den gestreckten Muskel erfassen. Das *e*-Erlebnis setzt voraus, daß Sie das Ruhen des einen Armes auf dem andern erfassen, daß Sie also hier an dieser Stelle (Kreuzung) das hauptsächliche Erlebnis haben.

Also nicht das Strecken der Muskeln ist beim *e*-Erlebnis die Hauptsache, sondern das Ruhen des einen Armes auf dem andern, oder das Andrücken. Man kann das *e* auch so machen, daß man das rechte Bein über das linke stellt und andrückt, dann spüren Sie die *e*-Bewegung, das *e*-Erlebnis.

Es ist ja nun so, daß man innerhalb unserer heutigen Zivilisation den Eindruck haben kann, daß die Welt immer den Menschen etwas getan hat, denn sie sitzen meistens mit gekreuzten Beinen und machen auf diese Weise fortwährend die *e*-Bewegung! Also darinnen liegt eigentlich der Ausdruck dessen, daß die weitaus meisten Menschen glauben, die Welt hat ihnen etwas getan und sie müssen sich dagegen aufrechterhalten. So ist gebärdenhaft-künstlerisch aufgefaßt die Sache.

Wenn wir nun zur o-Bewegung übergehen, zur o-Gebärde übergehen, fühlen Sie nur, welche Welt des Erlebens in dem o-Laute liegt! Das a ist reine Verwunderung, reines Erstaunen. Das o ist ein verständnisvolles Sich-Stellen gegen dasjenige, was schon auch zunächst Erstaunen hervorruft, denn Erstaunen ruft alles hervor, was wir auffassen, wenn wir rechte Menschen sind; aber das o bringt uns schon in ein intimeres Verhältnis zu demjenigen, was wir auffassen. So daß das o im wesentlichen gebärdenhaft wird, wenn nicht nur der Mensch sich empfindet, sondern von sich ausgehend ein anderes Ding empfindet, oder ein anderes Wesen empfindet, das er umfassen will.

Nun können Sie am reinsten sich das vorstellen, wenn Sie, sagen wir, Liebe zu einem Wesen haben und dieses Wesen mit den Armen umfassen; dann bekommen Sie die naturgemäße Gebärde der o-Bewegung heraus, die halbkreisförmig gebogenen Arme, die das andere Tafel 7 umfassen und welche die o-Bewegung, die o-Gebärde darstellen.

Und so haben wir in der Darstellung des a etwas Empfangendes. Man greift hinein in dasjenige, was den Menschen aus dem Weltenall heraus zeugt. In dem e haben wir die Andeutung des Erlebnisses selbst. Der Mensch erlebt an der Welt etwas. In dem o haben wir diejenige Gebärde, wo die Welt etwas durch den Menschen erlebt, indem der Mensch etwas anderes von der Welt erfaßt. Sie müssen versuchen, die o-Gebärde so zu machen, daß Sie sich schon vom Anfange an gegen das Ende in die Rundung hineinlegen, ganz schmiegsam, vom Anfange an die Arme runden. Das ist die o-Bewegung in Wirklichkeit! Ganz vom Anfange an gleich in die Rundung hineingehend.

Nun haben wir denjenigen Laut, der noch mehr an den Menschen herankommt als das e, der sozusagen ganz und gar Selbstbehauptung des Menschen darstellt, das ist das i. Es ist die reinste Selbstbehauptung. Und ich habe öfter aufmerksam darauf gemacht, daß in der gebildeten Umgangssprache wir das «Ich» haben. Da haben wir die Tafel Selbstbehauptung in dem i zunächst und fügen hinzu einen Hauch, wodurch wir andeuten, wir sind ein in Atem Bestehendes. Aber so weit sind gewisse Dialektmenschen nicht. Die fußen auf der reinen

Selbstbehauptung. Daher sagt man zum Beispiel in meiner Heimat nicht ich, sondern i. Da würde es niemandem einfallen, zu sagen: Ich haue dich durch – ja, weil man das so sehr häufig mit dem Ich-Begriff verbindet, so fällt mir das ein; in meiner Heimat ist das so, daß das zu den alltäglichen Dingen gehört –, da sagt man nicht: Ich haue dich durch –, sondern: I hau di durch! – Die reine Selbstbehauptung. Diese reine Selbstbehauptung, die empfindet man nun. Nicht wahr, beim *a* gehen wir zentripetal aus zwei verschiedenen Seiten herein, beim *i* gehen wir vom Zentrum nach auswärts und fühlen nun nicht, wie wenn wir etwas ergreifen würden, sondern wir fühlen das Strecken, wir fühlen den Zug von uns ausgehend, vom Herzen hinaus durch den Arm und durch die beiden Arme, oder durch die Beine, oder auch durch die Sehrichtung, mit der kann man es auch machen, das *i*, durch die Augenrichtung, indem man mit Bewußtsein hinschaut mit einem Auge und das andere passiv sein läßt; dadurch entsteht deutlich das *i*.

Tafel 6 Es muß im *i* nichts *a*-haftes darinnen sein, sondern die beiden Arme müssen sich so ausnehmen, daß sie die Verlängerung voneinander werden. Aber es genügt ein Arm auch. Im wesentlichen aber ist festzuhalten, daß man das Strecken beim *i* empfindet, währenddem man beim *a* das Greifen zu fühlen hat, damit die richtige innere Betonung in dem Laute liegt, den man macht.

Wenn diese Dinge hineinkommen in die Laute, so wie in dem Tonlichen das hineinkommen soll, was ich im Kursus über die Toneurythmie vor kurzem hier gesagt habe, dann wird die Sache erst wirklich künstlerisch. Sie müssen also nicht so sehr darauf sehen, daß nur die Form nachgeahmt wird, sondern daß die Form innerlich erlebt wird, also daß Sie an dem *a* das Erfassen von etwas, was einem entgegenkommt, für die zwei Arme fühlen, beim *i* das Ausstrecken von ihnen empfinden.

Dann haben wir das *u,* von dem wir schon gesprochen haben. Das ist nicht Selbstbehauptung, das ist im Gegenteil: sich klein fühlen, sich erkältet, versteift fühlen, ein Sich-Zurückziehen, ein Sich-an-sich-Halten. Während also beim *e* punktuell die Berührung des einen Gliedes an dem andern gefühlt wird, soll beim *u* das Zurückhaltende gefühlt werden.

Am besten ist das *u* gemacht, wenn man die Arme möglichst aneinanderlegt, aber es kann auch in der Andeutung bestehen, daß man nur das Zusammenfügen eben andeutet. Ein *u* ist es zum Beispiel auch, wenn man sich hinstellt und die Beine aneinanderdrückt. Und wir haben ja schon gesehen, daß man solche Sachen auch nach rückwärts machen kann.

Den *ei*-Laut kann man am besten empfinden – es wird Ihnen ganz klar sein, was ich schon gestern gesagt habe –, wenn man die Liebkosungsempfindung für ein ganz kleines Kind nimmt: *ei-ei,* also streichelnd *ei-ei* macht. Es ist durchaus eine Art von Intimwerden mit einer Sache durch das Gefühl. Machen Sie uns ein schönes *e-i*. Halten Sie den Körper ganz; bewegen Sie den Körper gar nicht dabei, sondern halten Sie ihn ganz. Nicht wahr, darinnen spüren Sie zugleich, daß in dieser Gebärde durchaus das Intimwerden mit einer Sache liegt, aber Sie spüren zu gleicher Zeit, daß unsere Schreibweise, wie wir das *ei* zusammensetzen aus dem *e-i,* natürlich nicht etwa in dem *e-i*-Laut drinnen liegt, sondern der *ei*-Laut muß als etwas durchaus Einheitliches empfunden werden. Wir kommen dem *ei* nahe, wenn wir *e* und *i* nebeneinanderfügen, aber eigentlich liegt das *ei* zwischen dem *e* und *i* mitten drinnen, und es ist eigentlich ein unorganischer Zusammenhang. Über feinere Nuancen wird dann noch gesprochen werden.

Nun aber gehen wir über zu dem Konsonantischen. Versuchen wir das Konsonantische nun auch in der Gebärde zu empfinden. Da sagte ich Ihnen, das *b* ist alles dasjenige, was umhüllt, was um eine Sache ist, Schutzgebärde. Natürlich ist das so ohne weiteres in der Gebärde nicht ausgedrückt, das muß eben erlebt werden als Nachahmung, als Imitation. (*b* wird vorgemacht.) Jetzt stehen wir mit diesem in der eigentlichen *b*-Gebärde. Halten wir sie fest (siehe Zeichnung). Tafel 6

So stehen wir in der eigentlichen *b*-Gebärde und empfinden in der eigentlichen *b*-Gebärde dasjenige, was gerade in dieser Haltung des einen und des andern Armes liegt. Wenn Sie erleben, was da drinnen liegt, so werden Sie sich sagen: Stelle ich mir vor, ich habe irgend etwas, was ich erfassen will, sagen wir, ein kleines Kind, das ich vor mir habe irgendwie, das sitzt irgendwo, ich will es erfassen. Ich werde es am besten erfassen können, wenn ich es so erfasse, schützend es in diese Gebärde hereinnehme (*b*-Gebärde). Daher, was werden Sie denn hier fühlen müssen, wenn Sie in der richtigen Weise das Erlebnis haben? Sie werden wirklich fühlen müssen, daß Sie – hier – etwas halten (im Hohlraum). Es wäre also am besten – wenn ich diese pädagogische Notiz hier einfügen dürfte –, es wäre am besten, wenn man das *b* in der Kleinkinder-Eurythmie der Kindern beibringen will, daß man irgend etwas formt und das Kind etwas umfassen läßt und dem kleinen Kinde begreiflich macht, du sollst deine Arme als schützende Umfassung an diesem Wesen oder Gegenstande empfinden, also ausgefüllt denken dasjenige, worinnen zuletzt die *b*-Gebärde endet.

Tafel 6

Das alles gehört dazu; nicht bloß abstrakt diese Formen nachzumachen, sondern diese entsprechenden Empfindungen zu haben; das gehört zu der Sache dazu.

Nun sagte ich Ihnen gestern, ein interessanter Laut ist der *c*-Laut. Er nimmt gewissermaßen ins Geistige herein das Materielle und hebt es auf, das Leichtsein andeutend – so sagte ich Ihnen gestern –, andeutend, daß etwas leicht ist, daß ein Materielles durch das Geistige überwunden werden kann, in die Höhe gehoben werden kann. Im Grunde genommen wird das *c* am meisten dann erlebt, wenn das Kind vom Kriechen aus das Stehen lernt, die aufrechte Haltung lernt. Da möchte man eigentlich immer dieses wunderbare Erlebnis – denn es ist ja ein wunderbares Erlebnis – mit dem Laute *c-c-c* verfolgen. Man kommt so nahe diesem Aufstehen des Kindes von der kriechenden in die aufrechte Stellung! *c-c-c*: dieses Leichtwerden, das Heben des Materiellen durch das Geistige drückt sich darinnen so schön aus! Fühlen Sie, daß das darinnenliegt: es ist etwas leicht, es wird Materie durch das Geistige gehoben! Sie empfinden am besten das *c,* wenn Sie sich vorstellen, daß auf irgendeine unerklärliche Weise da etwas liegt an der entsprechenden Fläche Ihrer Arme, und während Sie die *c*-Gebärde machen, bringen Sie das zum Flug hinauf. Wenn Sie spüren, wie da etwas, was auf der einen Fläche Ihrer Arme liegt, hinauffliegt durch Ihre *c*-Bewegung, dann haben Sie ungefähr dasjenige, was die *c*-Bewegung erleben läßt.

Ich gehe deshalb anfangs langsamer vor mit diesen Dingen, damit Sie hineinkommen in dieses Erleben. Denn das Erleben, das ist es, was ich eben auch vermißt habe an unserem Eurythmisieren.

Das *d,* sagte ich Ihnen, ist ein Nach-unten-Weisen oder überhaupt Irgendwohin-Weisen: *d.* Setzt man noch das *a* dazu – daß man über dasjenige erstaunt, verwundert sein kann, auf das man eben weist –, so hat man: da. – Denken Sie einmal, wir wollten das Wesen des orientalischen Erziehers ausdrücken. Der orientalische Erzieher ist etwas ganz anderes als der europäische Erzieher, namentlich der ältere orientalische Erzieher. Beim europäischen Erzieher hat man eigentlich heute immer das Gefühl, der legt alles darauf an, einem die Würmer aus der Nase zu ziehen, oder meinetwillen auch einen mit dem Nudelwalker durchzuwalken oder so irgend etwas. Er tut so viel an einem selber. Man redet ja auch heute davon, obwohl das meistens Wischiwaschi ist, was man redet, daß man da «entwickelt» werden soll. Wenn viel über Erziehung geredet wird nämlich von den heutigen Pädagogen, dann hat man schon das Gefühl, man sei ein Zwirnsknäuerl – so sagt man in Österreich – und man wird auseinandergerollt. Man fühlt sich überhaupt ganz zerfetzt, wenn von Erziehung heute die Rede ist. Man wird durchgewalkt, angefüllt, kurz, alles mögliche geschieht mit einem, wenn man erzogen wird. Der europäische Erzieher fühlt, daß er den Menschen zu etwas ganz anderem machen muß, als er eigentlich ist. Wenn man das alles könnte und alles ausführen würde, wovon die Erziehungskunst heute vielfach redet, so wäre der Mensch, der da herauskäme, ein sonderbares Wesen! Der orientalische Mensch fühlt nicht so gegenüber dem Erzieher, sondern der orientalische Mensch fühlt, daß der Erzieher derjenige ist, der einen auf alle Dinge hinweist, der einen immer aufmerksam macht: Das ist das, das ist das, das ist das. – Der läßt einen ungeschoren, weil der Orientale annimmt, daß man sich aus sich entwickelt, daß man ungeschoren bleiben kann; nur hingewiesen wird man auf alles. Daher ist der orientalische Erzieher derjenige, der eigentlich in alledem, was er tut, immer «da» sagt, da, da: der Dada. So heißt er auch. Der Dada ist der orientalische Erzieher. Er ist derjenige, der einem alle Dinge zeigt: Da, da!

Nun, in einer gewissen Art der modernen Zivilisation, die sich – ja, wie soll man sagen – invers zum Darwinismus entwickelt, da will die Menschheit, nachdem sie glücklich beim Menschen vom Affen her angekommen ist, wieder zurück zum Affen, invers zum Darwinismus, da will man wiederum zurück zum Ursprünglichen. Daher gibt es auch einen Dadaismus. Ich bekam in Berlin vor Jahren einmal einen Brief, worinnen sich irgend jemand unterschrieb als «Der Oberdada». Es ist das ein Wiederzurückgehen, ein Prinzip der Imitation, wie es eben gefunden wird durch den inversen Darwinismus, durch das Zurückgehen zum Affen. Nicht wahr, man ahmt nach. Und so ahmt man den Orientalismus in seiner Primitivität nach, indem man den Dadaismus in Europa begründet.

Aber nun liegt in dem Wort «Dada» tatsächlich diese Deutegebärde ausgedrückt, dieses Aufmerksammachen auf etwas, dieses Hinweisende. Machen Sie uns ein *d* vor: Münden Sie ganz in das Wesentliche des *d*-Lautes ein! – Worinnen liegt das Wesentliche des *d*-Lautes? In der Deutebewegung. Sie müssen also das Gefühl haben: *da* ist etwas, *da* ist auch etwas, *d,* in dem Sie zuletzt landen. Daher müssen Sie schon die *d*-Bewegung so ausführen, daß man gewissermaßen ein Zusammenstimmen einer um einen kleinen Moment früheren und einer um einen kleinen Moment späteren Landung des Armes an einer bestimmten Lage hat, aber rasch hintereinander, daß der eine nur nachgezogen wird. Es kann von links und rechts geschehen.

Es ist schon notwendig, daß wir diese Dinge für sich herausheben, und fühlen sollen Sie tatsächlich das Hindeuten; aber vorher gewöhnen Sie sich an, um den *d*-Laut rein herauszukriegen, die Deutebewegung hineinzukriegen; also so die Hände zu halten dabei (mit dem Finger deutend).

Ich habe Ihnen gestern gesagt, daß das *f* eigentlich die Isis ist. *f:* das Bewußtsein von dem Durchdrungensein mit der Weisheit. Wenn man das eigene Wesen zuerst in sich empfindet, und dann es in dem Aushauchen, in dem Ausatmen erlebt: *f,* dann hat man das *f.* Man erlebt die Weisheit seiner selbst, gewissermaßen den eigenen Ätherleib im Aushauchen. Das muß nun auch in der Gebärde drinnensitzen, die das *f* darstellt. Machen Sie uns das *f* vor! Es ist genau die Gebärde, die auch liegt in der ausgeatmeten Luft beim *f*-sagen. Machen Sie nur in Absätzen das *f,* dann spüren Sie das, was hier beim *f* angedeutet wird. Deuten Sie an, daß eine Art zweimaliger Ansatz da ist, aber nur nicht so schnell, sondern sanfter. Das ist das *f.* In dem *f* haben wir sehr genau drinnen die Nachahmung dieses so vielsagenden bewußten Aushauchens.

Nun sagte ich Ihnen, daß wir in dem *l* etwas haben, was eigentlich formt und wo man das Formen auf der Zunge fühlt: *l-l-l.* Ich habe Ihnen, um das klarzumachen, dieses Wort «Leim» angegeben: das Anschmiegsame des Leimes, das Formende des Leimes, das nachahmend Formende oder formende Nachahmen also des *l;* das, was als ein besonderer Zauberlaut angesehen wurde in den Mysterien, denn wenn man etwas formt, so bringt man es in seine Gewalt. Und gerade dieses In-seine-Gewalt-Bringen war der Aspekt, in dem die Mysterien die dämonische Kraft des *l* gesehen haben. Das muß nun in die Gebärde des *l* hineingelegt werden. Wenn damit noch das verbunden wird, daß Sie fühlen, wie wenn Ihre Arme biegsam würden dabei, die Arme in sich biegsam würden; wenn Sie also fühlen, es geht mit den Armen so etwas Ähnliches vor sich wie mit der Zunge, wenn Sie das *l* machen, *l-l* – dann haben Sie das richtige Erlebnis des *l,* und Sie werden finden, das *l* hat schon in dieser Gebärde etwas durchaus Faszinierendes.

Dann haben wir das *m.* Ich habe schon gestern gesagt, das *m* ist das Verstehen, das verständige Eingehen auf eine Sache. Ich sagte Ihnen, in meiner Heimat hat man, wenn man jemandem zuhört und bekräftigen will, daß man ihn verstanden hat, gesagt: «mhn»; *hn* – das werden wir noch besprechen –, das ist die Freude oder die Befriedigung darüber, daß man verstanden hat, und man fühlt schon ganz, als ob der andere einen überhaupt ganz aufgefressen hätte im

Tafeln
5 + 7

Verstehen, wenn er «mhn» sagt. Dabei das Verstehen der Welt, das so grandios angedeutet wird in der heiligen Silbe der Inder: «aum», *m*. Also so, daß Sie ergreifen: zuerst kommt das Ergreifen, dann kommen Sie hinein in das andere, und dann verstehen Sie es. Sie bleiben stehen, so daß Sie die selbstverständliche Erfassung der Gebärde dann ausdrücken, in dem Ende der Gebärde eben das Verstehen ausdrücken (ein bißchen nach vorne die Arme).

Sehr schön wäre das, wenn das auch Elefanten beigebracht würde; die könnten das so schön machen, im Strecken dann den Rüssel vorne drehen, dann wäre das das vollkommenste *m*. Wenn man das machen könnte auf diese Weise, dann würde man das schönste *m* haben. Ich sage das alles, damit die Sache erlebt wird.

Sie können es auch noch dadurch erleben, daß man immer ein unangenehmes Gefühl hat, wenn einem jemand mit einer Adlernase entgegentritt. Sie werden bemerken, daß die Adlernase dadurch entsteht, daß diese *m*-Gebärden auf eine unbewußte Weise ausgeführt werden. Die Nase wird in ein *m* gebracht. Menschen mit einer Adlernase gegenüber fühlt man sich immer geniert, weil man das Gefühl hat, die verstehen einen so durch und durch – und das ist etwas unangenehm, das Gefühl, wie einen die Menschen durch und durch verstehen –, weil die Adlernase eben die festgehaltene, die gefrorene *m*-Gebärde ist. Derjenige aber, der die *m*-Gebärde erlebt im Verstehen, der ist doch wenigstens dann, selbst wenn es in der Form einem entgegentritt, daß er eine Adlernase hat und einem also schon die Eurythmie des *m* in seiner Nase entgegenbringt, so, daß er uns nicht gleich bestürzt. Eher fühlen wir uns geniert.

Aber es gibt ein anderes Verstehen, ein Verstehen, das ein abweisendes Verstehen ist, ein Verstehen, wobei man sich leise ironisch gleich verhält, wobei man auffaßt das andere, aber zugleich bemerk-

lich macht: Was ist denn das alles! Das ist ja selbstverständlich! *n!*
Kommt man nach Berlin, dann wird man gleich darauf aufmerksam
gemacht. Man fühlt unangenehm, daß einem da was geschehen ist,
aber man versteht die Geschichte! Man weist es auch gleich zurück:
Ne! – Nun, was sagt schließlich der Berliner viel anderes als «ne», Tafel 7
wenn er einen genau kennt! Viel anderes sagt er nicht. Dieses welt-
verachtende Verhalten des Menschen gegenüber etwas, von dem er
als selbstverständlich empfindet, daß er es versteht, ist anzudeuten.

Man empfindet, wenn man diese Gebärde hat, sogleich: Da ist nicht
viel dahinter, das habe ich inne. – Aber das müssen Sie auch empfinden. Stellen Sie sich immer zunächst vor, um zu einer richtigen *n*-
Gebärde zu kommen, Sie haben einen Dummen vor sich, der Ihnen
alles mögliche mit großer Emphase sagt, und Sie wollen ihm begreiflich machen, daß er Ihnen zu dumm ist, daß Sie die Sache bald verstehen und schnell darüber hinweggehen wollen. Das ist das Erlebnis.

Nun sagte ich Ihnen, das *r* ist dasjenige, was sich dreht, was Rad Tafel 6
rechts
schlägt, wobei man alles dasjenige, was nicht rund ist, aber zur Rundung kommt, zum Ausdruck bringt, wobei man immer auch das Gefühl hat: das ist schwer nachzuahmen – denn eigentlich wäre ja die
naturalistische Gebärde für das *r,* wenn man Rad schlägt. Aber so
kann es doch nicht gemacht werden. Machen Sie uns ein *r* vor! Das
ist schon ein sehr angestrengtes *r.* Das war die eine Art. (Das *r* wird
von einem andern Eurythmisten ausgeführt.) Das ist die andere Art.
Das sind also die verschiedenen Arten, es sehr schön zu machen: das
Sich-Drehende, das Radschlagende, das in dem Atem auch liegt, der
ja auch in der Tat rollt, wenn das *r* gesprochen wird.

Das sind also die Dinge, von denen ich meine, daß sie Ihnen zunächst eine vorläufige Darstellung einmal gegeben haben, wie die
erlebte Gebärde durch die Eurythmie in die wirklich geformte Gebärde übergehen kann.

VIERTER VORTRAG

Dornach, 27. Juni 1924

Die einzelnen Laute und ihre Zusammenhänge

Nun, meine lieben Freunde, ich denke, wir sind gestern bis zur Darstellung des *r* gekommen, und ich habe bereits für den Rest der Laute, die wir darzustellen haben, das innere Wesen vor Ihnen entwickelt.

Es handelt sich vor allen Dingen zunächst darum, daß wir den *s*-Laut begreifen. Der *s*-Laut – das wurde gestern schon ausgeführt – war immer eine außerordentlich wichtige Sache auch für das Mysterienwesen. Und zwar wurde in ihm tatsächlich etwas Zauberhaftes gesehen. Denn er kann empfunden werden als dasjenige, was in einer sicheren Weise – so daß man überzeugt sein kann davon – etwas beruhigt, beruhigt dadurch, daß man mit dem Impuls des *s*-Lautes in das Innerste eines Wesens eindringt.

Daher sagte ich Ihnen, daß, wenn in alten Mysterien irgendein Schüler war, der von einem Außenstehenden gefragt worden ist, was er durch den *s*-Laut gelernt habe, so antwortete er, wie das so üblich war, in humoristischer Weise und sagte: Wer den *s*-Laut beherrschen kann, der kann hineinsehen in die Seele der Männer und in das Herz der Frauen. – Bei beiden muß man, wenn man hineinsehen will, bekanntlich etwas beruhigen. Und diese Verrichtung des Beruhigens, die führte natürlich gerade zu dem humoristischen Gebrauch eines solchen Satzes.

Wenn nun im *f*-Laute empfunden wird: Weisheit in mir, ich aus Weisheit gebildet, Weisheit in mir lebend, ich atme sie aus, sie ist da – dann wird im *s*-Laut etwas empfunden, wohinter eine leise Furcht steckt, etwas, wovor man sich hüten soll. Daher wird in denjenigen Schriften, wo, wie ich Ihnen gesagt habe, das *s,* die Schlangenlinie, zugrunde liegt verschiedenen Buchstaben, auch schon die Schrift als etwas Unheimliches empfunden, als etwas, mit dem man in verborgene Tiefen hineinleuchtet. Und heute – wenigstens wenn ich das Heute als den historischen Zeitpunkt nehme – ist es noch immer denjenigen Völkern, die nicht an den Schriftgebrauch gewöhnt sind – es gibt ja nur noch wenige –, etwas Unheimliches, Schriftzeichen zu sehen. Als die Europäer, diese «besseren Menschen» der Zivilisation, zu den nordamerikanischen Indianern kamen, und die nordamerikanischen Indianer manches als unangenehm empfunden haben bei diesen «besseren Menschen», war das unangenehme Empfinden auch gegenüber den Schriftzeichen da, und sie haben schon begreiflich gemacht, daß diese Blaßgesichter oder Bleichgesichter, wie sie sie nannten, diese unheimlichen Bleichgesichter, auch noch so «kleine Dämonen» auf das Papier hinzaubern. Und das wurde bei gewissen noch vorhandenen Indianerstämmen auch noch im 19. Jahrhundert durchaus so gehalten.

Nun denken Sie aber an diese beiden Buchstaben, an diese beiden Laute, an das *f* und an das *s*. Die müssen in der Eurythmie so gestaltet werden, daß man einen gewaltigen Unterschied zwischen ihnen sehen kann. Wenn das *f* gemacht wird, muß es ausdrücken das ruhige Beherrschen desjenigen, was da in die Welt hineingezaubert wird. Mit Ruhe wird das hineingezaubert. Sie müssen nur bei der Ausgestaltung dann die Hände etwas gegen den Arm beugen, aber aktiv beugen, nicht hängen lassen, sondern so, wie wenn Sie etwas schützend bedecken würden.

Jetzt *s;* sehen Sie sich an, wie eigentlich hier etwas mit Beherrschung abgelenkt wird im *s*-Laute. (Es wird ausgeführt.) Empfinden Sie dieses als mit Beherrschung abgelenkt. Namentlich liegt es in der Beziehung, die entsteht im Bewegen; in der Beziehung zwischen den beiden Armen.

Jetzt gehen wir zu dem *sch* über. Kaum wird es jemand verkennen können: *sch,* dieses Wegblasende, Vorüberblasende. Ich habe es Ihnen ganz begreiflich gemacht, indem ich Ihnen die Empfindung von husch-husch hervorgerufen habe. Das Windlüftchen weht vorüber und geht weg: husch-husch.

Aber überall, wo Sie Worte haben, in denen noch das Interjektiv steckt, die Interjektion steckt, werden Sie wahrnehmen, wie das *sch* dieses Hinwegblasende ist. Da gibt es Worte, die in dieser Beziehung außerordentlich charakteristisch sind.

Nun wollen Sie bitte berücksichtigen, daß das eine tiefe Bedeutung hat, wovon ich Ihnen in diesen Tagen gesprochen habe, daß die Verschiedenheit der Wortbenennungen, der Dingbenennungen durch Worte in den verschiedenen Sprachen davon herrührt, daß die verschiedenen Sprachen Verschiedenartiges bezeichnen. Also, wenn wir, sagte ich, im Deutschen sagen «Kopf», so deutet das eben auf die Form hin, auf die Plastik des Kopfes; wenn im Italienischen «testa» gesagt wird, so deuten wir hin auf das, was mit dem Kopfe geschieht, das Bekräftigende. Also das ist in beiden Sprachen etwas Verschiedenes. Dasselbe, was im Deutschen Kopf heißt, würde auch im Italienischen Kopf heißen, sagte ich, wenn man im Italienischen dasselbe bezeichnen wollte.

Die Sprachen sind in dieser Beziehung voneinander sehr verschieden. Wenn wir die deutsche Sprache nehmen, so ist die deutsche Sprache eigentlich eine plastische Sprache. Der Genius der deutschen Sprache ist eigentlich ein Bildhauer. Das darf man nicht übersehen. Das ist das ungemein Charakteristische: der deutsche Sprachgenius ist ein Bildhauer. Der Sprachgenius der romanischen Sprachen hat etwas von einem Advokaten, von einem Juristen, der behauptet, bekräftigt, testiert.

Das ist gar nicht eine Kritik, sondern es soll nur eine Charakteristik sein. Und so hat jede Sprache das Temperament und den Charakter ihres Sprachgenius. Das geht so weit, daß man zum Beispiel, wenn man Ungarisch oder Magyarisch oder auch Finnisch hört, unbedingt das Gefühl hat, daß eigentlich etwas fehlt. Man kann nicht Magyarisch hören, ohne daß man das Gefühl hat, daß etwas fehlt nach jedem dritten Worte. Nach jedem dritten Worte sollte eigentlich ein Hirsch totgeschossen werden, wenn Ungarisch oder Magyarisch gesprochen wird, weil der Sprachgenius der ungarischen Sprache ein Jäger ist. Alle Worte, die nicht aus der Betätigung der Jagd entnommen sind in dem Magyarischen, sind eigentlich Lehnworte. Das Magyarische hat ja ungeheuer viel aufgenommen, und wenn man nach Budapest kommt, findet man gleich an den Namen in den Straßen zum Beispiel solche merkwürdigen Worte: «Kaveház» – aus dem deutschen «Kaffeehaus». Das sind natürlich magyarische Worte, die nicht so sind, wie ich es charakterisiert habe; die magyarische Sprache als solche hat ungeheuer viele Lehnworte. Aber wenn Sie die magyarische Sprache hören, dann hat sie etwas Jägerhaftes, etwas Jagdhaftes. Das ist nichts Schlimmes, nicht wahr; Ackerbauwesen, Jagdwesen und Hirtenwesen sind ja überhaupt die Elemente, von denen das ganze Menschenwesen ausgegangen ist. Es lebt eben noch etwas Urkräftiges in so etwas wie der magyarischen Sprache. Und der Genius der magyarischen Sprache ist schon ein Jäger, meinetwillen können Sie auch sagen eine Jägerin, die Diana, wenn Sie wollen – nur kommt eben dabei in Betracht, daß Götter nicht in einer so ausgedehnten Weise geschlechtsbegabt sind.

So können wir sagen: Wir haben gerade in der deutschen Sprache die Plastik, das Gestalten. Das ist da ganz besonders drin ausgesprochen. – Daher finden wir da noch viele Interjektivworte, die ungemein charakteristisch sind, denn es braucht nicht einmal eine Schlange zu sein; wenn unter dem Laub eine Maus sich befindet und nicht ruhig ist, so ist etwas Hinrollendes gewissermaßen da, und es ist unheimlich, man verwundert sich: *r-a* – nun bläst es weg – *sch*. Tafel 8 Es bleibt nicht bei der Verwunderung: es tut einem etwas, aber man hält das aus: *e*. Nun schmiegt es sich an, was in dieser Weise geht, schmiegt sich an, geht so durch und durch, schmiegt sich an; wo ein Hohlraum ist, kriecht es durch, tiefer, höher: *l*. Und wenn es aus ist, da hat man es begriffen: *n, «rascheln»*. Da haben Sie die ganze Plastik Tafel von «rascheln».

Und so können Sie gerade – das ist merkwürdig in der deutschen Sprache – ungemein viel finden von demjenigen, was nun wirklich der Plastik der Sprache entspricht, also einer plastischen Sprache entspricht. Daher wird es vielleicht schon nicht ohne Bedeutung sein, daß gerade am leichtesten Eurythmie innerhalb der deutschen Sprache entstehen konnte, weil Eurythmie eben die bewegte Plastik ist, und aus der deutschen Sprache heraus am leichtesten die bewegte Plastik heute noch gebildet werden kann. Ursprünglich hatten alle Sprachen eine bewegte Plastik. Gewiß, viele haben etwas stark Musikalisches, wie es zum Beispiel im Magyarischen der Fall ist. Musikalisches hat die deutsche Sprache nicht viel, dafür aber um so mehr Plastik. Und gerade darin, in diesem «rascheln», können Sie, ebenso wie in dem «husch-husch», das Wegblasende, das Verblasende, Verwehende des *sch* haben.

Der hebräische Mensch des Altertums hat das Wehen Jahves im Winde in dem *sch* empfunden: *sch*. Das liegt natürlich auch in dem, was nun entsteht als Plastik des *sch*-Lautes. Das Tempo dabei muß sehr schnell gemacht werden, dann ist es ein ordentliches Rascheln, und Sie fühlen darin durchaus dasjenige, was Sie in dem Worte haben. Man hört förmlich rascheln; das ist wirklich so.

Nun sprach ich Ihnen auch gestern davon, wie der Laut *z* aufzufassen ist. Ich sagte, es ist in dem Erlebnis des *z* etwas, wo etwas Leichtes herankommt. Und in diesem Hinweisen, in diesem Herstammen aus der Leichtigkeit, aus etwas, was leicht ist: *z*, liegt die Plastik, das Erlebnis des *z*. Wir werden daher das *z*, wenn wir es uns anschauen, so sehen, als ob jemand vor sich ein Kind hat, das eben einen neuen Gegenstand, den man ihm gekauft hat, verloren hat, das ungeheuer unglücklich ist darüber und weint und das man, statt daß man es bestraft, beruhigen will. Sagen wir also, es steht vor dem Kind nicht etwa die Mutter oder der Vater, sondern die Tante oder die Großmutter und versucht also, sich in tantiger oder großmütterlicher Weise zu dem Kinde, das eben «etwas ausgefressen» hat, zu verhalten. Die Gebärde, besonders mit der rechten Hand: Kindchen, laß gehen. – Es ist ganz gut, wenn Sie diese, ich möchte sagen, kleinen Geschichten dabei ins Auge fassen. Sie müssen das *z* besonders im Arm fühlen, nicht im Handgelenk, sondern beim Heruntergehen des Armes.

Nun, mit diesem haben wir im wesentlichen die einzelnen Laute als solche betrachtet. Nun handelt es sich darum, daß wir uns aber in der richtigen Weise hineinfinden in die Darstellung von Zusammenhängen. Und da möchte ich, um allmählich auch hineinzukommen in die andern Gebiete, von Zeit zu Zeit entsprechende Bemerkungen machen; ich werde immer an entsprechenden Orten vom Künstlerischen heraus ins Pädagogisch-Eurythmische und ins Heilmäßig-Eurythmische verweisen. Wenn ich also da übergehe zum Pädagogisch-Eurythmischen, so sehen Sie gewissermaßen aus dem Wesen der

Laute, die wir eben jetzt durchgenommen haben, hervorspringen das Pädagogische, indem Sie ganz offenkundig es haben, daß zunächst benützt werden müssen möglichst noch Empfindung-haltende Worte, um es zuerst darzustellen. So daß man wirklich in ein Empfindung-halten bei der Sache hineinkommt, und dadurch können Sie dasjenige hervorrufen, was doch empfunden werden sollte, daß Eurythmie eine Sprache ist, eine Sprache, die man durchaus verstehen kann, wenn man sich nur einer unbefangenen Empfindung hingibt. Wenn Sie es möglichst deutlich, ganz dezidiert machen, haben Sie zum Beispiel gerade in dem Wort «rascheln» alles drinnen; nur müssen Sie sich immer wiederum vorstellen, daß nicht bloß der objektive Vorgang, sondern auch die Empfindung drinnen ist. Ich werde an einer Stelle sagen, was da drinnen ist, wenn es daran kommt beim Eurythmisieren, dann werden Sie schon empfinden, wie alles drinnen ist (das Wort wird eurythmisiert): die Nase zum Beispiel zwischen *sch* und *e,* die an das Rascheln sich wendet!

Also Sie sehen, wenn man das Subjektive der Empfindungen dazunimmt, so haben Sie in dem Eurythmischen alles drinnen.

Nehmen wir einmal ein anderes Wort, das charakteristisch wirken kann. Nicht wahr, ich habe Ihnen gesagt, daß wir in dem *c* etwas haben – und stärker ist das noch beim *k* der Fall –, in dem *k* haben wir drinnen ein Die-Materie-Beherrschen vom Geiste aus. Nehmen Sie an, Sie haben einen Schreihals vor sich, also denken Sie sich, Sie haben eine richtige Range vor sich, die Ihnen sehr als Materie vorkommt und Ihnen etwas bange macht. Sie können nicht gut aufkommen gegen ihn, aber möchten dennoch, trotzdem Sie sich versteifen gegen sein Verhalten, ihn wegblasen, und jetzt sagen Sie zu ihm, aber eurythmisch: Kusch. – Sie haben überall die Möglichkeit, diese Dinge zu empfinden: die Abwendung, das Sich-in-sich-Verkrampfen gegenüber dem, dem man «kusch» sagt, aber auch das ihn Beherrschen. Machen Sie es so, daß man das *sch* am Ende deutlich sieht. Sie sehen, die Beruhigung im «kusch» liegt schon darin, daß man es wegblasen will. Tafel 9

Nun, wenn Sie pädagogisch vorgehen wollen, so müssen Sie schon versuchen, diejenigen Worte zu wählen, in denen man eben durchaus noch empfinden kann die Plastik der Gestaltung auf der einen Seite und das innere Leben, das man dabei entwickelt, auf der andern Seite.

Nun sind ja diese Laute die einzelnen Elementarbestandteile des Eurythmischen. Daraus sind dann die Worte zusammenzusetzen. Wenn Sie hintereinander in irgendeinem Wort, sagen wir in dem Wort «rascheln» oder in irgendeinem andern Worte, wenn Sie hintereinander einfach verstandesmäßig diese Elementarbestandteile, diese Laute zusammensetzen, so wird daraus kein Wort. Es ist schon so, daß das Wort viel mehr ein Ganzes ist, als man denkt. Und wäre das Wort nicht ein Ganzes, so hätte es gar nicht so kommen können, daß wir solche verschrumpelten Sprachwesen geworden sind, wie wir eben sind. Wenn wir lesen, so lesen wir gar nicht ganz deutlich die einzelnen Laute, sondern wir gleiten über das Wort hinweg und lassen die Laute nur leise antönen, so daß also immer der eine Laut in den andern sich hineinlebt, der eine Laut in den andern auch schon in der gewöhnlichen Sprache übergeht. Und man muß daher ein besonderes Augenmerk nicht nur richten auf die Darstellung des einzelnen Lautes, sondern vor allen Dingen auf die Darstellung des Überganges von dem einen Laute zu dem andern. Erst dadurch kann die Darstellung eines Wortes schön werden, daß von einem Laute zu dem andern ein naturgemäßer Übergang geschaffen wird.

Und so wird es notwendig sein, daß man die Aufmerksamkeit auf die Art und Weise wendet, wie ein Laut aus dem andern wirklich hervorgeht. Man sollte das Hervorgehen des einen Lautes aus dem andern probieren. Man sollte zum Beispiel charakteristische Worte nehmen, die oftmals vorkommen, die man nötig hätte, eigentlich als Ganzes zu empfinden, weil man sie nicht mehr in ihre Elementarbestandteile zerlegt. Nehmen wir zum Beispiel ein solches Wort wie «und», einfach das «und», und versuchen Sie einmal jetzt recht mit einem fortlaufenden, kontinuierlichen Schwung das darzustellen und versuchen Sie nun, bevor Sie eigentlich das *u* fertigmachen, schon das *n* zu beginnen. Das kann man nämlich in der Eurythmie außerordentlich gut machen. Ehe man mit dem *u* fertig ist, läßt man es Tafel 8 ins *n* übergehen: *u-n* und jetzt gleich übergehen ins *d*: «und».

Nun können Sie an der Eurythmie studieren, wie das Innere der Intentionen des Sprachgenius beschaffen ist. Ich habe Ihnen gesagt, das *d* ist die Deutebewegung. Das kommt in der Eurythmie zustande. Wie ist dann also das Ende von «und»? Es ist das *d,* die Deutebewegung. Was will denn überhaupt das «und» da, wo es steht? Sagen wir zum Beispiel: Sonne und Mond. Die Sonne hat man; von Tafel 8 der Sonne aus deutet man auf den Mond. So daß Sie gerade diese ursprünglichen Gesten, die in der Sprache liegen, wiederum herausbekommen durch die Eurythmie. Das muß Empfindung werden.

Nehmen Sie von diesem Gesichtspunkte aus ein Wort, das auch im Deutschen seine Plastik längst verloren hat, das sie aber einstmals im höchsten Maße hatte. Wenn ich sage einstmals, so bedeutet das nicht vor Jahrhunderten, sondern es bedeutet vor gar nicht zu langer Zeit. Es hatte eine Plastik. Gewiß, das Wort in der Form, wie es heute vorhanden ist, ist verhältnismäßig neu; aber wie es heraufgekommen ist aus dem Dialekt, da hatte es diese Plastik. Und es hat diese Plastik als Dialektwort noch heute. Wie gesagt, wir dürfen uns da nicht durch eine allerdings selbstverständlich ganz berechtigte Philologie stören lassen in der Empfindung dieser Dinge. Nehmen wir im Deutschen dieses Wort «Mensch». Jetzt stellen wir es eurythmisch dar und ver- Tafel kürzen ein bißchen das *sch,* so daß es als kurzes auftritt: Mensch. Nun, da haben wir deutlich das Wegblasende am Ende.

Wie kann einen denn diese Darstellung des Menschen eigentlich berühren? Sie berührt einen so, daß das Vorüberziehende, Vorübergehende des Menschenlebens drinnen liegt: der Mensch, ein vergängliches Wesen; der Mensch in weiter übertragener Bedeutung: ein unbedeutendes Wesen. Das sagt uns diese eurythmische Gebärde, die im Ganzen «Mensch» gibt.

Nun gibt es aber ein Dialektwort «Mensch», das bedeutet eine recht unbedeutende Dirne – nicht im schlimmen Sinne Dirne, sondern eine recht unbedeutende Frauensperson: «Das Mensch.» Da haben Sie das Unbedeutende sehr stark drinnenliegen, und es gleitet dann gleich die tragische Empfindung, die man gegenüber «der Mensch» hat, in die verächtliche Bedeutung ein wenig herüber, wenn man «das Mensch» sagt. Daher der Witz, nicht wahr, wie schändlich übertragen worden ist ein schönes Klassikerwort: «Nehmt alles nur in allem» – das von einer Frau gesagt wird –, «sie ist ein Mensch gewesen.»

So haben wir die Möglichkeit, gerade in der eurythmisch-plastisch gestenhaften, gebärdenhaften Darstellung tief den Sinn zu empfinden, das Wesen zu empfinden, das in den Worten liegt.

Wir müssen nur uns aber klar sein darüber, wie das Eurythmische notwendig macht im aus Lauten bestehenden Worte zu dem inneren Wesen dessen, worauf sich das Wort bezieht, wiederum überzugehen. Sie können, wenn Sie die Darstellung scheinbar desselben nebeneinander sehen, doch den Charakter in der Eurythmie, den Charakter des Unterschiedenen in der Eurythmie wahrnehmen. (Durch eine Tafel 9 Eurythmistin wird «Kopf», durch eine andere «testa» eurythmisch dargestellt.) Nun sehen Sie, bei Kopf, da haben Sie das Gefühl, sie will etwas Rundes machen, sie will bildhauern. Bei testa, die will doch unbedingt recht haben! Sie nehmen es also in seinem tiefsten Charakter wahr, was irgendein Wortwesen zum Ausdruck bringen will.

Das muß aber auch eingehalten werden. Dann werden Sie sehen, in welch intim grandioser Weise, eurythmisch ausgedrückt, der Charakter der verschiedenen Sprachen unmittelbar vor das Auge hintritt. Sie können überall den Charakter der verschiedenen Sprachen vor das Auge hintretend fühlen.

Nehmen wir, um das zu veranschaulichen, einige Zeilen eines deutschen Gedichts:

Es stand in alten Zeiten ein Schloß, so hoch und hehr.
Weit glänzt es über die Lande bis an das blaue Meer.

Wir machen es möglichst langsam, mit allen Lauten, so daß der Charakter dabei zum Vorschein kommt. (Folgt die Ausführung sowie anschließend ein französisches und ein englisches Gedicht.) Diejenigen, die in Ilkley gewesen sind, werden sich erinnern, daß ich davon gesprochen habe, daß man der englischen Sprache ansieht, daß sie mit dem wogenden Meere zu tun hat. Dieses die Wogen Beherrschen, was so stark im Charakter der englischen Sprache liegt, Sie sehen es in der Eurythmie am allerdeutlichsten zum Vorschein kommen. (Folgte die Eurythmisierung eines ungarischen Gedichts.)

Im Magyarischen liegt das, was dadurch zum Ausdruck kommt, daß man sich als Magyare nicht denken kann anders als fest in die Welt hineingestellt; und eben das durch Wald und Forst Streifende, das können Sie in dieser Darstellung (des Magyarischen) wahrnehmen.

Das Russische nun ist eine Sprache, die bloß andeutend ist, die nur anklingen läßt eigentlich das innere Wesen des Wortes. Es ist eine Sprache, die noch nicht erreicht hat das Wesen der Sache, sondern noch verfolgt die Spuren nach dem Wesen, überall nach Zukunft weist.

Und jetzt möchte ich noch, daß Sie zwei Dinge vergleichen, woran Sie sehen werden, wie stark der Charakter zum Vorschein kommt. Man muß es empfinden. Man lernt sich sonst nicht in die Eurythmie hineinfinden. Es kann nicht dasjenige, was in die Eurythmie hinein-führen soll, nur ein theoretisches, intellektuelles Hineinführen sein, sondern es muß ein Hineinführen in die Empfindung der Sache sein. Also vergleichen Sie jetzt einmal das Eurythmisieren eines russischen Gedichtes mit dem eines französischen Gedichtes. Versuchen Sie zu empfinden, wie verschieden das ist. (Es folgte hier zuerst die Dar-stellung des russischen Gedichtes.) Nicht wahr, Sie sehen, wie beim Russischen die Spur des Wortwesens verfolgt wird, und versuchen Sie einmal wahrzunehmen, wie nun bei dem andern, bei dem französischen Gedicht, vorne vor dem Wortwesen hinweggetänzelt wird (Dar-stellung des französischen Gedichtes). Das ist also durchaus vor dem Wortwesen. Sie sehen, die beiden Charaktere verhalten sich wirklich wie Tag und Nacht, wie die zwei entgegengesetzten Pole.

Wenn Sie das alles bedenken, was da so klar zutage tritt, so werden Sie sich sagen müssen: Eurythmie ist ganz darauf hin veranlagt, das Wesen, das verkörpert ist in der Sprache und überhaupt im Charakter der Sprache, ganz klar zum Ausdruck zu bringen. Sie kann daher das-jenige besonders ausdrücken, was hinter der Sprache liegt. Und das muß auch zum Ausdrucke kommen, was hinter der Sprache liegt.

Gehen wir dabei von etwas ganz Bestimmtem aus. Wir unter-scheiden, wenn wir so sprechen, abstrakte Worte, Worte, die auf Abstraktes deuten, und Worte, die auf Konkretes deuten. Es handelt sich darum, daß bei Worten, die auf etwas Abstraktes deuten, die

Empfindung ganz anders läuft als bei den konkreten Worten. Wenn man eine unbefangene, lebhafte Empfindung hat, wenn man kein Frosch oder kein Fisch ist und ohne Frosch oder Fisch zu sein dem Sprechen zuhört, dann hat man bei dem Hören einer Abstraktion das Gefühl eines Ausgehöhltseins, eines Leerwerdens. Man wird so gletscherig im Inneren, wenn man Abstraktionen hört. Nicht wahr, dafür muß man sich Empfindungen anerziehen. Man sollte zum Beispiel schon die Empfindungen entwickeln für solche Dinge, die allerdings, wenn man sie ausspricht, paradox klingen. Aber derjenige, der künstlerisch sich hineinleben will in die Sprache und damit in die Eurythmie, der muß eben solche Empfindungen bilden können.

Man liest *Kant* – Sie sind ja alle gebildete Leute und Sie wissen, nicht wahr, wenn Sie auch nicht selber Kant gelesen haben, wie sich das ausnehmen muß, wenn man Kant liest (Heiterkeit). Ja, warum mutet Sie das so humoristisch an? Sie denken, das kann man nicht? Ich werde es Ihnen gleich beweisen, daß man das ganz adäquat tun kann. Es ist nur so unangenehm, den Kant zu lesen in der Stadt oder im Lesesaal oder Auditorium. Da paßt er nicht recht herein. Aber versuchen Sie nur einmal, wenn es recht kalt ist, auf dem Mont Blanc den Kant zu lesen. Da werden Sie gleich sehen, wie adäquat das ist. Nicht wahr, wenn Sie Kant anfangen, ist es abstrakt, wenn Sie Kant enden, ist es abstrakt. Wenn Sie ihn tatsächlich in der eisigen Atmosphäre lesen, da paßt er so vorzüglich dazu, da paßt er, wenn Sie so etwas denken können, da paßt das Gefühl durchaus zu dem Abstrakten.

Das Konkrete muß man nicht auf dem Mont Blanc lesen, sondern das muß man lesen oder sprechen beim warmen Ofen. Das höhlt einen nicht aus, sondern das füllt einen an.

Und nun versuchen Sie einmal in einem Zusammenhang, in dem etwas abstrakt aufgefaßt werden muß, die Abstraktion auch wirklich anzudeuten. Stellen wir zunächst einmal ein abstraktes Wort hin. Es ist das natürlich zunächst alles relativ, denn was für den einen abstrakt ist, kann für den andern sehr konkret sein. Aber stellen wir einmal etwas sehr Abstraktes hin, und deuten Sie uns die Gebärde an, das heißt die Bewegung der Abstraktion überhaupt. Nehmen wir an, es käme zum Beispiel irgendwo in einem Zusammenhange das Wort

«Dreieck» vor, und Sie wollten seine Abstraktion andeuten. Sie müßten das so machen, daß, wenn hier hinten, hier vorne ist (siehe Schema), diese Bewegung herauskäme (die Bewegung wird im Raum abgeschritten). Sie unterziehen sich der unangenehmen Aufgabe des Aushöhlens; Sie bilden gewissermaßen das Vordere eines Fasses – wenn ich mich drastisch ausdrücken will –, wobei Sie den Wein nicht vor sich, sondern hinter sich haben, wobei Sie ihn zudecken. Das Vordere eines Fasses macht die Abstraktion.

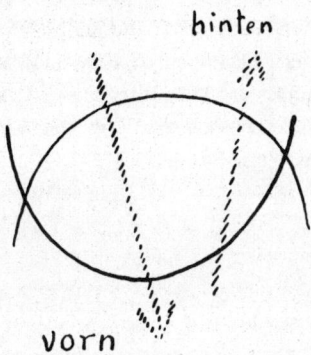

Machen Sie nun das Konkrete, sagen wir zum Beispiel «Frosch» oder «Fisch», irgend etwas, alles ist ja konkret, was gesehen werden kann. Nun, das Wesentliche des Konkreten ist diese Bewegung (siehe Schema). Wenn Sie diese Bewegung machen, so können Sie sich vorstellen, daß Sie den Wein vor sich haben. Sie nehmen ihn in Ihren Schutz auf. Sie fühlen sich als dasjenige, was das Anfüllende durch Sie darstellt.

Und nun sagen wir, Sie wollen eine Bejahung und eine Verneinung ausdrücken, Sie wollen eurythmisieren und zunächst das Bejahende stark ausdrücken.

Ein Sohn verläßt das Elternhaus. Sie beteuern, indem er es verläßt, daß er wiederkommen werde. Du wirst mir wiederkommen! –, sagt der Vater. Machen Sie einmal: Du wirst mir wiederkommen. – Und drücken Sie die Bejahung darinnen deutlich aus. In was haben wir die

Bejahung ausgedrückt? In dem Schreiten. Dieses Schreiten nach vorne (in der Richtung nach rechts) drückt die Bejahung aus, gewissermaßen in der Bewegung ein *i* – Behauptung – hinstellen. Also die Bejahung: das Schreiten von rückwärts nach vorn.

Verneinen – nehmen wir an, jemand will einem Kinde etwas verbieten, was es getan hat: Das wirst du mir nicht wieder tun. – Wollen Sie, daß die Verneinung stark ausgedrückt wird, so haben Sie das ausgedrückt in dem Rückwärtsschreiten (in der Richtung nach links). Das sind solche einfachsten Dinge.

So kann man übergehen von einem Offenbaren des Wesens, das in dem einzelnen Worte liegt, ich möchte sagen zu der inneren Logik, die in der Sprache liegt. Und dann kommt in der Tat noch mehr der Charakter heraus. Wenn man auf die einzelnen Laute hinschaut, dann kommt mehr, wenn man ein Gedicht in irgendeiner Sprache eurythmisiert, der Charakter der Sprache heraus; wenn man auf der andern Seite auf Dinge, die wir jetzt hintereinander kennenlernen werden, übergeht, auf diese Logik, die sich ausdrückt durch die Sprache, dann kommt mehr der Charakter des Volkes zum Ausdruck.

Und nehmen wir den Übergang zur Sprachlogik, sagen wir der Verwunderung. Wenn irgendwo ein Zusammenhang vorkommt, der eine Verwunderung ausdrückt, da machen Sie die Gebärde der Verwunderung (*a*-Gebärde) und müssen diese verschmelzen mit den andern Lauten, so daß also beides darinnen sein wird. Das gibt nun schon das große Studium, das Studium, wie bekommt man den Lautzusammenhang mit diesem Charakterisieren des sprachlogischen Gefühlsinhaltes: Ach, wie schön! – Also setzen Sie die beiden Dinge zusammen, dasjenige, was Sie als Gebärde der Verwunderung gemacht haben und den Lautzusammenhang: Ach, wie schön! –, so daß beides darinnenliegt. Es ließe sich denken, daß je nach dem Gefühlsinhalt auch die andern Vokale bestimmend und färbend in ganze Lautzusammenhänge hineinverschmolzen werden können.

Es muß durchaus die Gebärde für die Verwunderung verbunden werden mit dem einzelnen Laute; das Verwundern muß in der Bildung der Laute mit drinnen liegen.

Nun, wir werden ähnliche Bewegungen morgen dann analysieren.

FÜNFTER VORTRAG

Dornach, 30. Juni 1924

Der Stimmungsgehalt der Seele bei einer Dichtung

Wir wollen zunächst einmal in der Betrachtung fortfahren, die wir begonnen haben. Wir sind ausgegangen von der Betrachtung des Stimmungsinhaltes der Laute zu der Betrachtung von allgemeineren Charakteren des Gesprochenen. Damit geht man dann über von dem bloß Lautlichen zu dem Logischen oder Gefühlsmäßigen des Gesprochenen.

Nun wollen wir heute einmal einiges von dem, was über das Lautliche hinaus den Stimmungsgehalt der Seele bei einer Dichtung gibt, besprechen. Da haben wir zunächst einmal – wir werden das mehr Allgemeine dann zusammenfassend sagen –, da haben wir aber zunächst einmal etwas, das gewissermaßen zur Nuancierung, zur Schattierung desjenigen dienen kann, was durch das Wort, also durch die Organisation des Lautlichen, zustande kommt. Wir können nämlich etwas aussprechen und durch die Betonung beim Aussprechen dann zur Darstellung bringen, was unser Gemützustand bei dem Ausgesprochenen ist. Nicht wahr, es kommt sehr auf die Betonung an, und in der Schrift bezeichnet man dasjenige, was in der Betonung liegt, durch solche Dinge, wie Fragezeichen, Ausrufezeichen und dergleichen.

Daß in der Betonung viel liegt, das können Sie an folgendem einfachem Beispiele ersehen. Ich glaube, es war in Szegedin in Ungarn, da war einmal eine Schauspieltruppe, welche Schillers «Räuber» aufführte, und zwar in einer Scheune, die angrenzte an einen Ochsenstall. Und der Schauspieler kannte den Text nicht gut, konnte auch den Souffleur nicht verstehen, vielleicht war auch das Souffleurbuch falsch geschrieben, jedenfalls war die Geschichte etwas primitiv. Und die Primitivität steigerte sich noch, als vor dem Publikum ein wirklicher Disput entstand. Der Disput entstand dadurch, daß in einem bestimmten Momente durch die Wand ein Ochse durchbrach und in den Bühnenraum hineinschaute, so daß also die Hörner des Ochsen und die Schnauze in den Bühnenraum hineinschauten. Nun sagte der Schauspieler, der etwas erschrocken war, indem er hinguckte: «Seid Ihr auch wohl mein *Vater?*» Das korrigierte der Souffleur und sagte: «Soll er vielleicht sagen: Seid Ihr auch *wohl,* mein Vater?» Das war wiederum dem Regisseur nicht recht, und er korrigierte: «Da muß man sagen: *Seid* Ihr auch wohl mein Vater?»

Also Sie sehen, es kommt einfach auf die Betonung an. Und da wir alles ausdrücken müssen in der Eurythmie, was der Sprache zugrunde liegt, so müssen wir auch die Möglichkeit haben, so etwas, was man sonst in der Betonung bringt, und in der Schrift etwa durch ein Fragezeichen oder durch ein Rufzeichen zum Ausdrucke bringt, so müssen wir auch die Möglichkeit haben, das zum Ausdrucke zu bringen. Und zu diesem Zwecke haben wir eine Gebärde, der man anfühlen kann, sie hat etwas von dem, was in dem Verlauf des Lautlichen das Ausrufs- oder das Fragezeichen bedeutet. Und dies würde dann in der folgenden Weise darzustellen sein.

Der Eurythmisierende legt den rechten Arm in diese Lage (siehe Zeichnung Seite 107), den linken Arm in diese Lage, und bringt dabei Tafel 10 die Hand in diese Gestaltung (etwas nach innen gedreht, Finger locker gehalten). Das wäre also dann an geeigneter Stelle anzubringen. Über die Farben werde ich später sprechen. Nun wird es sich natürlich darum handeln, daß der Eurythmisierende immer in der entsprechenden Weise herausfindet, wo er eine solche Gebärde im Zusammenhange anzubringen hat. Selbstverständlich muß die Sache zunächst einstudiert sein, das heißt, es muß genau stipuliert sein, wo der Rezitierende einen Einschnitt, eine kleine Pause in seiner Rede macht, und dann muß man deutlich sehen, es geht der Eurythmisierende über aus der Bewegung, die sonst im Satze liegt, zum relativ und dann vollkommen Ruhigen, so daß er wirklich an der Stelle, wo er diese Gebärde macht, einen Einschnitt absolviert. Wenn ich also zum Beispiel sage:

Wie schön scheint doch heute die Sonne! Tafeln 10 + 11
Freuen wir uns ihrer.

Da handelt es sich darum, diesen Ausruf in der entsprechenden Weise eurythmisch zur Darstellung zu bringen. Wir werden also an der

Stelle, wo das Ausrufungszeichen steht, mit der Bewegung, die sonst im Gange ist, innehalten, diese Gebärde in aller Ruhe hinstellen und dann weitergehen zur Darstellung. Da haben wir die Möglichkeit, stark zu artikulieren innerhalb des Textes.

Besonders fein würde die Sache sein, wenn Sie hineinbringen könnten zum Beispiel in solch ein Gedicht wie den «Zauberlehrling», wo tatsächlich Ausrufe da sind, diese Bewegung, denn die würde sich drinnen ausnehmen als das, was man im echt künstlerischen Sinne Humor nennen kann. Zum Beispiel die Stelle: «In die Ecke, Besen, Besen, seid's gewesen!» Also nach diesem «seid's gewesen» das Rufzeichen machen. Dann die nächste Zeile: «Denn als Geister...!» Beim Hexenmeister selber wäre es nicht schön, denn der ist eine würdige Wesenheit, aber wenn Sie – also der Lehrling – seine Sache begleiten würden mit der entsprechenden Gebärde, so wäre das sehr gut. Ebenso nach «brav getroffen», und «und ich atme frei!».

Nun, eine weitere Gemütsbewegung, die wir zum Ausdrucke bringen können, das ist die der Heiterkeit. Diese Gemütsbewegung der Heiterkeit, sie besteht darinnen, daß Sie versuchen, bei einem Stehen, das auf den Fußspitzen ist, die entsprechende Gebärde zu machen. Also Sie müssen sich, wenn die Heiterkeit herankommt, in die Stellung auf die Fußspitzen begeben; dann können Sie, wenn das Ihr Kopf ist (siehe Zeichnung), den Armen diese Stellung geben und die Finger möglichst spreizen. Das würde dann die Bewegung der *Heiterkeit* sein.

Tafel 10

Wenn Sie dann noch das Spreizen dadurch verstärken, daß Sie es beweglich machen (die Finger bewegen), dann wird die Heiterkeit ganz besonders gut zum Ausdrucke kommen. Das wirkt dann wie Lachen und gerade diese Heiterkeits-Lachgebärde ist außerordentlich anmutig.

Tafeln 10 + 11

Nehmen wir den Satz: Er stieg aufs Podium und bevor er den Vortrag begann, setzte sich eine Fliege auf seine Nase! – Alle waren bestürzt. – (Nach «Nase» die Gebärde machen.) Sie sehen, selbst Sie, die Sie schon innerhalb der Sache sind, sind in die naturgemäße Heiterkeit verfallen. Und diese Heiterkeit drückt sich durch die entsprechende Gebärde, wie mir scheint, ganz gut aus.

An sehr vielen Stellen, wo Menschen reden, namentlich im Dramatischen, wenn Sie etwas dramatisch eurythmisieren, werden Sie zu

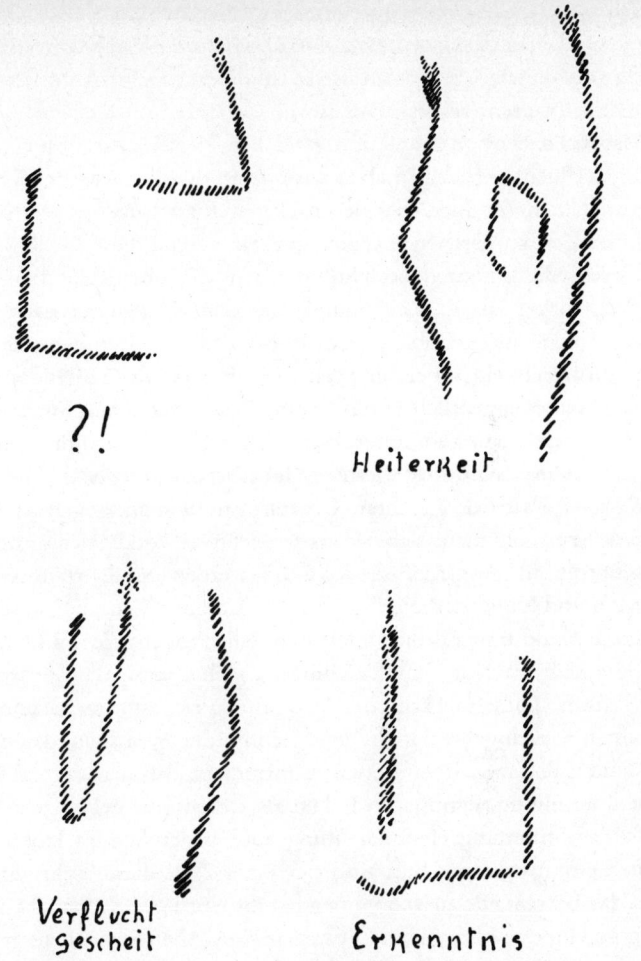

?!

Heiterkeit

Verflucht
gescheit

Erkenntnis

einer Gebärde kommen, die außerordentlich vielsprechend sein kann. Denken Sie sich den Oberarm nach unten gestreckt, hinaufweisend (mit dem Zeigefinger), und den linken Arm ganz in die Seite gestemmt, denken Sie sich diese Gebärde. Und jetzt denken Sie sich,

107

daß einer sagt: Das hätte ich viel besser gemacht als du – du Wickelkind. Dann wird man das eurythmisieren: Das hätte ich viel klüger gemacht als du – mit dieser Gebärde, die also so ist: hier stark einhaken (links) und hier hinaufweisen (rechts). Das ist die Gebärde von *Verflucht gescheit*.

Also Rufzeichen oder Ausrufungszeichen, Heiterkeit und die Gebärde von «Verflucht gescheit» haben wir hier in diesen Eurythmiefiguren.

Nun haben Sie hier (bei der nächsten Figur) etwas, was Sie zu gleicher Zeit so ansehen müssen, daß Sie gerade diese Gebärde fein studieren, die darinnen besteht, daß man die obere Hand in diese Haltung bringt (siehe Zeichnung) und den Zeigefinger nach oben bewegt, denn diese Gebärde hat immer das Eigentümliche, daß sie auf die Einsicht eigentlich hinweist. Wo diese Gebärde irgendwie auftritt, weist sie eigentlich auf Einsicht, dann, wenn man nicht zeigt, sondern wenn man den gestreckten Finger hält. So daß die Gebärde

des Gescheiten auch in die ernste Gebärde der *Erkenntnis* übergeht.

Wenn Sie also den rechten Unterarm aufwärtsbewegen und den linken Arm so halten, daß Sie dasjenige, was vorzugsweise bei der Erkenntnis in Anspruch genommen werden muß, rhythmischer Mensch und Kopf, daß Sie das von dem unteren Menschen abschneiden, die Hand tragend hier unter dem Ellenbogen, diese andere Ge-

bärde hinauf machen (siehe Zeichnung), so haben Sie die Gebärde der Erkenntnis. Diese Gebärde der Erkenntnis, sie kann im Grunde genommen viel angebracht werden. Denn jeder Wortlaut, der darauf hindeutet, daß man irgend etwas wahrnimmt, daß man irgend etwas in sich aufnimmt, kann ja im Leben als Erkenntnis gelten. Und man kann der Stimmung einer Dichtung außerordentlich zu Hilfe kommen, wenn man, sagen wir, am Ende einer Zeile dieses anbringt, daß man das Betreffende aufgenommen hat. So wird gerade manche Dichtung gewinnen, wenn man so etwas einfügt. Aber sie kann auch dann gewinnen, wenn man die Dichtung damit beginnt, zum Beispiel bei einer solchen wie der von *Uhland* «Des Sängers Fluch»:

Es stand in alten Zeiten ein Schloß, so hoch und hehr –,

einfach das Gedicht, bevor es beginnt, so hinstellt, daß man die Erkenntnisgebärde vorausgehen läßt. Dann werden Sie sehen, wie das

Gedicht hinterher gewinnt durch etwas, was man aufgenommen hat. Machen Sie es dann so, daß in Ihrem ganzen Körper die Gebärde der Erkenntnis ist. Gehen Sie zum Beispiel aus einer gleichgültigen Gebärde heraus in die Gebärde der Erkenntnis. Da entwickeln Sie dann das ganze Gedicht aus etwas heraus, was darauf hinweist, daß das Gedicht eigentlich in seiner ganzen Stimmung als sinnig aufgefaßt werden soll. Sie geben dem Gedichte sogleich einen bestimmten Grundton.

Eine andere Gemütsstimmung wäre die, die einen allgemeinen Erkenntniswert hat, die Stimmung der *i*-Gebärde, die der Selbstbehauptung. *i* ist immer Selbstbehauptung. Aber wenn die Selbstbehauptung nicht im Laut liegt, sondern wenn die Selbstbehauptung über das Lautende hinausgeht und deutlicher Gemütsausdruck wird, dann kann diese Selbstbehauptung dadurch zum Ausdrucke gebracht werden, daß sie übergeht in eine Gebärde, wobei das rechte Knie gehoben wird: Sie stehen hier mit dem linken Knie und mit den beiden Armen, die nach vorne gegeben werden, aber so, daß man sie etwas zurück beziehungsweise die Hände etwas zurück arrangiert. Jetzt haben Sie da die Gebärde der *starken Selbstbehauptung*. Machen Sie am Tafel 10 Ende des Satzes, den ich sagen werde, durch Eurythmisieren, durch Hinauslaufenlassen in diese Haltung, diese Gebärde des *Größenwahn-* Tafel *sinns*: Bin ich nicht der Kaiser von China? – nun die Gebärde. Auf diese Weise kommt dann Leben in dasjenige hinein, was man darzustellen hat, und gerade das ist das Wesentliche und das Bedeutende, daß Leben in diese Dinge hineinkommt.

Ich möchte heute gerade solche ausdrucksvollen Gebärden vor Sie hinstellen, damit wir dann an diese anschließend manches eben in den nächsten Tagen noch sehen können.

Da ist vor allen Dingen eine Gebärde, die darinnen besteht, daß Sie sich möglichst breit hinstellen, dann diese Bewegung machen, die Bewegung der *Unersättlichkeit* (siehe Zeichnung), wenn man immer mehr Tafel und mehr will – also die Gebärde des starken Begehrens. Nehmen wir zum Beispiel folgenden Satz und am Ende des Satzes, den ich sprechen werde, gehen Sie gleich wiederum über in diese Gebärde des Mehrhabenwollens; also folgenden ganz ernsthaften Satz, und dann die

Gebärde: «Du gabst mir, gabst mir alles, worum ich bat.» Aber Sie dürfen nicht auswärts gehen mit den Händen, da weisen Sie es ab. Sie wollen mehr; die Gebärde des Mehrhabenwollens muß nach innen gehen, und Sie müssen breit dastehen, mit beiden Füßen auf dem Erdboden.

Tafel 10

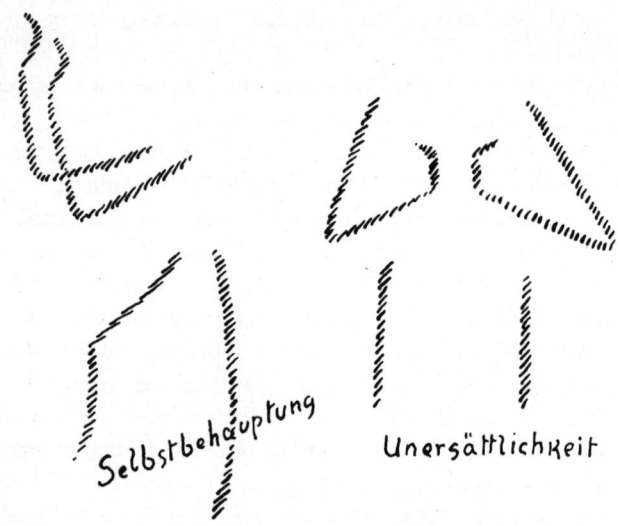

Selbstbehauptung   Unersättlichkeit

Daß man diese Gebärde der Unersättlichkeit anbringt, braucht nicht nur dann der Fall zu sein, wenn man selbst unersättlich ist, sondern wenn irgend etwas da ist, was anregen kann die Empfindung des Unersättlichen, des Unbefriedigten, des Mehrverlangens. Lassen Sie den einen Satz, den ich sprechen werde, jetzt auch in diese Gebärde auslaufen, so daß gar keine Pause zu entstehen braucht, sondern Sie lediglich nach Verlauf des Textes diese Gebärde anbringen: «Soll das ganze Haus ersaufen?» (Gebärde des Mehrhabenwollens.) Es soll ja immer weitergehen! Da ist das Unersättliche da.

Nun kommen wir zu denjenigen Dingen, welche mehr in das Innere des Menschen noch hineinführen. Und da haben wir eine Gebärde, die geradezu die *Innigkeit* des Fühlens, also jene Gemütsverfassung zum Ausdrucke bringen soll, welche die Innigkeit des Fühlens ausspricht. Diese Innigkeit des Fühlens kommt dadurch zum Ausdrucke, daß man mit dem vorderen Teil des Fußes steht, die Ferse etwas über dem Boden hat, aber nicht sehr hoch, denn, wenn man es zu hoch hat, ist es nicht mehr innig – also leise die Ferse gehoben, sonst mit dem Fuß stehend –, und dann die Gebärde hat, die die beiden Arme sanft nach vorne streckt, so daß der Daumen den Zeigefinger angreift. Darinnen drückt sich das Gefühl der Innigkeit aus, und man hat dann diese Gebärde. Wenn Sie sich denken, hier liege (in den Armen) ein Baby, und Sie wollen gewissermaßen eine innige Stimmung zum Engel des Babys entfalten, so können Sie das Baby so halten, und Sie hätten dann die Gebärde der Innigkeit. Nehmen wir eine besonders feierliche Zeile, und dann werden Sie am Schluß der Zeile die Gebärde Tafel 11 machen. Versuchen Sie zu eurythmisieren: Lasset die Mühebeladenen zu mir kommen – und jetzt die Gebärde. Das ist nun zunächst lyrisch. Wollen Sie es jetzt aus der Lyrik herausheben und, ich möchte sagen, monumentaler gestalten, dann können Sie, nachdem Sie diese Gebärde der Innigkeit gemacht haben, das Rufzeichen noch an das Ende setzen. Also: Lasset die Mühebeladenen zu mir kommen –, jetzt innig, dann Rufzeichen machen. Das würde in entsprechendem Tempo, wie man es dann haben will, die Sache sehr monumental hinstellen können.

Etwas, was in seiner Gemütsverfassung der Innigkeit verwandt, aber doch wieder ganz verschieden ist, ist das Liebsein mit jemand, die *Liebenswürdigkeit,* die Seelenstimmung der Liebenswürdigkeit. Diese wird auch dadurch ausgedrückt, daß man die Ferse leise hebt, dann aber den linken Arm leicht hinaufhebt, also daß man gewissermaßen die Gebärde, die man früher hat, hier oben macht, und die andere Gebärde herüber nach rechts. Das ist dann die Gebärde der Liebenswürdigkeit. Sie müssen natürlich fühlen, daß das die Gebärde der Liebenswürdigkeit ist. Auf das leichte Halten des Armes kommt es an, und in dem über sich Hinausweisen liegt diese Liebenswürdigkeit. Denken Sie nur einmal, wie liebenswürdig Kinder sind, wenn man ihnen angewöhnt, sie sollen zeigen: Wie groß bist du? – Da werden Kinder ganz besonders liebenswürdig.

Wenn wir also etwa den Satz eurythmisieren wollten: Ich danke Tafel 11 deinem Lächeln einen frohen Augenblick...−, dann lassen Sie diesen Satz einlaufen in die Gebärde der Liebenswürdigkeit.

Ich kannte einen Wiener Komponisten, der dann weit berühmt geworden ist. Der war sehr gerne eingeladen und die Hausfrau bemühte sich, in der Zusammenstellung der Speisen ganz besondere Kunst zu entfalten. Dafür hatte er auch ein ganz feines Verständnis, und er sagte dann gewöhnlich, wenn er wegging: Welch herrliche Tafel 10 Symphonie haben wir heute geschmeckt. − Das war immer das Kompliment, das er der Hausfrau sagte. Es war ständig, stereotyp, aber − er war ein großer Mann. Machen Sie dies einmal, und lassen Sie diesen Satz auslaufen in die Gebärde der Liebenswürdigkeit (wird ausgeführt). Sehen Sic, sie findet sich gleich hinein; daraus können Sie ersehen, daß es eigentlich empfunden werden kann. Aber derjenige, der das gesagt hat, hätte nicht so leicht wie Sie diese eurythmische Gebärde machen können, denn es war der Brahms.

Eine andere Gebärde des In-Beziehungtretens zur Außenwelt, zum andern Menschen ist diese, wo man im Zusammenhange jemandem etwas mitteilt, eine *Mitteilung* macht. Diese Mitteilung wird so gemacht: mit dem einen Fuß müssen Sie natürlich stehen, den andern aber setzen Sie leicht auf die Ferse auf (den vorderen), rechter Arm emporgehoben mit Daumen, Zeigefinger und Mittelfinger nach vorne deutend; linker Arm etwas tiefer, auch leicht nach vorne gestreckt, die Handfläche etwas geöffnet, gleichsam als ob Sie eine Gabe hinhielten. Dann machen Sie diese Gebärde; aber Sie geben nicht eine Gabe, sondern eine Mitteilung in der Sprache. Sie deuten also zu gleicher Zeit das Gegebene und Sie haben hier (im linken Arm) die Gebärde der Mitteilung: Ich teile mit. − Das würde der Wortlaut dessen sein, um was es sich handelt.

Sagen wir zum Beispiel, wir hätten folgenden Wortlaut: Wahrlich, Tafel 11 wahrlich, ich sage euch. − Darinnen liegt schon der Wille zur Mitteilung, und es ist das ein Satz, den man in ganz vorzüglicher Weise gerade in diese Gebärde auslaufen lassen kann.

Nun kommt eine Gebärde, die ihren Charakter eigentlich bekommt, wenn man immer, wenn es sich um die betreffende Gemütsstimmung handelt, fest aufsteht, die in sich geballten Hände mit ganz nach unten gestrecktem Arm an den Körper andrückt und den Kopf gerade hält. Und dann muß der Eurythmist die Augen in einer solchen Verfassung haben, daß er das Gefühl hat, er sieht eigentlich nicht mit ihnen, sondern sie werden starr. Dann kommt die Bewegung ganz gut heraus. Das ist die Bewegung, die man im Verlaufe eines Textes mehrmals machen kann:

> Blaß lag der Kranke, Tafel 11
> Sein Auge erlosch,
> Schluchzen umgab ihn.

Nun wird besonders anschaulich ein solcher Satz sein, wenn es dem Eurythmisierenden gelingt, an diesen Stellen, die ich mit Punkten bezeichne:

> Blaß lag . . . der Kranke,
> Sein Auge . . . erlosch,
> Schluchzen . . . umgab ihn –

es wird besonders anschaulich sein, wenn es dem Eurythmisierenden gelingt, an diesen Stellen immer diese Gebärde, die ich bezeichnet habe, zu machen. Denken Sie, wie individualisiert das werden kann dadurch, wie nuanciert das werden kann. Also das ist die Gebärde der *Traurigkeit*.

Dann haben wir eine Gebärde, welche besteht im festen Aufstellen der Füße, in den nach rückwärts gehaltenen Armen, die Hände ganz nach rückwärts. Das ist die Gebärde der Verzweiflung. Sie werden schon spüren, wenn Sie das eigentümliche Gefühl haben, das sich dann namentlich in den inneren Armmuskeln ausdrückt, Sie werden das Gefühl haben: das drückt die *Verzweiflung* aus.

Nun werden wir die ersten Zeilen des Faust-Monologes machen, und nach «studiert» machen Sie die Gebärde der Verzweiflung:

> Habe nun, ach! Philosophie,
> Juristerei und Medizin,
> Und leider auch Theologie!
> Durchaus studiert –

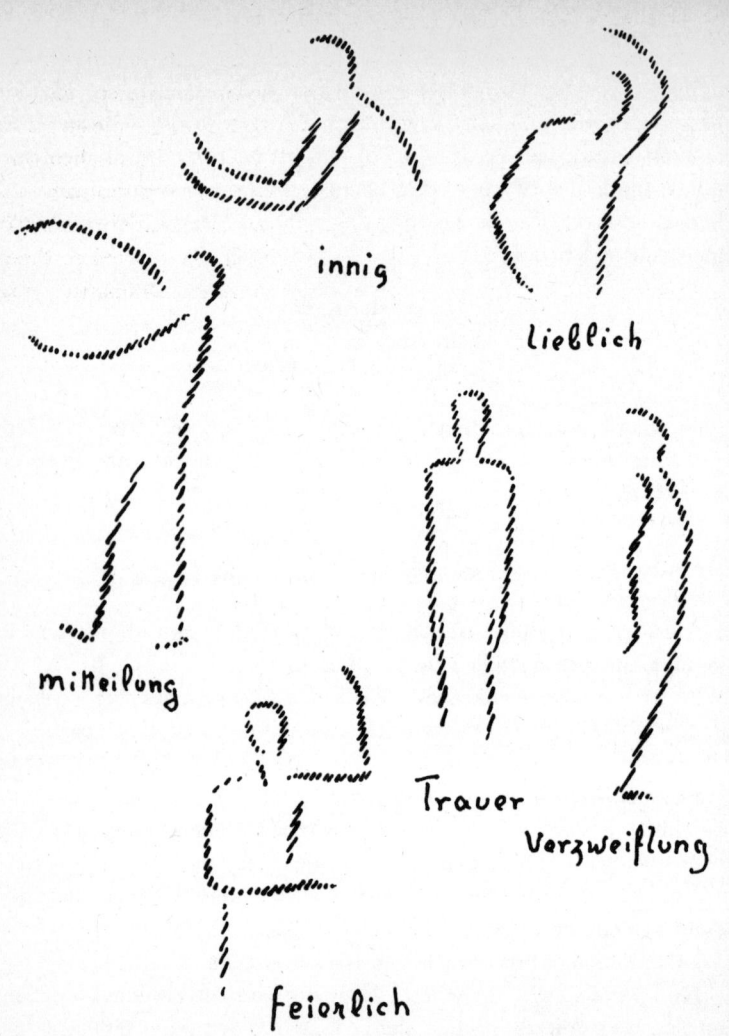

innig

lieblich

mitteilung

Trauer

Verzweiflung

feierlich

und jetzt die Gebärde der Verzweiflung machen. Sie sehen, wenn eine Gebärde tatsächlich die Gemütsverfassung zum Ausdrucke bringt, so ist es schon so, daß sie sich dramatisch an das Vorhergehende anschließt.

Nun möchte ich heute nur noch diese Studien, die an diesen Gebärden gemacht werden können, damit etwas kolorieren, daß ich Ihnen sage: Studieren Sie solche Gebärden, dann werden Sie an diesen Gebärden die Gemütsverfassungen zum plastisch-eurythmischen Ausdruck bringen. Da werden Sie geradezu den inneren dramatischen oder lyrischen oder epischen Gang eines Gedichtes studieren können. Und fühlen Sie sich in diese Gebärden hinein, dann wird es Ihnen möglich sein, Ihr Eurythmisieren zu einem wirklich Dramatischen zu bringen. – Daran wollen wir morgen anknüpfen.

Dornach, 1. Juli 1924

Gemütsstimmungen und Charakteristik einzelner Seelenzustände
Die Farbe als Gemütsinhalt

Wir haben gestern einige Gemütsstimmungen absolviert, Gemütsstimmungen, wie sie eurythmisch durch Gesten zum Ausdrucke kommen können, und wollen heute zunächst einiges ähnliche noch hinzufügen. Da haben wir, vorschreitend von dem, was wir gestern gehabt haben, zunächst die Stimmung der *Andacht*. Die Stimmung der Andacht – wir müssen uns gerade bei einer solchen Gemütsstimmung klarmachen, wie Eurythmie nicht darauf ausgeht, in gewöhnlicher mimischer Geste dasjenige wiederzugeben, was sie wiedergeben will, sondern wie es darauf ankommt, geradeso wie bei dem Vokalisieren oder bei dem Formen von Konsonanten, aus dem ganzen menschlichen Wesen stilgemäß herauszuholen dasjenige, was nachahmt die Seelengeste, die durch die ganze menschliche Organisation einer solchen Gemütsstimmung zugrunde liegt. Wir haben gesehen, daß es sich bei den Lauten doch darum handelt, die Geste so zu gestalten, daß einfach äußerlich sichtbar dasjenige nachgeahmt wird, was ja doch als eine Art Luftgeste wirklich vorhanden ist, wenn man spricht. Wir formen in einer gewissen Weise die Luft, indem wir sprechen. Würden wird durch irgend etwas dasjenige festhalten können, was da geformt wird, so würden wir das Vorbild für die Geste bekommen, die das Lautliche darstellt.

Haben wir es aber mit so etwas wie einer Gemütsstimmung oder ähnlichem zu tun, dann kommt natürlich eine solche Sache schon viel näher demjenigen, was die Willkürgeste ist, die Geste, die eben zustande kommt, wenn wir im gewöhnlichen Leben in dieser Gemütsstimmung sind.

Es ist ja richtig, daß heute eine große Anzahl von Menschen Gesten vermeiden, weil sie wahrscheinlich glauben, daß das nicht vornehm ist, Gesten zu bilden. Aber auf der andern Seite wird wiederum das

Bedürfnis, die Geste zu formen, um so größer, je mehr es sich darum handelt, daß der Mensch in der Gemütsstimmung aus sich herausgeht, herausgeht auch dadurch, daß er nicht gewöhnliche, alltägliche Gemütsstimmungen entwickelt, sondern Gemütsstimmungen, die außerordentlichen Lagen des Lebens entsprechen. Und eine solche Gemütsstimmung ist die der Andacht.

Bei der Andacht hat der Mensch von vornherein das Bedürfnis, eine gewisse Geste zu machen. Und diese Geste gerade, die bei der Andacht gemacht wird, die ist im Grunde genommen durchaus eine solche, welche auch der naturgemäßen Haltung bei dieser Gemütsstimmung entspricht. Und deshalb können wir gerade bei dieser Andachtsstimmung sehen, wie, ich möchte sagen, diese Geste eine naturalistische wird, während die meisten Gesten keine naturalistischen sein können. Sie haben daher die Andachtsstimmung so, daß die Arme heruntergehalten werden am Leibe, dann nach oben vom Ellenbogen an gehalten werden, und dann findet ein entsprechendes Halten statt in irgendeiner vokalischen Stimmung *u* oder *a*. Also in irgendeiner von diesen Formen, je nachdem man die Andacht nuancieren will, können dann die Hände beziehungsweise die Finger gehalten werden.

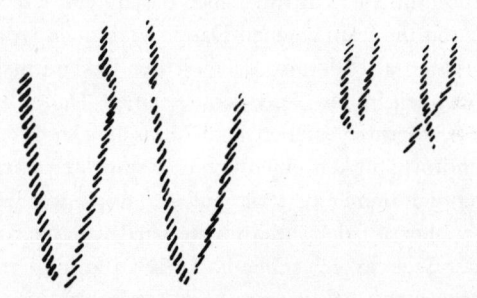

Tafel 12

Es wird sich darum handeln, daß gerade diese Stimmung der Andacht möglichst herausgehoben werde aus dem, was sonst in der Folge der Gestenbildung auftritt. So daß wir stilistisch am besten dadurch der Sache gerecht werden können, daß wir, wenn es sich um

Andacht handelt, mit dieser Geste beginnen und wiederum schließen. Handelt es sich um Fortlaufendes, sagen wir zum Beispiel um ein längeres Gebet, das Andacht ausdrückt, so können wir am Beginne und Ende einer jeden Strophe diese Geste haben, die hier angedeutet ist.

Würden Sie nun diese Geste anwenden, wenn ich sage:

Tafel 12   O göttlicher Geist, erhöre
meines Herz[ens] Ruf! –

dann würden Sie vorher die Geste machen und nachher die Geste machen. Es würde also besonders dann gut sein, wenn man sehen würde, wie die Oberarme heruntergehen, angedrückt werden und dann die Gebärde der Andacht gemacht wird (siehe Zeichnung).

Eine Steigerung der Andacht ist dann die Stimmung der *Feierlichkeit*. Diese Stimmung der Feierlichkeit, sie wird in einem gewissen Sinne schon ähnlich sein der Stimmung der Erkenntnis, nur daß wir bei der Erkenntnis das Symmetriebild davon haben. Bei der Erkenntnis haben wir also nach rechts hin dieselbe Geste wie bei der Feierlichkeit nach links. Das kann nur empfunden werden, wenn man sich von vornherein empfindungsgemäß klarmacht, wie Erkenntnis sich zur Feierlichkeit verhält.

Sehen Sie, Erkenntnis ist ein Innehaben desjenigen, was außer uns ist und was wir mit unserem eigenen Dasein verbinden wollen.

Da handelt es sich also darum, daß wir der Erkenntnis ihre tiefbedeutsame Wesenheit in der Geste nicht nehmen. Hätte der Mensch nicht Erkenntnis, so wäre er eben kein Mensch. Der Mensch wird durch die Erkenntnisfähigkeit eigentlich erst zum Menschen. So daß Erkenntnis eigentlich immer als etwas aufgenommen werden soll, das feierlich stimmt; aber auf der andern Seite wiederum auch als etwas, was Aktivität der Seele in sich schließt. Aktivität kommt aber immer dadurch zum Ausdrucke, daß wir uns nach der rechten Seite wenden. Dieselbe Stimmung, die wir bei der Erkenntnis entwickeln, ins Passive, ins Andächtige umgewandelt, gibt die Feierlichkeit.

Aber bei alle dem, wo wir hingegeben sind, wo wir also nicht aktiv auftreten, sondern passiv hingegeben sind, da wenden wir uns nach der linken Seite. Und so werden wir die Feierlichkeit dadurch zum

Ausdruck bringen, daß wir uns sozusagen mit der Erkenntnisgeste nach der linken Seite wenden. Nun, nehmen wir irgend etwas, was wir so ausarbeiten können, daß diese Geste der Feierlichkeit drinnen ist, sagen wir zum Beispiel:

> Über menschlichen Schicksalen .   Tafel 12
> Glänzen heil'ge Sterne –

Nun machen Sie die Geste sowohl vor dem Anfang als am Ende, die Geste der Feierlichkeit. Beginnen Sie nur mit der Andeutung der Erkenntnisgeste, jetzt setzen Sie sie fort, gehen über nach links in die Geste der Feierlichkeit.

Nun handelt es sich darum, daß eigentlich alle Seeleninhalte – und mit dem Ausdruck von Seeleninhalten, mit der Offenbarung von Seeleninhalten werden wir es in der Regel zu tun haben bei der Eurythmie – sich in drei Kategorien umfassen lassen: in *Denken, Fühlen* und *Wollen*. Nun ist es wichtig, daß wir wirklich zum Ausdrucke bringen, wenn wir ein Gedicht eurythmisch interpretieren wollen, den Grundcharakter des Gedichtes; beziehungsweise wenn dieser Grundcharakter des Gedichtes sich ändert, daß wir das dadurch zum Ausdrucke bringen, daß wir auch, wenn Denken in Fühlen oder Fühlen in Wollen übergeht, dadurch das in der ganzen Haltung des Eurythmisierens zum Ausdrucke bringen können.

Gehen wir zunächst einmal von dem Gegensatze des Denkens und des Wollens aus. Beides sind ja die zwei entgegengesetzten Betätigungen des menschlichen Wesens. Wenn der Mensch denkt – im weitesten Sinne meine ich das hier –, wenn der Mensch denkt, dann ist das ein Vorgang, der seine Stütze im ruhiggehaltenen Haupte hat. Man sieht sozusagen äußerlich-sinnlich das Denken nicht. Es geht im ruhiggehaltenen Haupte vor sich. Das Entgegengesetzte ist die Willensbetätigung. Wenn sie nicht irgendwie in die Außenwelt tritt, die Willensbetätigung, dann ist sie bloße Absicht. Wirkliche Willensbetätigung tritt in die Außenwelt, kann gesehen werden. Und sie ist dasjenige wiederum, was für das innere Erleben des Menschen dunkel bleibt, so wie dasjenige, was mit dem Menschen innerlich während der Nacht vor sich geht. Dasjenige, was mit dem Menschen innerlich während der Nacht vor sich geht, weiß er ja nicht. Ebensowenig weiß er dasjenige, was zwischen seiner Seele und seinen Muskeln, seinen Knochen vor sich geht, wenn die Bewegung als Ausdruck des Wollens entsteht.

Haben Sie eine gerade Linie, so haben Sie von vornherein diese Linie voll bestimmt. Sie brauchen nur ein kleines Stück dieser Linie zu haben, die ganze Linie ist als solche bestimmt. Die gerade Linie ist dasjenige, bei dem man weiß, um was es sich handelt.

Die krumme Linie, sie ist diejenige, die uns mitzieht, bei der man eigentlich niemals weiß, um was es sich handelt, wohin sie einen führt.

Tafel 13

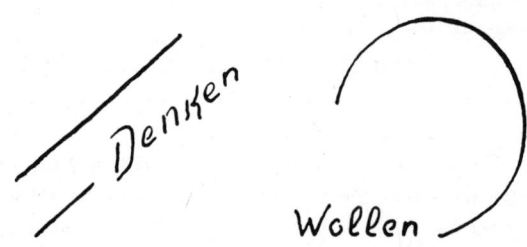

Gewiß, es gibt regelmäßig geformte krumme Linien; allein auch da ist das Erleben nicht so, daß man jene Regelmäßigkeit erleben würde, die man bei der geraden Linie erlebt. Gerade aus diesen Untergründen heraus ist die gerade Linie eurythmisch das Charakteristikon des Denkens, die krumme Linie das Charakteristikon des Wollens. Und Sie werden daher den Versuch machen müssen, in das Gedachte, wenn Sie es eurythmisieren, die Geradlinigkeit womöglich hineinzubringen, in das Gewollte aber die Krummlinigkeit hineinzubringen.

Nur handelt es sich dabei durchaus um Auffassungssachen. Einer kann sagen: Ich will an irgendeiner Dichtung das Wollen ausdrücken. – Ein anderer sagt: Ich will das Denken, die reine Mitteilung, ausdrücken. – Der eine faßt es so, der andere faßt es so auf. Das ist, wenn die Dinge nicht ganz ausgesprochen nach der einen oder der andern Seite liegen, durchaus in die Möglichkeit der Wahl des einzelnen gegeben. Sie werden daher, wenn Sie ein Gedicht vorbereiten zur Darstellung, sich eben fragen: Wie ist nach Ihrer Auffassung die

Sache gelegen? Ist das mehr ein Gedankengedicht, das heißt ein mitteilendes Gedicht? Sagen wir also zum Beispiel:

> Zu Aachen in seiner Kaiserpracht,
> Im altertümlichen Saale,
> Saß König Rudolfs heilige Macht
> Beim festlichen Krönungsmahle.
> Die Speisen trug der Pfalzgraf des Rheins,
> Es schenkte der Böhme des perlenden Weins,
> Und alle die Wähler, die sieben,
> Wie der Sterne Chor um die Sonne sich stellt,
> Umstanden geschäftig den Herrscher der Welt,
> Die Würde des Amtes zu üben.

Es ist nichts drinnen als die Reihenfolge von Gedanken, wie es bei der reinen Epik eigentlich immer der Fall sein wird. Aber in dem Augenblicke, wo übergehen würde der Gedanke in ein Wollen, müßten wir das auch in der eurythmischen Haltung zum Ausdruck bringen. Doch wird gerade diese Strophe, die ich eben angeführt habe, am besten dadurch zur Darstellung kommen, daß man möglichst in geraden Linien sich bewegt.

Nun, gerade Linien entstehen auch dann, wenn man geradlinige Figuren macht, so also, daß Sie, indem Sie sich nach irgendwelchen andern Charakteren der Sache richten, im Dreiecke oder im Vierecke oder im Fünfecke dasjenige zum Ausdrucke bringen können, was Denken ist:

Tafel 13

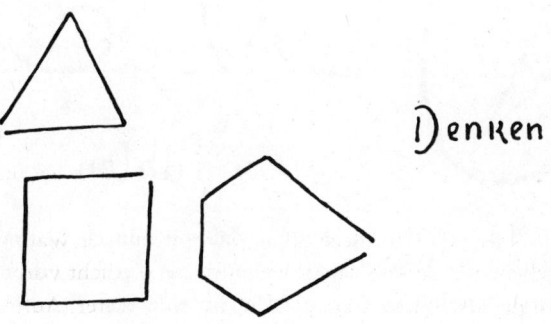

121

oder wohl auch in einer solchen Linie, wenn das Denken etwas komplizierter ist:

Tafel 13

Dagegen in allen möglichen krummen Linien alles dasjenige, was sich auf das Wollen bezieht:

Tafel

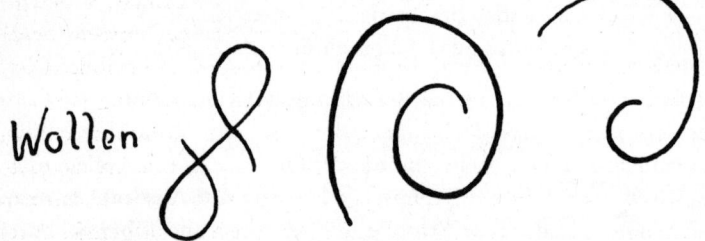

Fühlen aber wollen wir darstellen, indem wir gerade und krumme Linien zusammensetzen. Sie haben also einen ziemlich weiten Spielraum:

Tafel

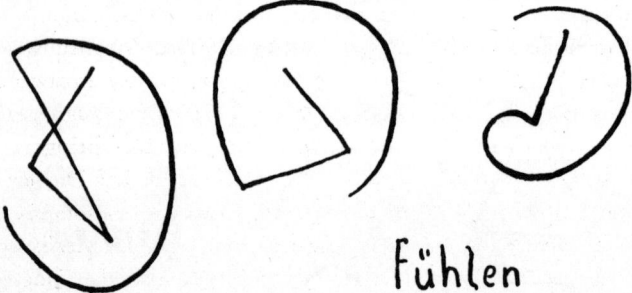

Nun wird es sich darum handeln, daß wir zunächst einmal solche Formen ausbilden. Diese Formen können Sie durchaus immer selber bilden. Und gerade dadurch werden Sie eine innerliche Verwandtschaft des Eurythmisierens und des Gedichtes bilden, daß Sie versuchen, solche Formen auszubilden. Es wird dann natürlich nur die Frage entstehen: Wie verhalten sich dann solche Formen zu denjenigen Formen, die als Standardformen gegeben werden, als Formen, die ausgearbeitet werden, um irgendwie die Individualität eines Gedichtes zum Ausdruck zu bringen? – Dann werden Sie sehen, daß schon im weitesten Sinne dasjenige verarbeitet ist, was in solchen Formen liegt. Sie werden es immer finden.

Dagegen werden Sie auch finden, daß bei der Ausarbeitung solcher Formen, die Sie bekommen, eben an den entsprechenden Stellen auch auf das Intimere des Gedichtes Rücksicht genommen ist. Was heißt das, auf das Intimere des Gedichtes ist Rücksicht genommen? Sehen Sie, die Sache ist so, daß eigentlich der weitaus größte Teil der Dichtungen, die man so Dichtungen nennt, gar keine Dichtung ist. Denn ein Gedicht erfordert, daß alles Wesentliche in der Sprachbehandlung liegt, daß also nicht in grobklotziger Weise auf Prosa-Art dasjenige zum Ausdrucke kommt, was gesagt werden soll, sondern daß zum Ausdrucke kommt dasjenige, was gesagt werden soll gerade durch die Sprachbehandlung. In einem Gedichte dadurch eine Verwunderung ausdrücken, daß man sagt: Oh, wie verwundere ich mich! – das ist nichts Künstlerisches. Eine Verwunderung dadurch zum Ausdrucke bringen, daß man möglichst *a*-Laute an der Stelle hat, wo die Verwunderung zum Ausdrucke kommen soll, das ist dasjenige, um was es sich in Wirklichkeit künstlerisch handelt. Und so hat man, wenn es sich um ein Zurückschauen handelt, möglichst *u*-Laute anzuwenden; wenn es sich darum handelt, sich innerlich zu verfestigen, nachdem man von irgendeiner Sache berührt worden ist, *e*-Laute anzubringen.

Und so kann man schon sagen: Wenn ein wirklicher Dichter Gedankliches zum Ausdrucke bringen will, so wird er besonders viele *e*-Laute verwenden. – Ich rede jetzt natürlich ganz im idealistischen Sinne, denn es wird nicht immer möglich sein, daß die Dinge eingehalten werden, die vom wirklich Künstlerischen gefordert werden; denn sonst müßten – ich dürfte allerdings sagen: Gott sei Dank – sehr, sehr wenige Gedichte in der Welt entstehen, denn der Dichter würde sehr lange brauchen, bis er die entsprechende Intuition hat.

Ein Dichter, der sehr viele *e*-Laute verwendet, auch mancherlei *i*-Laute verwendet, bei dem werden Sie immer schließen können, daß er ein Gedankendichter ist, daß er eigentlich mehr zum Epischen neigt. Ein Dichter, der *a*-Laute, *o*-Laute und *u*-Laute verwendet, bei dem werden Sie finden, daß er mehr nach der Gefühlsseite hinneigt. Ein Dichter, der wenig Vokalisches verwendet und Häufungen von Konsonanten hat, das ist ein Dichter, der mehr nach der Willensseite sich entfaltet. Da werden Sie dann dem Dichter nachgehen müssen in der Schöpfung der Form.

Wenn Sie also merken, daß das Gedicht mehr aus dem Intellekt kommt – das kann durchaus im günstigen Sinne sein –, dann werden Sie zum Geradlinigen der Form greifen. Wenn Sie merken, daß die Dinge mehr aus dem Gefühle kommen, zum Gerad-Krummlinigen. Wenn aber viel, wenn auch auf gefühlvolle Weise nur ausgedrückt, von Willensartigem in einem Gedichte liegt, dann greifen Sie zu krummlinigen Formen.

Wenn Sie auf das hin die Formen, die gegeben worden sind im Laufe der Zeit, prüfen werden, so werden Sie eigentlich erst darauf kommen, wie die intimere Struktur dieses oder jenes Gedichtes beschaffen ist, für das eine Form geschaffen werden muß.

Nun ist es interessant, einmal zu probieren, ganz ohne Rücksicht auf den Inhalt, wie ausgedrückt auf Gedankenart irgend etwas sich ausnimmt, ausgedrückt auf Gefühls-, auf Gemütsart, und ausgedrückt auf Willensart. Man kann sich durchaus Inhalte denken, die auf alle drei Arten ausgedrückt werden und in allen drei Arten ihre Schönheit haben. Sagen wir zum Beispiel das bekannte Gedicht:

> Ich ging im Walde
> So für mich hin,
> Und nichts zu suchen,
> Das war mein Sinn.
> Im Schatten sah ich
> Ein Blümchen stehn,
> Wie Sterne leuchtend,
> Wie Äuglein schön.

Machen wir einmal das Gedicht so, daß wir die reine Mitteilung nehmen, also den Gedankengehalt. Versuchen Sie also in Formen, die Ihnen einfallen, mit geraden Bewegungsformen das Gedicht zu machen, möglichst also auch die Bewegungen nicht stark abrunden, aber namentlich im Schreiten die gradlinigen Bewegungen machen:

> Ich ging im Walde
> So für mich hin,
> Und nichts zu suchen,
> Das war mein Sinn.
> Im Schatten sah ich
> Ein Blümchen stehn,
> Wie Sterne leuchtend,
> Wie Äuglein schön.
> Ich wollt' es brechen,
> Da sagt' es fein:
> Soll ich zum Welken
> Gebrochen sein?

Wir haben unmittelbar, wenn wir das so ausdrücken, den Eindruck, daß uns etwas mitgeteilt wird.

Versuchen Sie es jetzt einmal in reinen runden Formen zu machen:

> Ich ging im Walde –

Sie sehen, hier fällt alles durch, was bloße Mitteilung sein soll, und auch dasjenige, was die Gemütsbewegung darstellt; wir haben zum Beispiel eine starke Gemütsbewegung, wenn das Blümchen sagt: «Soll ich zum Welken gebrochen sein?» Oder wir haben eine starke Gemütsbewegung des Dichters, wenn es heißt: «Wie Sterne leuchtend, wie Äuglein schön». Dieses kommt dann jeweilig zum Ausdrucke, was als Gemütsbewegung darinnenliegt, oder was als Wollen darinnenliegt, oder was als Fühlen darinnenliegt. Jetzt versuchen Sie einmal abwechselnd gerade und krumme Linien zu machen:

> Ich ging im Walde –

Das hat unmittelbar den Charakter, daß es innerlich erlebt wird. Gerade und krumme Linien machen zusammen, daß eigentlich derjenige, der dieses Gedicht eurythmisiert, immer wieder in sich zurückgeht, bei geraden Linien gewissermaßen unsichtbar, abstrakt wird. Und damit bleibt das Ganze mehr im Inneren. Es kommt viel mehr heraus, wenn man in die krumme Linie übergeht.

Nun möchte ich heute, weil das in der Tat stimmungsgemäß das Eurythmische vertiefen kann, von der Bedeutung desjenigen sprechen, was hier bei den Eurythmiefiguren durch Farben zum Ausdrucke kommt.

Sie haben hier bei den einzelnen eurythmischen Gesten *a* angedeutet in der Bekleidungsfarbe.

Selbstverständlich ist es zunächst nicht möglich, das Farbengeben in unserer Eurythmie so zum Ausdrucke zu bringen, wie es hier angedeutet ist, denn da müßte man ja, wenn in einer Zeile *a* und *o* vorkommt, während die Zeile rezitiert wird, aus dem einen Kostüm in das andere Kostüm gehen. Das können wir heute noch nicht durchführen. Wir sehen schon immer die Schwierigkeiten, wenn nur zwischen zwei Gedichten eine Umkleidung stattfinden soll. Wenn nun während eines Gedichtes, welches, sagen wir, vier Strophen hat, zweiundzwanzig oder achtundzwanzig Umkleidungen stattfinden müßten, würde das zunächst nicht gehen. Aber dennoch, dasjenige, was hier dargestellt wird, ist durchaus richtig. Denn die Sache ist schon so, daß man in den Laut so recht nur dann hineinkommt, wenn man ihn auch farbig empfindet.

Denken Sie doch nur einmal, der *a*-Laut: die Verwunderung, das Erstaunen! Es ist ja eine Farbe im Grunde genommen nur dasjenige, was außer uns unseren Gemütsinhalt gibt. Eine Farbe gibt außerhalb unserer unseren Gemütsinhalt. Deshalb ist so viel Streit über das Wesen der Farben, weil man nicht beachtet, daß die Farbe eigentlich der an der Außenwelt fixierte Gemütsinhalt ist.

Nun, nehmen Sie das Erstaunen, die Verwunderung. Als Geste werden Sie Erstaunen, Verwunderung fühlen in der *a*-Geste. Nun müssen Sie sich fragen: Was kann mich denn veranlassen, im rein Farbigen diese Geste zu bilden? Und da werden Sie aus dem Gefühl heraus auf diese Farbenkombination eben kommen, diese Farbenkombination, die aus dem Blau und Violett, also aus den sogenannten dunklen Farben heraus arbeitet.

Nehmen Sie aber die *o*-Stimmung. Die *o*-Stimmung ist diejenige des Umfassens, des In-sich-Aufnehmens, des Mit-sich-Vereinigens. Sie brauchen dabei helle Farben. Sie haben sie hier (Eurythmiefigur *o*).

Nun können Sie diese Farben zunächst nicht so gebrauchen, wie sie hier dargestellt sind, aus dem vorhin angegebenen Grunde. Aber von größter Bedeutung wird es für Sie sein, wenn Sie dann übend die Empfindung davon haben, wie in der Farbe ein *a* oder ein *o* oder ein *i* ist, oder wiederum ein *u*, die Ängstlichkeit; denn Sie verwachsen dadurch intimer mit der Natur der Geste. So daß es geradezu beim Üben gut ist, die Sache so zu machen, daß man wirklich, wenn auch nur in der Vorstellung, sich in der Art bekleidet, wie das hier ist. Besonders gut ist es, wenn man sich eben in Gedanken bekleidet.

Denken Sie nur einmal die ganze *e*-Stimmung in diesem blassen Gelb mit etwas Grün in der Mitte, blasses Gelb mit etwas Grün. Man fühlt, wie das Rot und Blau sich im Grün verlieren. Während Sie beim Blau und Violett das Hingegebensein haben, *a* und *u*, haben Sie bei alledem, was Selbstbehauptung ist, oder was In-sich-Aufnehmen ist, die helle Farbe. Sie haben bei dem, was *e* ist, Berührtwerden und Sich-Behaupten nach dem Berührtwerden, eben Grün. Sie bekommen Grün, wenn Sie Gelb und Blau mischen, also Helles und Dunkles in der Farbe mischen. Da haben Sie direkt das *e* durch das Farbige selbst ausgedrückt. So wachsen Sie zusammen mit der Geste, wenn Sie diese Farbe wählen.

Nun, nehmen Sie aber an, man ist einmal dahintergekommen hinter solche Sachen – man kann nicht mit dem Verstande dahinterkommen, man kann nur mit dem Gemüte dahinterkommen –, nehmen wir an, man ist einmal dahintergekommen, daß irgendeine Stimmung, zum Beispiel die *e*-Stimmung dieses ist (Eurythmiefigur *e*). Man kommt dann auch wiederum von selber darauf, daß ganze Gedichte die *e*-Stimmung atmen. Da können die mannigfaltigsten Vokale drinnen sein, die Gedichte haben eben die *e*-Stimmung. Nehmen Sie zum Beispiel

127

ein Gedicht oder irgend etwas, was zu eurythmisieren ist, wo wir, sagen wir, fortwährend unangenehm berührt werden und doch dieses unangenehme Berührtwerden in einer gewissen Weise nicht fortgehen lassen, das ist die *e*-Stimmung. Wenn das Gedicht diese Stimmung hat, dann werden wir gut tun, diese Bekleidung zu wählen für das ganze Gedicht. Es handelt sich darum, daß wir uns an den Lauten selber die Färbungen aneignen, dann können wir schon auch aufsteigen zu der Bekleidung ganzer Gedichte.

Ich möchte das, was ich jetzt sage, ganz besonders aus einem Grunde anführen. Das ist, daß nicht der Glaube entstehen sollte, wenn einer gelernt hat *a u e i o,* dann kann er es schon. Gewiß, er kann es, aber er sollte es dann für sich können, denn es ist noch gar nicht ein Beweis dafür, daß man ihn auch dabei anschauen kann. Sie müssen nämlich nicht vergessen, sobald es auf die Geste ankommt, wirken im Eindruck ungeheuer bedeutsam unterbewußte Kräfte mit. Und es ist einfach ein Unterschied, ob einer glaubt, jetzt hat er *i* gemacht – gerade diejenigen, welche die Eurythmie im Fluge erobern wollen, werden glauben, jetzt haben sie *i* gemacht, wenn sie so machen: einfach den Arm in die Richtung halten. Sie haben aber gar nicht *i* gemacht, sondern *i* haben sie erst gemacht, wenn sie wirklich diese Geste machen (mit sichtbarer Streckung). Es ist ein Unterschied, ob ich es so oder so mache; ob ich es bloß mache, oder ob ich es so mache, daß man das Strecken darinnen sieht. Machen Sie einmal den Unterschied zwischen einem philiströsen Strecken des Armes und einem künstlerisch freien *i*. (Wird ausgeführt.) Das wäre nun fürs gewöhnliche ein *i* geheißen, ist aber keins. Und jetzt machen Sie es, aber künstlerisch frei.

Bei einer künstlerisch freien Geste handelt es sich darum, daß man während des ganzen Verlaufes fühlt, wie Empfindung und Gefühl im einzelnen Buchstaben drinnen ist. Ja, meine lieben Freunde, das kommt nur zustande, wenn man die einzelnen Buchstaben auch wirklich lernt. Und da ist es schon notwendig, daß man sie lernt, indem man sich denkt in die Bekleidung hinein. Daher sollte schon sowohl beim künstlerischen Eurythmielehren wie auch bei dem bloß vom Pädagogischen bedingten Eurythmielehren in der Art und Weise, wie man sprechend die Sache handhabt, das Farbige drinnen leben, und der Mensch sollte sich aneignen, farbig zu empfinden.

Farbig zu empfinden war eigentlich eine Eigentümlichkeit der Menschen in den Zeiten des alten Hellsehens und ist verlorengegangen. Nur bei einigen Nervöslingen kam es auf eine etwas schiefe Art gegen das Ende des Kali Yuga heraus. Und dann sah man solche Leute, die davon sprachen, daß Wien die Farbe eines etwas dunklen Flieders, Czernowitz eine gelbe Farbe hat, Prag eine gelb-orange Farbe, Berlin grau-gelb ist, Paris rötlich-bläulich-schillernd ist und so weiter. Es gab Menschen, die so angefangen haben zu reden. Hatte man überhaupt eine Empfindung für so etwas, daß eine Stadt eine Farbe hat, so kam man schon darauf, was die Leute sagen wollten.

Ebenso hat jeder Mensch seine Farbe. Allerdings ist es zu gleicher Zeit und im wesentlichen die Farbe seines Astralleibes, aber der ändert sich ja nach Emotionen und so weiter; doch eine Grundfarbe trägt jeder Mensch. Und man kann schon fragen: Du warst da oder dort, was hast du da für einen Menschen gesehen? Und jener sagt Ihnen: Ich habe einen blauen Menschen gesehen. – Ein anderer sagt: Ich habe einen roten Menschen gesehen. – Diese Sache ist durchaus berechtigt, man kann das so empfinden, denn in Wahrheit ist es derselbe Eindruck, der auch bei der gewöhnlichen grobklotzigen physischen Farbe entsteht.

Daher ist es auch gut, wenn man eine bestimmte Bewegung unter dem Charakter der betreffenden Farbe vorstellt, die hier angegeben ist (Eurythmiefiguren), so daß die Sache auch durchaus so geübt werden kann. Man läßt *a u e o i* üben, aber man läßt auch durchüben, so daß die Bewegung herauskommt, blau-violett, gelb-grün, gelblich-grünlich, rötlich-gelblich, rötlich-gelblich-orangelich. Und dabei werden dieselben Bewegungen gemacht, so daß man, ebenso wie man aus den Lauten heraus arbeitet, aus den Farben heraus arbeitet. Dadurch werden die eurythmischen Bewegungen ganz besonders geschmeidig, und Sie werden wahrnehmen können, wenn das gemacht wird, daß dann wirklich die eurythmischen Bewegungen stilvolle werden.

Nun werden wir mit diesem heute schließen und morgen dann in der Charakteristik einzelner Seelenzustände fortfahren.

SIEBENTER VORTRAG

Dornach, 2. Juli 1924

Die plastische Gestaltung des Sprachlichen

Die Eurythmie wird nur dann ihre innere künstlerische Gestaltung annehmen, wenn in allen Einzelheiten der Eurythmist wirklich aus dem Wesen des Sprachlichen heraus zu schaffen in der Lage ist. Nun ist fast ebenso notwendig zum Eurythmisieren das innere Verstehen des Lautlichen, des Sprachlichen, wie notwendig ist die Kenntnis der Bewegungen, die ausgeführt werden müssen. Und deshalb will ich Ihnen heute zeigen, wie gerade die plastische Gestaltung des Sprachlichen auf das Eurythmisieren einen gewissen Einfluß haben kann. Und auf das Plastische, auf das Gestaltende wird es immer eigentlich ankommen, da wir im Eurythmisieren die Aufgabe haben, eben das sonst in der Sprache selbst Gestaltete, aber in seiner Gestaltung nicht Auftretende, weil in den Laut Übergehende, wirklich zur sichtbaren Form, zur sichtbaren Gestalt zu bringen.

Wenn wir in bezug auf dieses Plastische die Laute uns einmal ansehen – nehmen wir die konsonantischen Laute natürlich, denn die sind diejenigen, die sich vorzugsweise für eine Interpretation des Plastischen eignen, sie ahmen äußere Vorgänge und äußere Dinge nach –, wenn wir dies Plastische ins Auge fassen, so haben wir viererlei Laute. Erstens Laute, die ganz deutlich nach dem Muster, sagen wir, des *f*-Lautes oder des *s*-Lautes gebildet sind; wir haben dann Laute, die deutlich gebildet sind nach dem Muster des *b*- oder *p*- oder des *d*-, *t*-Lautes. Wenn Sie diese beiden Gruppen miteinander vergleichen, so werden Sie finden, daß sie ganz verschieden voneinander sind. Sie sind so, daß die *s*-, *f*-Laute darinnen bestehen, daß einfach der Luftstrom von innen nach außen geblasen wird. Die andern Laute, *d, t, b, p,* bei denen wird der Luftstrom innerlich beherrscht und viel bewußter nun nicht ausgeblasen, sondern ausgestoßen. So daß wir deutlich unterscheiden müssen zwischen *Blaselauten* und *Stoßlauten*.

Nun bedingt das eine ganz große Verschiedenheit im Wesen dieser Laute. Blaselaute, sie übergeben gewissermaßen das Innere des Menschen passiv, mehr oder weniger passiv der Außenwelt. Sie benützen den Ausatmungsstrom, um gewissermaßen die Atemluft aus dem Körper, und damit die ganze Gestalt des Körpers, zu entlassen. So daß also der Ausblaselaut darauf rechnet, daß die Luft nach außen geht.

Nun hat der Luftstrom immer die Gestaltung des Körpers angenommen. Er behauptet sich nicht in der Außenwelt, sondern er zerstreut sich, dieser Luftstrom, so daß die Blaselaute immer den Tafel 14 Charakter des Hingebungsvollen haben, des Mitgehens mit der Außenwelt. Das müssen wir bei den Blaselauten durchaus erfassen, daß sie den Charakter des Mitgehens mit der Außenwelt haben. Der Mensch läßt diese Außenwelt mit sich machen, was diese Außenwelt will, natürlich nicht mit seinem physischen Leibe, aber mit derjenigen Leibesform, die er dem Aushauch übergeben hat.

Bei den Stoßlauten ist das ganz anders. Bei den Stoßlauten bemächtigen wir uns der Atemform. Wir legen gewissermaßen zuletzt unser Ich in diese Atemform hinein und geben dem Laute den Befehl mit, daß er nicht sogleich zerstiebt, wenn er in die Außenwelt kommt, sondern daß unsere Form in der Außenwelt ein wenig vorhanden bleibt. So daß also der Mensch gegenüber der Außenwelt in den Stoßlauten der Beherrscher wird, daß wir da nicht sagen können: Tafel Mitgehen mit der Außenwelt –, sondern: Geltendmachen des Inneren.

Und damit haben wir die hauptsächlichsten, das heißt die größte Anzahl der Laute, die Konsonanten sind, gekennzeichnet. Es ist wirklich sowohl die Sympathie mit der Außenwelt in den Blaselauten wie auch die Sympathie mit sich selbst in den Stoßlauten ausgedrückt. Die Blaselaute sind unegoistisch, die Stoßlaute sind egoistisch. Wir werden immer auch finden, daß, wenn wir Stoßlaute anwenden, wir in dem, was wir bezeichnen, scharfe Konturen hinzeichnen wollen.

So zum Beispiel, nehmen wir – Sie wissen ja schon, die deutsche Sprache hat eine starke Plastik – irgendein Wort, das mit einem Stoßlaute beginnt: Baum, *b*. Sie werden überall bemerken, wo ein Stoß- Tafel laut ist, will eine scharfe Kontur gezeichnet werden, wo ein Blaselaut ist, will nicht eine scharfe Kontur gezeichnet werden, sondern es will etwas gezeichnet werden, was die scharfe Kontur vermeidet, zum Beispiel: Seil, *s*, Blaselaut.

Tafel 14

Natürlich muß man, wenn man eine solche Sache durchschauen will, sich immer an das Wesentliche halten. Sie können natürlich eine ganze Menge von Worten finden, von denen Sie sagen können, sie sollen schon scharf Konturiertes ausdrücken, und es sind darinnen Blaselaute. Aber da werden Sie immer suchen können, wie eigentlich doch etwas Verschwommenes, trotz des scharf Konturierten, irgendwie in der Bezeichnung angestrebt werden soll.

Tafel
Tafel

Nun, die Blaselaute sind: *h ch j sch s f w* und natürlich *v*, das ist dasselbe wie *f*. Die Stoßlaute sind: *d t b p g k m n*. Das sind alles Stoßlaute, Laute für die Seelenverfassung des Egoismus, für die Geltendmachung der eigenen menschlichen Wesenheit, die man bewahren will draußen in der Welt.

Dann haben wir einen Laut, der ganz besonders ausgezeichnet ist, der das Drehen zur Offenbarung bringt, das *r*. Das ist ein Laut, bei Tafel dem der Ausatmungsstrom in sich erzittert; *r* ist der *Zitterlaut*.

Und dann haben wir einen Laut, durch den wir in unserem Inneren, namentlich mit der Zunge, werden müssen wie das Meer, das vom Sturm bewegt ist, wenn wir ihn richtig artikulieren wollen: *l*. Wir Tafel müssen die Zunge wellig schlagen wie das Meer. Es ist der *Wellenlaut l*.

Wozu brauchen wir diese zwei Laute? Diese zwei Laute brauchen wir, wenn es sich darum handelt, daß wir nicht bloß ein Hingegebensein, ein Geltendmachen ausdrücken wollen, sondern wenn wir das in sich Bewegte ausdrücken wollen, Bewegung und Form ist bei den Blaselauten und bei den Stoßlauten durchaus ausgedrückt, das in sich Bewegte nicht eigentlich.

Wenn wir das ganze Wesen des *r* erfassen, so haben wir in dem *r* etwas, was zwischen der Hingabe und der Selbstbehauptung mitten drinnenliegt. Das *r* ist etwas, was eine Reserve, eine reservierte Haltung hervorruft im menschlichen geistseelischen Wesen. Daher drücken wir alles dasjenige aus mit dem *r,* das wir so erfassen, wie wir uns selber erfassen, wenn wir noch zu Rate gehen, wenn wir noch raten. Und raten ist ein Wort, welches das *r* in ganz besonders charakteristischer Weise anwendet. Raten – wir drehen und wenden noch unser Urteil. Das ist immer, wenn wir in das *r* uns hineinversetzen, dieses Drehen und dieses Wenden des Urteiles, so daß wir dasjenige, was wir äußerlich ähnlich finden dieser Stimmung des Drehens und Wendens des Urteiles, mit Worten bezeichnen, die den Laut *r* haben. Es ist also ein Egoistisches, das aber dasjenige, was es erzeugt, nicht der Außenwelt übergeben will, so daß es drinnen bleibt, sondern es noch in sich behalten will.

Und das *l,* das ist wiederum der Laut der Überlegung, aber mit Hingabe. Man läßt sich lieber etwas sagen, als daß man selber entscheidet. Man läßt ein anderes entscheiden, man wartet ab, indem man das *l* innerlich erlebt.

Nun handelt es sich darum, daß man dasjenige, was durch diese plastische Wesenheit der Laute in ihnen lebt, auch wirklich eurythmisch herausbringt. Dasjenige, was in den Blaselauten liegt, bringt man eurythmisch heraus, wenn man den Körper so bewegt, daß die Laute sich mit dem Körper mitbewegen, also wenn man versucht, den Lauten mit dem Körper nachzulaufen. Sagen wir, Sie schlagen ein *s* an und Sie versetzen den Körper in eine solche Bewegung, wie wenn Sie dem Laut, den Sie bilden mit den Armen, wie wenn Sie diesem Laute mit dem Körper nachlaufen wollten. Bilden Sie einmal ein *s;* zunächst ganz ruhig; jetzt machen Sie es aber sehr deutlich, daß man sieht, wie wenn Sie mit Ihrem Körper nachgehen wollten; bei der Bewegung, die nach vorne geht, laufen Sie mit dem Oberkörper nach, bei der Bewegung, die nach rückwärts geht, gehen Sie mit dem Oberkörper auch zurück. Sie müssen den ganzen Körper in Ihrer Gewalt haben und schwingen mit dem Körper, in den Laut hineinschwingen. Machen Sie das auch in bezug auf das *f:* mit dem Körper nachlaufen dem Laute.

Nehmen wir an, wir machen einen Stoßlaut. Da handelt es sich darum, daß wir auch wiederum das Wesen des Stoßlautes in die Körperbewegung hineinbringen. Beim Stoßlaut muß der Körper nicht durch Bewegung wirken, sondern beim Stoßlaut muß der Körper durch Haltung wirken, und zwar so, daß er zeigt, er will die

Bewegung, die im Laute gegeben wird, eigentlich aufhalten, fixieren. Machen Sie zunächst, ganz wie Sie wollen, ein *b,* und jetzt versteifen Sie sich, indem Sie stehenbleiben, versteifen Sie sich, indem man deutlich sieht, Sie halten den Laut an, Sie versteifen sich in dem Körper, so daß Sie die Versteifung in den Muskeln spüren. Dieses Sich-Versteifen in sich gibt dem Stoßlaut den eigentlichen Charakter.

Es ist sehr interessant, gerade auf diese Dinge hinzusehen, denn man drückt eigentlich mit dem Blaselaut aus: Mit dem Luzifer möchte ich nichts zu tun haben; dasjenige, was luziferisch ist, soll verschwinden. – Man drückt, wenn man den Stoßlaut macht, aus: Ahriman will ich festhalten; der muß mir zusammenhalten, denn wenn er ausläuft, Ahriman, so vergiftet er alles; er muß zusammenhalten. – Man hat wirklich das Luziferische und Ahrimanische in diese Laute hineingelegt.

R wird nur vollständig sein, wenn man den Versuch macht, während man die *r*-Bewegung vollbringt, den Körper leise, aber schwungvoll und schön auf und ab zu bewegen, etwas in die Knie gehen, mit dem Kopf auf und ab bewegen.

Bei der *l*-Bewegung kommt man dann zurecht, wenn man den Körper nach vorne und nach rückwärts schwungvoll bewegt, nicht indem man der Bewegung nachgeht, sondern indem man zeigt, das sind zwei. Beim Blaselaut laufen Sie der Bewegung nach; da macht der Körper sozusagen die Bewegung des Lautes mit. Beim Wellenlaut machen Sie die Körperbewegung für sich, schwungvoll rhythmisch: vorn, rückwärts, vorn, rückwärts, so daß Sie es bis ins Physische hinein haben (abwechselnd von der Ferse auf die Zehen gehen). Sie werden schon sehen, wie Sie das schön herausbringen, wenn Sie sich denken, es läge ein Stab da, der rund ist, und Sie schaukeln, indem Sie zwischen der Zehe und der Ferse mitten drinnen den Stab haben, der sich etwas rollend bewegen kann. Und sie werden es ganz besonders gut üben können, wenn Sie es dahin bringen, daß Sie so weit nach vorne schaukeln, daß Sie fast nach vorne fallen, gerade noch sich halten können, dann wiederum fast nach hinten fallen, gerade noch sich halten können. Wenn Sie einmal wirklich fallen, macht es nichts aus, da kommen Sie nur auf das Dezidierte der Bewegung.

Und wenn Sie das so machen, dann werden Sie nach und nach diese Bewegungen in die Gewohnheit hineinbekommen und sie so stark machen, daß Sie das Fallen gerade im Status nascendi haben, im Entstehungsmomente, und der Zuschauer eigentlich so ein bißchen die Empfindung hat: Das ist aber geschickt, daß der nicht fällt! – Das wäre eigentlich beim *l*-Laut zu erreichen, daß der Zuschauer den Eindruck hat: Der macht es aber doch recht geschickt, sonst würde er fallen.

Auf diese Weise kommen Sie wirklich hinein, den ganzen inneren Charakter des Sprachlichen, des Lautlichen zu erfassen.

Nun können wir dieses Erfassen des Sprachlichen auch noch dadurch vor unsere Seele heute hinstellen, daß wir den Versuch machen, jetzt die *Diphthonge* zu begreifen. Die Diphthonge, sie müssen natürlich zustande kommen, indem man ihre Elementarteile zusammensetzt. Lassen Sie uns einmal ein *eu* machen. Tafel 14

Was ist da drinnen? Die Bestandteile sind *e* und *u;* das ist darinnen, aber beides nicht zur vollen Ausbildung gekommen. Versuchen Sie ein *e* und ein *u* anzudeuten. Versuchen Sie einmal, das *e* in der Entstehung zu halten. Wie würde es werden, wenn es ganz entstehen würde? Sagen wir zunächst, Sie hätten es jetzt ganz entstehen lassen, nun halten wir es im halben Entstehen an, jetzt ist es noch nicht ganz geworden, und jetzt müssen wir zum *u* hinüberkommen. Wenn wir das *u* ganz machen würden, was würden wir da machen? Wir würden es zu einer nahezu fortlaufenden Berührung bringen. Das bringen Sie dadurch zustande, daß Sie nicht die Arme bloß kreuzen wie beim *e,* sondern den Arm anlegen und die Berührung dadurch andeuten, daß Sie bis an den Kopf herauf wollen: jetzt haben Sie *eu*. Nun, Sie können uns gleich ein Beispiel zeigen: Ich verkünde euch große Freude! –, Tafel 15 oder: Fürchtet euch nicht!

Sehen Sie, so haben wir also das Wesen des Diphthongs erfaßt. Wir binden die Elementarteile aneinander, indem wir sie aber nicht vollständig entstehen lassen.

Damit haben Sie aber zugleich dasjenige erfaßt, was in das Wesen des Lautlich-Sprachlichen überhaupt hineinführt. An den Diphthongen können Sie am besten den Übergang von einem Laut zu dem andern ersehen. Nun, was diese Übergänge betrifft – wann eurythmisiert sich ein Text am besten? Es gibt einen österreichischen Philosophen, der hat in seinem späteren Alter selbst seine schwierigsten philosophischen Werke so geschrieben, daß sie leicht zu eurythmisieren wären; das ist *Bartholomäus Carneri*. Denn er wurde geradezu verrückt, wenn einer einen solchen Satz aufschrieb wie: Lebe echte Empfindungen. – Das war ihm entsetzlich. Was war ihm daran entsetzlich? Es war ihm entsetzlich, daß ein Wort mit einem Vokal schließt und das nächste mit einem Vokal anfängt. Er forderte, daß das nie zwischen zwei Wörtern stattfinden darf, daß womöglich immer vermieden werde ein vokalischer Auslauf und ein vokalischer Anfang. Ja er hat sogar ganze Zeitungsartikel geschrieben, in denen er sich bemühte, überhaupt Vokale gar nicht zusammenzubringen, sondern Worte nur konsonantisch aneinanderstoßen zu lassen.

Wenn Sie so eurythmisieren, daß Vokale aneinanderstoßen, oder auch Vokale an Konsonanten stoßen von einem Wort zum andern, dann werden Sie nämlich immer so verfahren müssen, daß Sie eigentlich sanfte, milde Bewegungen machen, wenn das eine in das andere übergeht. Sie machen aber dezidierte Bewegungen, sie werden von selber dezidiert, die Bewegungen, wenn ein Wort mit einem Konsonanten schließt und wiederum mit einem Konsonanten beginnt. Das ist wichtig, daß man sich das einmal im Eurythmischen anschaut, daß man sich wirklich anschaut, was das bedeutet, wenn Laute verschiedenen Charakters aneinanderstoßen. Und an den Diphthongen kann man das eben am besten studieren, denn der Diphthong darf nur so erzeugt werden, daß der erste Laut genommen wird in seiner ersten Hälfte, der zweite Laut genommen wird in seiner zweiten Hälfte.

Tafel 14   Bilden wir jetzt also nach diesem Gesetze ein *ei*. Wollen wir ein *ei* formen, so machen Sie zuerst für sich die Elemente, also *e i*. Nun versuchen Sie das *e* nicht ganz entstehen zu lassen, sondern im Anhub aufzuhalten, und nachdem Sie es im Anhub aufgehalten haben, in die Endgeste des *i* gleich hineinzufahren. Nun haben Sie ein *ei*, zum Beispiel:

Tafel 15   spiel: Mein Leib ist meiner Seele Schrein. – Sie werden einen schwierigen Stand haben. Machen Sie dies so, daß Sie schon berücksichtigen dabei Stoßlaut, Stoßlaut, Wellenlaut, Stoßlaut, Blaselaut, Stoßlaut,

Stoßlaut, Stoßlaut, Zitterlaut, Blaselaut, Wellenlaut, Blaselaut, Zitter-laut, Stoßlaut, und machen Sie zugleich das *ei* ordentlich hinein.

Sie sehen, wie die Sache bewegt und belebt wurde! Aber die Dinge wollen eben dann wirklich studiert werden.

Nun versuchen wir, wie das *ei* wirkt, wenn es tatsächlich stark zur Geltung gebracht wird. (Es wird ausgeführt): Weiden neigen weit und breit. – Sie können sich vorstellen, es soll ausgedrückt werden in einer paradigmatischen Sprache, dass sich Weiden weit und breit neigen; das «sich» lasse ich aus. *w,* Sie sehen, Blaselaut, *d* Stoßlaut, *n* Stoßlaut, *n* Stoßlaut, *g* Stoßlaut, *n* Stoßlaut, *w* Blaselaut, *t* Stoßlaut, *n* Stoßlaut, *d* Stoßlaut, *b* Stoßlaut, *r* Zitterlaut, *t* Stoßlaut. Tafel 15

Versuchen Sie, das hineinzubringen, was alles dadrinnen liegt, und beachten Sie (die Zuschauer jetzt), wie immer wieder und wieder dieser charakteristische *ei*-Laut zutage tritt: Weiden neigen weit und breit. – Es kommt einem manchmal vor, als wenn selbst bei den renommiertesten Eurythmisten die Dinge noch belebter werden könnten, wenn eben der ganze Charakter der Sprache und des Laut-lichen berücksichtigt wird.

Wir können noch einen Diphthong nehmen, das *au.* Das ist noch solch ein Diphthong, wo wir einfach zunächst das erste in das zweite übergehen lassen können. Versuchen Sie das *a* im Entstehen fest-zuhalten, also in der ersten Hälfte festzuhalten, und es in das *u* über-zuführen. Machen Sie ein *a* für sich, nach vorne – jetzt müssen Sie aber abschwenken, bevor Sie in die Stellung gekommen sind –, machen Sie es zum *u* herüber. Gehen Sie von dem *a* unmittelbar in das *u* über, dann bekommen Sie ein *au.* Tafel 14

Aber es wird immer dieses, trotzdem es das richtige *au* ist, ein un-charakteristischer Buchstabe bleiben, wenn man einfach übergeht. Es tritt nicht stark hervor. Dagegen wenn Sie es dahin bringen, daß Sie das *a* mit dem einen Arm anfangen, und dann, indem Sie das *a* anfangen, den andern Arm zu einer Berührung bringen, indem Sie das *u* bilden mit Ihrem Körper und einfach Ihren Körper berühren, dann haben Sie ein charakteristisches *au.* Es ist nicht bloß dieses ein *u* (Arme berühren), sondern auch wenn ich mich einfach hinstelle und mit meinem linken Arm meinen Körper berühre und langsam her-

untergehe, dann habe ich auch ein *u* gemacht. Eurythmisieren Sie
Tafel 14 zum Beispiel: Laut baut rauh. – Es kommt uns jetzt nicht auf den
Sinn an, sondern wir wollen diese drei Worte hintereinander euryth-
misieren.

Also das werden Sie studieren müssen. Sie können das *au* natürlich
auf die verschiedenste Art machen, Sie können es auch so machen, daß
Sie nur eine Berührung mit dem Körper herbeizuführen brauchen
(rechter Arm in *a*, linker Arm über die Brust gelegt). Sie müssen eben
versuchen, in den Geist dieser Dinge hineinzudringen.

Machen wir jetzt einmal, damit wir gerade in dieses innere Weiter-
formen der Laute innerhalb des Sprachlichen selbst hineindringen,
ein *ö*. Also mit einem Sprung eine Art *o*-Bewegung machen, oder auch
die *o*-Bewegung zerreißen, auseinanderreißen. Machen Sie das recht
graziös, dieses Auseinanderreißen der *o*-Bewegung, und jetzt fügen
Sie den Sprung hinzu. Indem Sie die *o*-Bewegung auseinanderreißen,
Tafel springen Sie noch; dann haben Sie ein ganz scharfes, schönes *ö*.

Tafel Wollen wir nun einmal ein *ä* machen. Machen Sie ein *a* und ein *e*.
Mit den Beinen machen Sie das *a,* und zwar so, daß Sie es von vorn
nach rückwärts machen: einen Fuß zurückstellen, das *e* mit den Armen, auf diese Weise haben Sie das *ä*.

Tafel Nun ist noch das *ü* da. Also ein *u*, wobei das charakteristisch gemacht wird, daß die äußeren Handflächen aneinandergelegt werden,
das *u* und *i*, wobei wir also *u* und *i* gleichzeitig drinnen haben müssen.
Das *u* in den Füßen, das *i* müssen Sie dadurch haben, daß Sie in
irgendeiner Weise diese Bewegung der Arme selber als *i* frisieren.
Also man muß merken, statt daß Sie ein *i* gleich so machen (strecken),
lassen Sie das *i* entstehen so (Handrücken aneinander vorbeistreichen),
dann ist es ein *ü*.

Machen Sie einmal zum Beispiel, damit Sie sehen, wie schön das
wird, wenn wir die *ü* in der Weise herausbekommen:

Tafel 15

Prüfe dich, Schüler,
Übe mit Mühe.

Machen Sie das überhaupt zu Ihrem Wahlspruch: Prüfe dich,
Schüler, übe mit Mühe.

Auf diese Weise kommen wir also in das Wesen jener Laute hinein, bei denen wir fühlen, sie bestehen eben aus Elementen.

Diese Diphthonge überhaupt, was stellen sie denn in der Sprache dar? Wo haben wir denn einen Diphthong, und wo haben wir einen Umlaut? Was stellen die Diphthonge, was die Umlaute in der Sprache dar? Sehen Sie, wo die Diphthonge sind oder Umlaute sind, ist immer etwas von der Empfindung da: Die Sache wird schwummelig, nebelig, undeutlich. Undeutlich werden die Dinge einfach in der Mehrzahl; zum Beispiel wenn ein Bruder da ist bloß, da ist er ganz deutlich. Tafel 14 Nehmen wir die Mehrzahl, da müssen wir es undeutlich überschauen: Brüder; immer wenn Undeutlichkeit für die Anschauung hervortritt – das ist aber wichtig für die Anschauung –, wenn Undeutlichkeit für die Anschauung hervortritt, dann erscheint der Umlaut. Aber auch der Diphthong hat immer etwas, was nicht scharf begrenzt anschaulich ist: Baum, Raum, Zaun – überall werden Sie finden, man muß vieles zusammenhalten, wo als wesentlich wortgestaltend der Diphthong da ist.

Wenn man den Diphthongen nachgeht, wird man immer finden, irgendwie muß etwas nicht bloß angeschaut, sondern zusammengeschaut oder ineinandergeschaut werden, verbunden oder voneinander geschieden werden; immer muß man drinnen das finden.

Daher ist es in der Eurythmie so wunderbar, daß eben die unmittelbar überschaubaren Bewegungen, die man hat in einem *a* oder einem *i*, an den Diphthongen wirklich zu einer flüssigen Bewegung werden, zu einer Bewegung, worinnen Abstufung ist, Flüssigkeit ist. Die Eurythmie ist eben imstande, überall gerade den tiefen Charakter des Lautlichen, des Sprachlichen zum Ausdrucke zu bringen. Daher kommt in der Eurythmie auch der Charakter der Laute heraus.

Nun werde ich einmal folgendes machen. Es sollen sich hierherstellen zwei Eurythmisten, und jetzt macht Eurythmist I hintereinander *i e u;* da bliebe noch für Eurythmist II übrig *a* und *o*. Nun machen wir das einmal so, damit die Dinge ganz deutlich zum Ausdruck kommen: I macht ein *i*, II ein *a*, I ein *e*, II ein *o*, I ein *u*. Machen wir das so, damit der Charakter der Laute sehr deutlich zum Ausdruck kommt.

Nun schauen Sie sich einmal das an, was Sie da vor sich haben (I: *i,* II: *a*). Sie sehen, indem I ein *i* macht, geht sie in die Form, indem II ein *a* macht, gestaltet sie die Form heraus. Wenn da I ist, so sprüht sie Feuer, indem sie *i* macht; sie sprüht Feuer, sie sprüht Feuer nach außen – Sie können es ja mit einer Hand machen. Indem da II ist und ein *a* macht, zieht sie Wolken oder Wind von außen an.

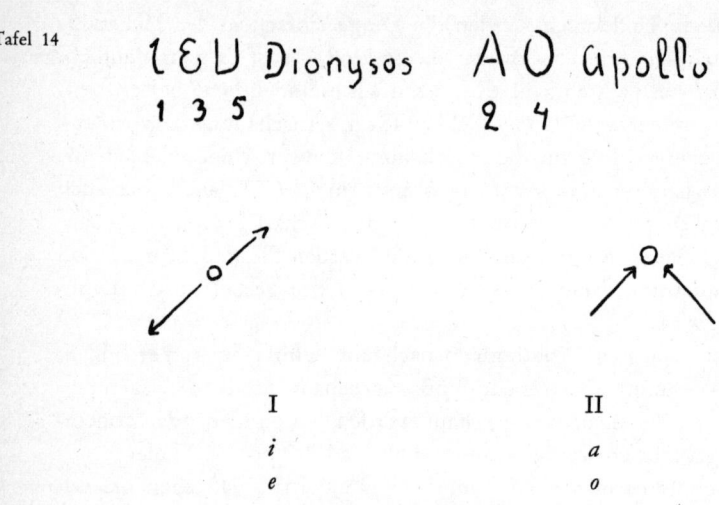

Nun, Sie sehen, wie Wärme, Feuer, in diesem liegt (*e*), wie Gestalt in diesem liegt (*o*). Hier haben Sie immer das Strahlen, und hier haben Sie das biegsame Gestalten. Sie haben also bei I den reinen Dionysos, die dionysischen Vokale; Sie haben bei II den reinen Apollo, die apollinischen Vokale. Das kommt unbedingt heraus, indem die Dinge richtig gemacht werden. So daß in der Tat, wenn Sie ein Gedicht haben vorzugsweise mit *o* und *a,* das ein gestaltendes Gedicht ist, ein ruhiges Gedicht, ein apollinisches Gedicht. Wenn Sie *i* und *u* und *e* haben, haben Sie darinnen das Feuer. Es ist ein dionysisches Gedicht.

140

Sie sehen also, man kann zwischen den Zeilen außerordentlich viel ausdrücken. Man braucht bloß zu I zu sagen: Mache mir einmal ein *i* oder ein *e* – und zu II zu sagen: Mache mir einmal ein *a* oder ein *o* – so hat man eigentlich gesagt: Du bist ein Liebling des Dionysos, – oder: Du bist ein Liebling des Apollo. – Der Opferdienst des Dionysos, der Opferdienst des Apollo.

Sie sehen, man kann, wenn man sich so einlebt, gerade durch die Eurythmie den Charakter desjenigen, wessen die Sprache fähig ist, in einer wunderbaren Weise herausholen und ganz ins Menschliche hineinkommen.

Blaselaute:	*h ch j sch s f w*
	Mitgehen mit der Außenwelt
Stoßlaute:	*d t b p g k m n*
	Geltendmachen des Inneren
Zitterlaut:	*r*
Wellenlaut:	*l*

Dornach, 3. Juli 1924

Das Wort als Bezeichnung und das Wort
in seinen Zusammenhängen

Wir müssen in ähnlicher Weise, wie das bei dem Tonlichen geschehen ist, auch bei dem Lautlichen unterscheiden dasjenige, was mehr heruntergeht in die physische Welt, und dasjenige, was das Wort, den Ton, mehr hinaufträgt in die geistige Welt. Nun haben wir eigentlich bisher diesen Unterschied wenig gemacht. Nur gestern am Schlusse konnte ich noch darauf hinweisen, wie dann, wenn aus dem Laut der Umlaut wird, man hineinkommt in das sinnlich nicht mehr in festen Konturen Auftretende, sondern in das mehr Zerflatternde, Zerstäubende. Das aber ist zu gleicher Zeit schon ein Hineingehen in das Geistige. Den einzelnen Bruder, sagte ich, sieht man. Der sinnliche Eindruck, den man von ihm hat mit den scharfen Konturen, das ist dasjenige, worauf es ankommt. Die Brüder – es bezeichnet die Brüder nicht bloß dasjenige, was jeder einzelne ist, sondern was sie zusammen sind; es ist eine ideelle Zusammenfassung, und dieses Ideell-Werden, dieses Geistig-Werden liegt in dem Umlaute.

Damit aber sind wir zu gleicher Zeit auf die Diphthonge gewiesen. Die stellen überhaupt in der Offenbarung etwas wesentlich geistiger Empfundenes dar als die Elementenlaute, aus denen sie zusammengesetzt sind. Denn geradeso wie wir sagen mußten für die Toneurythmie, daß das eigentlich Geistige der Musik nicht im intonierten Ton liegt, sondern eigentlich in dem, was zwischen den Tönen liegt, was nicht Ton ist – das Tonliche liegt natürlich im Ton, das Musikalische aber liegt eigentlich immer zwischen den Tönen –, so liegt auch alles dasjenige, was im Sprachlichen zum Geiste hinschimmert, nicht da, wo der Laut scharf betont wird, wo der Laut scharf herausgehoben wird, wo geruht wird auf dem Laute, sondern das liegt da, wo der eine Laut in den andern übergeht, in dem, was sozusagen zwischen den Lauten sich befindet. Daher werden Sie niemals geistreich werden können in der Eurythmie, wenn Sie sich bloß darauf verlegen, den einzelnen Laut herauszugestalten. Geistreich aber werden Sie werden können in der Eurythmie – und das ist ja kein Fehler! –, wenn es Ihnen gelingt, nach und nach den Ton, den einen Ton in den andern hinüberzuleiten. Also dasjenige, was einen Laut aus dem andern hervorgehen läßt, das macht das eigentlich Geistige in der eurythmischen Bewegung aus.

Dazu kommt nun eben noch ein anderes. Das Wort hat im Grunde genommen schon in sich einen doppelten Charakter. Auf der einen Seite will es das äußere Nachahmen in sich schließen, auf der andern Seite will es aber auch dasjenige, was es ausdrückt, in die gesamte Weltordnung hineinstellen. Würde man heute mehr Neigung haben, die Sprachen wirklich in ihrem Geistigen, wie sie hervorgehen aus den Sprachgenien, zu studieren, so würde man sehr großen Wert legen auf die interessante Tatsache, daß in der Wortkonfiguration nicht bloß die Einzelbedeutung, sondern auch das Verhältnis eines Vorganges, eines Dinges, die mit den Worten bezeichnet werden, zu der Gesamtheit oder wenigstens zu einer größeren Gesamtheit liegt. Das alles müssen wir durchaus berücksichtigen.

Denn sehen Sie, beim Sprecher, bei demjenigen also, der in einem Gedichte oder auch nur in einem Satze das Wort in der richtigen Weise hineinsetzen will in einen Zusammenhang, bei dem muß rein gefühlsmäßig-instinktiv das vorliegen, daß er den Lauten gegenüber ein Gefühl entwickelt: So steht das Bezeichnete in einem ganzen Zusammenhange darinnen. – Nun, darüber werden wir noch im einzelnen zu sprechen haben. Jetzt möchte ich aber zeigen, oder möchte, besser gesagt, darauf zu sprechen kommen, wie in dem Worte auf der einen Seite das Bezeichnete liegt, auf der andern Seite die Möglichkeit liegt, über das Wort hinauszugehen in die Zusammenhänge, welche im Worte gegeben sind. Da geht man am besten von bestimmten Beispielen aus. Nehmen wir zunächst einmal sehr bezeichnende Worte, etwa die *persönlichen Fürwörter*. Sie stellen von vornherein das, was sie bezeichnen, stark in einen Zusammenhang hinein, oder auch stellen es aus dem Zusammenhang heraus, was im Grunde genommen dasselbe ist. Nehmen wir zum Beispiel an, jemand drückt «Ich» stehend aus (wird ausgeführt). Da haben Sie in dieser Gebärde des *i* und *ch* das Wort «Ich» ausgedrückt.

Nun wird einem unbefangenen Gefühl bei dieser Art von Gebärde eigentlich etwas fehlen. Die Gebärde ist ganz richtig, es ist «Ich» in sichtbarer Sprache ausgedrückt, aber es wird dabei etwas fehlen. Man wird das Gefühl haben, so gemacht, ist das «Ich» eigentlich wie in einem schematischen Bild dargestellt, wie wenn man zum Beispiel einen Menschen bloß vorführt in seinem Porträt. Es ist das «Ich» sozusagen nicht lebendig genug, weil der hinter der Ich-Offenbarung liegende Geist des Menschen in dieser Darstellung doch nicht ganz zum Ausdrucke kommt. Denn was liegt geistig in dem «Ich»? Die Zurückbeziehung auf sich selber, das Sich-Vorstellen, das die Vorstellung auf sich selber Zurückbeziehen. Und wenn Sie dieses Zurückbeziehen auf sich selber ausdrücken wollen, so können Sie es sehr gut ausdrücken, wenn Sie nicht in der Ruhe bleiben, sondern wenn Sie in die Bewegung übergehen. Nehmen Sie also an, Sie machen zwei Schritte vorwärts, zwei Schritte wieder zurück, vorwärts, rückwärts, vorwärts, rückwärts.

Tafel 16

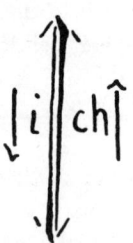

Da werden Sie die ganze Linie, die Sie durchlaufen haben, wieder zurücklaufen, an Ihren Ausgangspunkt zurückkommen. Machen Sie nun beim Hingang, während der zwei Schritte hingehend, das *i,* machen Sie während der zwei Schritte zurückgehend das *ch,* dann haben Sie das «Ich» im Schwung, in der Bewegung, und zwar in einer solchen Bewegung, die in sich selber wieder zurückfindet, geradeso wie die Ich-Vorstellung eben dasjenige im Vorstellen ist, was in sich selber wieder zurückfindet.

144

Machen Sie es so, indem Sie bei dem *i* zwei Schritte vorwärts gehen, bei Tafel 16
dem *ch* zwei Schritte zurückgehen, dann kommen Sie schon in die Form
hinein (siehe Zeichnung), und zwar in diejenige Form, die herauswächst
aus dem, was sich als Sinn in der Zusammenfügung der Laute ergibt.

Gehen wir jetzt etwa über von dem «Ich» zu dem «Du» zunächst,
so haben wir da einen ganz andern Sinn, einen ganz andern Zusammenhang mit anderen. Machen Sie das «Du», indem Sie einfach
stehenbleiben: *d* und *u* (wird ausgeführt). Nun, wenn Sie im einfachen
Stehen das «Du» entwickeln, können Sie zwar wiederum unbefriedigt
sein; denn es steht eigentlich wieder bloß ein Bild des «Du» da, nicht
das «Du» selber. Es wird nicht lebendig. Das Geistige, das in der Laut-
verbindung sich bildet, das fehlt. Suchen wir den Übergang, suchen wir
auch da den Sinn dieses Geistigen zu finden.

Beim «Ich» ist es ja ganz klar, da kehrt man in sich selbst zurück.
Beim «Du», wenn man so recht ins «Du» hineingeht, wenn man den
anderen wirklich meint, so geht man aus sich heraus. Da kann man nicht
wiederum in derselben Linie zurückkehren, nicht wiederum dieselben
Punkte berühren, die man berührt hat, als man sich hinbewegt hat; da
würde man in sich eben zurückkommen. Das soll man nicht. Aber auf
der andern Seite kann man auch nicht wiederum ganz aus sich herausgehen, denn wenn man ganz aus sich herausginge, dann würde man nicht
ein «Du» vor sich haben, sondern ein «Er». Fühlen Sie das nur, wenn
Sie ganz aus sich herausschlüpfen, dann haben Sie nicht ein «Du», sondern ein «Er» oder eine «Sie» vor sich. Sie müssen also doch in einer
gewissen Weise immer leise auf sich zurückweisen. Das können Sie nur
machen, wenn Sie die Bewegung beim «Du» so machen, daß Sie an
einen einzigen Punkt, den Sie vorher in der Bewegung hatten, wiederum zurückkehren:

Tafel

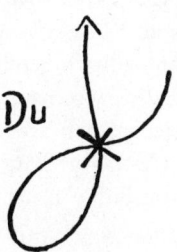

Da ist der Punkt (Kreuzung), wo Sie wiederum zurückgekehrt sind. Wenn Sie also statt vorwärts und rückwärts so gehen, daß Sie nur an einen Punkt zurückkommen, dann haben Sie die «Du»-Bewegung. Machen Sie hingehend *d,* zurückgehend *u,* aber so, daß Sie nur einen einzigen Punkt berühren. Jetzt haben Sie das ganze «Du» in Bewegung gebracht und haben in der Bewegung drinnen das, daß es nicht ein «Er» oder eine «Sie» geworden ist, sondern daß Sie doch mit sich noch in Verbindung geblieben sind, wenn auch in leiser Verbindung. Man könnte sich sogar eine Steigerung denken. Wenn einer, sagen wir, nach und nach sich selber doch stärker betonen wollte, so daß das Herausgehen aus sich immer schwächer und schwächer würde, so würde er dann bei dem *u* sogar die Bewegung so machen können:

Tafel 16

Dann würde das aber nicht ein liebevolles «Du» sein; wenn Sie es machen, dann werden Sie bemerken, daß das schon ein viel verkniffeneres «Du» ist. Diese Dinge sind natürlich nur mit dem Gefühl zu erfassen. Aber man kann sie doch ganz gut mit dem Gefühl erfassen.

Nun haben wir schon angedeutet, wie es ans «Er» herankommt. Es kommt dadurch ans «Er» heran, daß wir gar nicht die Punktmöglichkeiten berühren beim Rückgang, die wir beim Hingang berührt haben. Das kann dann dadurch geschehen, daß man beim «Er» die Linie hat, die der Kreis ist, wo man, bis man wieder zurückgekommen ist, gar nicht dasjenige berührt hat, was man im Hingange gewissermaßen als Punkte festgelegt hat, eine gar nicht in sich zurückkehrende Linie, die Kreislinie:

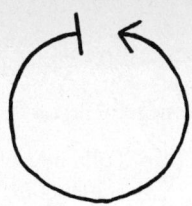

Oder auch, wenn Sie so gehen:

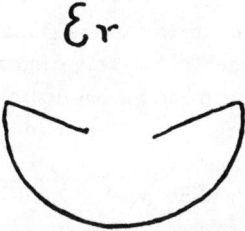

Sie kommen nicht wiederum zurück, und wenn Sie zurückkommen, dann ist eben die Bewegung erschöpft. Also wir haben hier die Form, die keinen Punkt ihres Weges zweimal berührt, und damit haben wir das «Er» ausgedrückt. Machen Sie im Stehen das «Er». Es ist gar kein «Er» eigentlich im Stehen; hier kann man es nicht einmal als ein Abbild empfinden, sondern es ist im Grunde genommen nur ein egoistisches Anschauen des andern. Man geht gar nicht aus sich heraus. Machen Sie es jetzt mit dieser Form, indem Sie einfach einen Kreis beschreiben, so, daß Sie gerade stehenbleiben vor dem ersten Punkt, den Sie gemacht haben. Nun machen Sie nach der einen Seite gleitend das *e,* nach der andern Seite gleitend das *r,* und Sie werden sehen, wie schön das wirkliche «Er» dabei herauskommt.

Nun habe ich wohl seinerzeit einstmals diese «Er»-Übung machen lassen an bestimmten Lautzusammenhängen, und zwar so, daß das begann mit einem Worte, das ähnlich ist dem «Er»: «Der», und das «Er» dann mit diesem Charakter, daß man an keinen Punkt der gemachten Linie zurückkehrt, daß es mit diesem Charakter nunmehr erscheint. Machen Sie «Der Wolkendurchleuchter»; machen Sie das so, daß wir aber wirklich überall das, was jetzt eben gesagt wurde, auch drinnen haben (wird ausgeführt):

> Der Wolkendurchleuchter,
> Er durchleuchte,
> Er durchsonne,
> Er durchglühe,
> Er durchwärme
> Auch mich.

Sehen Sie, sie hat jetzt zunächst das so gemacht, daß sie den ganzen Charakter des «Er» gegeben hat von Anfang bis zum Ende, weil das «Er» hier die Oberhand hat. Sie hat das so gemacht, daß das «Er» durch das ganze Gedicht durchgeführt wird in der Bewegung.

Nun ließe es sich auch noch anders machen, nämlich so: Jedesmal, wenn «Er» kommt, den Kreis machen, und im ganzen auch wieder einen Kreis machen. Also jedesmal, wenn «Er» kommt, machen Sie einen Kreis, dann gehen Sie weiter, wieder einen Kreis, wieder weiter, wieder einen Kreis, wieder weiter. Dadurch bekommt das Ganze einen ganz andern Charakter, eine ganz andere Bewegung.

Tafel 17

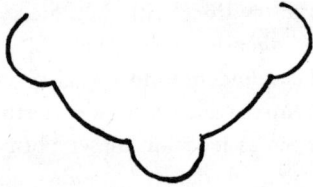

Ich möchte sagen: Zuerst haben wir die Empfindung, wir müssen uns mehr an dasjenige richten, was in der ganzen Erscheinung liegt.

Das zweite Mal haben wir die Empfindung, daß wir uns an die einzelnen Vorgänge, an das Durchleuchten, Durchsonnen, Durchglühen, Durchwärmen richten können.

Wenn wir nun vom «Ich» zu dem «Wir» übergehen, dann werden wir, da ja «Wir» immer mehrere sind, wenigstens zwei, auch aus dem

Solotanz zum Reigentanz kommen und werden, wenn es, sagen wir, zwei sind zum Beispiel, das so machen, daß wir die Zusammengehörigkeit, also das Sich-Verlieren in einem «Er», durch den Kreis ausdrücken, in dem wir uns aufstellen und das «Ich» eines jeden dadurch ausdrücken, daß wir einen jeden vorwärts eine Anzahl Schritte machen lassen, indem wir das «Wir» intonieren, dann wiederum rückwärts, hin- und zurückgehend; so ist die Gegenseitigkeit vorhanden. So daß Sie also das so machen können, daß Sie zunächst, wenn nur zwei einander gegenüberstehen, sich nähern, entfernen; nähern, entfernen, indem Sie dann den inneren Sinn des «Wir» zum Ausdruck bringen.

Sind Sie vier Menschen, so wird der Kreis eben ein vollständiger, und auf diese Weise drücken Sie dann durch Vorschreiten und Zurückgehen das «Wir» aus; wobei man die Zusammengehörigkeit dadurch ausdrücken kann – bei zweien wird es schwerer gehen –,

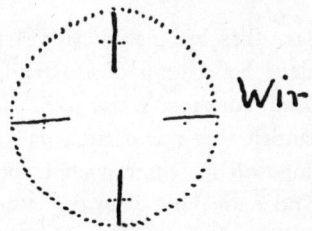

Tafel 17

daß man mit den Armen, den Händen, sich einander nähert; und das ist eine ganz besonders schöne «Wir»-Bewegung, wenn vier im Kreise vor- und rückwärtsschreiten und «Wir» andeuten. Wollen sich einmal vier Eurythmisten im Kreise stellen und das «Wir» intonieren in der Weise, wie ich es sagte. Gehen Sie aus von dem Kreis, indem Sie sich an den Händen fassen, nun zwei Schritte vorschreiten: w; wenn Sie vorne sind, kommen Sie beim i an; indem Sie zurückgehen, hören Sie beim r auf und erfassen sich wiederum: «Wir». Aber Sie müssen beim i erst vorne sein. Auf diese Weise bekommen wir das «Wir». Sie bekommen ganz schöne Nuancen in die Darstellung hinein; man muß nur überall dieses «Ich» und «Wir» und so weiter fühlen.

Jetzt ergibt sich Ihnen etwas, was sehr schön sein kann. Was wird das nun sein, wenn wir uns in dieser Weise zu viert aufstellen und nicht uns nun ergreifen, sondern die Laute nach rückwärts machen? «Ihr!» Wir haben das «Du» in der Mehrzahl! Man kann gar nicht anders sagen, als daß wir das «Du» in der Mehrzahl haben. Und zugleich haben wir das Wegweisen von sich selber: «Ihr».

Tafel 17

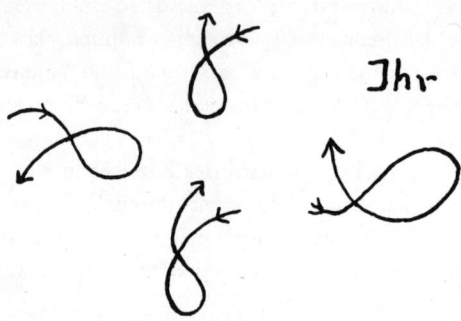

Wollen wir nun das «Ihr» intonieren. Sie machen, indem Sie von vornherein die Tendenz haben, mit den Armen nach rückwärts zu fahren, «Ihr». Man kann auf diese Weise recht viel Sinn in die Sache hineinbringen. Es handelt sich nur darum, daß man nun bei einem Gedichtzusammenhang solche Dinge auch empfindet. Diese Dinge sind ja Charakter. Und man muß dann das, was man an einzelnen Worten, bei so charakteristischen Worten, wie es die persönlichen Fürwörter sind, erleben kann, das muß man dann, weil man es in einem Sprachaufbau wiederfindet, da eben wieder erleben. Nun, von diesen Dingen muß noch gesprochen werden. Aber nehmen wir jetzt einmal an, Sie seien drei und machen dieses:

Tafel 16

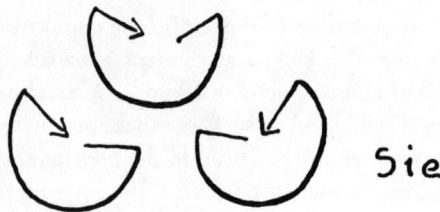

Sie stellen sich so auf und machen diese Bewegung. Dann haben Sie den Plural, die Mehrzahl: «Sie»; denn viele «Er» sind «Sie», die Mehrzahl.

Wollen wir einmal diese Sache charakteristisch dadurch ausdrükken, daß Sie diese Bewegungen ausführen, die Ihnen sehr leicht gehen werden, wobei Sie versuchen, den «Sie»-Charakter dadurch auszudrücken, daß Sie nach der einen Seite hin die Arme orientieren, aber alle nach der gleichen Seite hin. Von da aus gehen Sie, an das kommen Sie auch wiederum zurück. Also: «Sie, sie, sie». Da haben Sie unmittelbar das «Sie» darinnen.

Nun entsteht natürlich für Sie die Frage: Wie wende ich das an? Denn im allgemeinen wird es nicht möglich sein, bei diesen einzelnen Worten immer diese Bewegung zu machen, obwohl auf der andern Seite – da können Sie ganz sicher sein – etwas sehr Schönes herauskommen kann, wenn jene Flinkigkeit und Geschicklichkeit besteht, die durch lange Übung möglich wird, daß tatsächlich beim einzelnen Worte auch «Du», «Er», «Wir», «Ihr», «Sie» herauskommen. Es entsteht etwas sehr Schönes.

Bei gewissen Dichtungen haben Sie unmittelbar den «Ich»-Charakter. Bei andern Dichtungen, vorzugsweise bei Liebesgedichten, haben Sie den «Du»-Charakter. Und bei einer ganzen Anzahl von Dichtungen – ich erinnere nur daran, daß fast alle Gedichte von *Martin Greif* so sind – haben Sie den ausgesprochenen «Er»-Charakter. Sie treffen den ganzen Charakter des Gedichtes dann, wenn Sie dazu übergehen, daß Sie empfinden in dem Gedichte selber den «Ich»-Charakter, den «Du»-Charakter, den «Er»-Charakter, und dann das Gedicht darstellen in einer Form, die eben von den «Ich», «Du», «Er», «Wir», «Ihr», «Sie» hergenommen ist. Das kann aber ganz besonders schön werden, wenn man den objektiven Charakter, den «Er»-Charakter, den Charakter des Aus-sich-Herausgehens einmal gelegt hat, überzuführen in den subjektiven Charakter. Nehmen wir das uns in so vieler Beziehung so große Dienste erweisende Gedicht, denn es ist wirklich nach allen Richtungen hin so, wie wenn es zum Lernen der Eurythmie gerade da wäre, nehmen wir das berühmte Gedicht, ich meine unter uns ganz berühmte Gedicht:

Über allen Gipfeln
Ist Ruh;
In allen Wipfeln
Spürest du
Kaum einen Hauch;
Die Vögelein schweigen im Walde.
Warte nur, balde
Ruhest du auch.

Analysieren wir einmal das Gedicht ganz objektiv:

Über allen Gipfeln
Ist Ruh;
Geben Sie dem den «Er»-Charakter.

In allen Wipfeln
Spürest du
Kaum einen Hauch;
Gehen wir zu dem «Du» über.

Die Vögelein schweigen im Walde: «Er»
Warte nur, balde
Ruhest du auch.

Da müssen Sie sogar jetzt fragen: Stelle ich es in den «Ich»-Charakter oder in den «Du»-Charakter? Denn *Goethe* spricht es zu sich selber.

Sie können es nun in beiden versuchen. Machen Sie zuerst die Sache so, daß Sie haben:

Tafel 16

Über allen Gipfeln
Ist Ruh;   «Er»
In allen Wipfeln
Spürest du
Kaum einen Hauch;   «Du»
Die Vögelein schweigen im Walde.   «Er»
Warte nur, balde
Ruhest du auch.   «Du»

Also geben Sie dem Gedicht hintereinander: «Er, Du, Er, Du», und sehen Sie, wie die Form aus der ganzen Empfindungsweise, die im Gedichte ausgedrückt ist, herauskommt. Persönliche Fürwörter, wenn man sie ausspricht: Ich, du –, sind durchaus verdichtetes, kristallisiertes Empfinden, das sonst ausgegossen sein kann über einen ganzen Zusammenhang. Und es schwebt eben hier in diesem Gedicht ein «Er» über der ersten Zeile, ein «Du» über der zweiten Zeile, dann wiederum ein «Er», wiederum ein «Du», oder auch, wie wir nachher sehen werden, auch ein «Ich» über der letzten Zeile:

> Warte nur, balde
> Ruhest du auch.

Jetzt machen wir die andere Form: «Er, Du, Er, Ich»:

Über allen Gipfeln	
Ist Ruh;	«Er» Tafel 16
In allen Wipfeln	
Spürest du	
Kaum einen Hauch;	«Du»
Die Vögelein schweigen im Walde.	«Er»
Warte nur, balde	
Ruhest du auch.	«Ich»

Nun haben Sie es mit dem «Ich»-Charakter gesehen, was dem Ganzen einen wesentlich andern Charakter gibt. Aber man kann sich sagen, wenn man es nun nebeneinander probiert, das letztere ist das Richtige. Unbedingt wird man empfinden, das letzte ist das Richtige. Und so können Sie gerade an solchen Gedichten ganz wunderbar empfinden lernen, wie die Form sich heraus ergibt aus dem Gedichte selber, wenn Sie eben an dem Sinn eines Lautzusammenhanges den Sachzusammenhang fühlen lernen, also wie im persönlichen Fürwort.

Bedenken Sie einmal, wie schön werden kann in der Ausarbeitung des Sinnes ein solches kurzes Gedichtchen, wenn wir dies, was wir jetzt gerade ausgeführt haben, anwenden:

Schlummer und Schlaf, zwei Brüder, zum Dienste der Götter
berufen,
Bat sich Prometheus herab, seinem Geschlechte zum Trost.
Aber den Göttern so leicht, doch schwer zu ertragen den
Menschen,
Ward nun ihr Schlummer uns Schlaf, ward nun ihr Schlaf uns
zum Tod.

Hier haben wir das zweimalige «Uns»; wenn es auch nur ein Fall ist von dem «Wir», so wollen wir es zunächst doch so ins Auge fassen, daß wir ihm den Formcharakter des «Wir» geben. Wenn Sie das nun ansehen, so können Sie folgende Analyse darüber vornehmen:

«Schlummer und Schlaf, zwei Brüder, zum Dienste der Götter
berufen.» Ein reines «Er»!

«Bat sich Prometheus herab, seinem Geschlechte zum Trost.» Nun, da läßt sich in dem Bitten, das immer an einen andern gerichtet
ist, an ein «Du» gerichtet ist, das «Du» darinnen empfinden.

«Aber den Göttern so leicht, doch schwer zu ertragen den Menschen.» Da muß man übergehen zu etwas, was tief innerlich gefühlt wird. Eine solche Erkenntnis kann man nicht anders gewinnen, als daß man wirklich erkenntnismäßig die Sache ausbildet. Hier wird es sich also darum handeln, daß Sie das anwenden, was ich Ihnen gezeigt
habe als «Erkenntnis».

«Ward nun ihr Schlummer uns Schlaf.» Der Schlummer der Götter wird für die Menschen Schlaf, der Schlaf der Götter wird für die Menschen Tod.

«Ward nun ihr Schlummer uns Schlaf, ward nun ihr Schlaf uns zum Tod.» Da sind wir bei einem Schicksal, das den Menschen als
Menschen gemeinschaftlich ist, da haben wir das «Wir». Und wir werden einfach eine Form bekommen, die uns durchaus das Gedicht belebt, wenn wir anwenden die Formen, die wir bekommen können: erstens aus den persönlichen Fürwörtern, dann – da, wo die Sache wirklich ganz ins Geistige übergeht –, indem wir die Erkenntnisformen anwenden. Und so werden wir gut tun, solche Formen, wie wir sie kennengelernt haben, als die Grundformen zu betrachten und

sie anzuwenden dann in der freiesten Weise, aber so, daß die Anwendung immer sinnvoll ist.

Versuchen Sie also die erste Zeile in der «Er»-Bewegung zu machen, also sich in der «Er»-Bewegung über die Zeile ausdehnen, wie Sie auch den sonstigen Charakter der ganzen Bildform angemessen machen: «Er.» Über der zweiten Zeile machen Sie ein «Du». Die dritte Zeile machen Sie so, daß Sie in der Pause zwischen der zweiten und dritten Zeile die Erkenntnisgebärde machen, nach der Zeile wiederum die Erkenntnisgebärde; und dann machen Sie das letzte in der «Wir»-Bewegung. Die können Sie natürlich dann nicht allein machen; da geht aus der linken und aus der rechten Kulisse heraus eine andere dazu auf die Bühne, und die letzte Zeile wird dann in die «Wir»-Bewegung hineingegossen. Da sehen Sie also, wie man die ganze Sache arrangieren kann. So holt man die Formen aus den Gedichten heraus.

Nun möchte ich doch, daß Sie daran sehen – ich kann es natürlich nur an einfachen Beispielen zeigen –, wie das Studium des Eurythmischen vor sich zu gehen hat. Man hat tatsächlich, wenn man eurythmisieren will, das Gedicht zunächst, um das es sich handelt, den Text wirklich nicht bloß seinem Wortlaute nach zu kennen, sondern seinem ganzen Inhalte nach, mit all den Empfindungsnuancen, Empfindungskonfigurationen, die drinnen sind. Und es sollte niemand an das Eurythmisieren eines Gedichtes gehen, der nicht sich in dieser Weise Fragen vorgelegt hat: Was für ein Grundcharakter ist in einem Gedicht, was für ein künstlerischer Grundcharakter?

Nehmen Sie zum Beispiel das Goethesche:

> Seid, o Geister des Hains, o seid, ihr Nymphen des Flusses,
> Eurer Entfernten gedenk, eueren Nahen zur Lust!
> Weihend feierten sie im stillen die ländlichen Feste;
> Wir, dem gebahnten Pfad folgend, beschleichen das Glück.
> Amor wohne mit uns; es macht der himmlische Knabe
> Gegenwärtige lieb und die Entfernten euch nah.

Nun nehmen Sie zur eurythmischen Vorbereitung einmal solch ein Gedicht durch. Dasjenige, was jetzt so summarisch gemacht wird, das muß eigentlich ganz sorgfältig, wenn man ein Gedicht eurythmisieren will, gemacht werden. Nun:

Tafel 17   Seid, o Geister des Hains, o seid, ihr Nymphen des Flusses –

Was ist es anderes als ein «Du», eine Anrede. Nach einem «Du» oder auch nach einem «Ihr»; wenn wir das Gedicht mit mehreren machen lassen, wie wir es tun werden, so fangen wir es mit «Ihr» an.

Eurer Entfernten gedenk, eueren Nahen zur Lust! –

Wiederum: «Ihr»

Weihend feierten sie im stillen die ländlichen Feste;

«Sie»

Wir, dem gebahnten Pfad folgend, beschleichen das Glück.

«Wir»

Amor wohne mit uns, es macht der himmlische Knabe

«Er»

Gegenwärtige lieb und die Entfernten euch nah.

«Ihr»

Wiederum «Ihr», das «Euch». Sie haben sechs aufeinanderfolgende Zeilen gegeben.

Stellen wir drei Eurythmisten zusammen, und machen Sie das ganze Gedicht in diesem Charakter. Also seien Sie sich klar, machen Sie so, wie Sie es eben gehört haben: «Ihr, Ihr, Sie, Wir, Er, Ihr.» Also über die ganze Zeile immer den Charakter geben.

Sie können es aber auch anders machen. Zwei können stehenbleiben, und die dritte macht allein die «Er»-Bewegung, dann wird es gut herauskommen. Also: «Amor wohne mit uns, es macht der himmlische Knabe» (einzeln ausgeführt) – jetzt alle drei die «Ihr»-Bewegung:

Gegenwärtige lieb und die Entfernten euch nah.

Auf diese Weise kommen wir dazu, einzusehen, wie mit den eurythmischen Formen überall die Möglichkeit ist, auch ein Gedicht zu studieren.

156

NEUNTER VORTRAG

Dornach, 4. Juli 1924

Die gestaltete Rede

Wir wollen heute einiges besprechen, das mit der gestalteten Rede zusammenhängt, mit der Rede, die allmählich ins Künstlerische hinüberführt. Wenn wir Eurythmie ausführen, können wir ja – machen wir uns das klar – entweder stehend Bewegungen an dem Organismus ausführen, oder aber wir schreiten; und wir haben auch schon gesehen, welche Bedeutung das Schreiten eigentlich hat.

Das Schreiten ist im Grunde ein Ausfluß eines Willensimpulses. Bei der Eurythmie handelt es sich darum, daß man die Dinge ihrem Wesen nach kennt, die mit der Sprache, also auch mit der sichtbaren Sprache zusammenhängen. Am Schreiten können wir deutlich drei voneinander verschiedene Phasen unterscheiden: erstens das Heben des Fußes, zweitens das Tragen des Fußes und drittens das Aufstellen des Fußes. Man muß sich bewußt sein, daß in diesen drei Phasen eine ganze Gestaltung zur Darstellung kommen kann. Wir haben zunächst das Heben. Dann bleibt der Fuß etwas unaufgesetzt, er bleibt getragen; das zweite ist also das Tragen. Und das dritte ist das Stellen.

Wenn man im gewöhnlichen Leben geht, braucht man sich natürlich nicht um diese Dinge im genaueren zu kümmern, aber im Eurythmischen muß alles bewußt werden.

1. Heben
2. Tragen
3. Stellen.

Tafel 18

Und so ist ein großer Unterschied zwischen den Arten, wie diese drei Phasen des Schreitens ausgeführt werden können.

Wenn wir zunächst das Heben des Fußes nehmen, so deutet das klar hin auf den Willensimpuls, der in der Handlung des Schreitens liegt; also beim Heben haben wir es mit dem Willensimpuls, der in der Handlung des Schreitens liegt, zu tun. Wenn wir dagegen auf das-

157

jenige schauen, was das Tragen ist, dann haben wir es mit dem Gedanken zu tun, der jeder Willenshandlung zugrunde liegt.

Also erstens haben wir es mit dem Willensimpuls als solchem zu tun. Zweitens haben wir es zu tun beim Tragen mit demjenigen, was der Gedanke, der in diesem Willensimpulse zum Ausdruck kommt, darstellt. Und im Stellen ist der Willensakt vollendet, im Stellen haben wir es mit der Tat zu tun.

Tafel 18

1. Heben: Willensimpuls
2. Tragen: Gedanke
3. Stellen: Tat.

Nun kann schon dadurch eine Mannigfaltigkeit hineinkommen in die Sache, daß Sie die mittlere Phase länger oder kürzer machen können, auch weiter oder weniger weit ausschreiten können. Dasjenige also, was in der mittleren Phase liegt, wird vorzugsweise dazu zu dienen haben, den Gedanken, der durch die Willenshandlung zum Ausdruck kommt, zu figurieren, diesem Gedanken Gestalt zu geben.

Dagegen können Sie stets in dem Aufstellen des Fußes zum Ausdruck bringen, ob Sie finden, daß der Willensimpuls sein Ziel erreicht, oder ob er hinter seinem Ziel zurückbleibt. Setzen Sie den Fuß unsicher auf, so wie wenn Sie auf dünnes Eis treten würden, so werden Sie in einem solchen Schreiten die Unsicherheit des Ziels ausdrücken. Setzen Sie den Fuß stark auf, so daß Sie sicher sind, Sie treffen festen Boden, dann drücken Sie dadurch aus, daß Sie ein sicheres Ziel vor sich haben.

Sie müssen wiederum, wenn es sich um die Darstellung eines Gedichtes handelt, es analysieren und sich fragen, ob das eine oder das andere in dem Gedichte drinnen ist. Nun werden diese Dinge natürlich insbesondere in der Anwendung erst ganz klar werden. Aber nun wollen wir uns zu weiteren Eigentümlichkeiten des Schreitens wenden. Und da kommen wir in das rhythmische Schreiten hinein, damit in die poetische Darstellung überhaupt, die in die Eurythmie, in ihre Bewegungen, in ihre Formen hineinfließen muß.

Da müssen wir uns vor allen Dingen vor die Seele führen, daß, sei es durch die Betonung, sei es durch die Länge und Kürze der Silben,

Rhythmus in die Sprache hineingebracht wird. Dieser Rhythmus muß auch erscheinen in demjenigen, was wir eben eurythmisch ausführen. Man hätte die Kunst, mit der wir es zu tun haben, gar nicht eurythmisch nennen können, wenn man nicht wirklich auch mit dem Rhythmus rechnen würde.

Dabei aber kommen wir sogleich auf etwas, was nun doch besprochen werden muß, wenn es sich um die Charakteristik der Lauteurythmie handelt, was eigentlich sich ganz tief einprägen muß demjenigen, der in irgendeiner Weise künstlerisch mit der Sprache zu tun hat. Wir haben nun eben einmal innerhalb unserer zivilisierten Menschenzusammenhänge die Prosasprache, und wir haben die poetische Sprache. Je weiter wir zurückgehen in der Menschheitsentwickelung, desto mehr finden wir, daß eigentlich die poetische Sprache die einzige ist, und daß der Mensch, wenn er überhaupt spricht, immer die Sehnsucht hat, ins Poetische der Sprache, ins Künstlerische der Sprache einzudringen. Es hat eben die Sprache das zu ihrem Wesen, daß sie mitten drinnen liegt zwischen Gedanke und Gefühl. Auf der einen Seite ist der Gedanke, auf der andern Seite ist das Gefühl. Beide, Gedanke und Gefühl, erleben wir innerlich als Menschen. Wir stellen, indem wir uns äußern, indem wir uns offenbaren, zwischen den Gedanken und das Gefühl eben die Sprache hinein.

Gedanke

Sprache

Gefühl

Tafel 18

Der Mensch einer früheren Entwickelung hatte jene Verinnerlichung, die wir heute im Gefühlsleben haben, noch nicht. Er hatte eigentlich immer die Sehnsucht, wenn er etwas fühlte, wenn er ein Gefühl als Erlebnis hatte in seiner Seelenverfassung, innerlich Worte zu empfinden, Worte, die nicht so deutlich figuriert sind wie unsere Worte, die aber durchaus ein innerliches artikuliertes Tönen bedeuteten. Er hörte innerlich, wenn er fühlte.

Er dachte aber auch nicht so, wie wir heute denken, der primitivere Mensch, sondern er dachte in Worten. Nur waren diese Worte, in denen er dachte, bestimmter als diejenigen, in denen er fühlte. Also er hatte ein innerliches Erklingen in Worten, nicht ein solches abstraktes Denken, wie wir es haben; er hatte ein innerliches Erklingen in Worten, nicht ein solches verinnerlichtes Fühlen, das der Worte nicht bedarf, wie wir heute. Nur wer sich vorstellt, wie eng verbunden war das primitive Seelenleben mit der innerlichen Wortkonfiguration, Tonkonfiguration, der wird einsehen, daß auf dem Grunde der Sprach- und Gedanken- und Gefühlsentwickelung dieses, ich möchte sagen, innerliche Rezitieren einmal im Denken und Fühlen der Menschen lag, ein innerliches Rezitieren, das sich dann differenzierte auf der einen Seite in die Sprache, die künstlerisch blieb, auf der andern Seite in das rein musikalische, wortlose Erklingen von Tönen, die nur nach ihren Tonhöhen und so weiter wirken. Diesen Teil haben wir in der Besprechung der Toneurythmie vor unsere Seele hingestellt.

Aber als Drittes gliederte sich dann ab der eigentliche Gedanke. Und heute soll uns nur beschäftigen diese Differenzierung in die Sprache, die künstlerisch gestaltet wird, und in die Sprache, die heute ganz zur Prosasprache wird, wo nur noch der Gedanke in seiner Bedeutung, in seinem Inhalte durch die Sprache ausgedrückt wird, wo gar kein Bedürfnis mehr vorliegt, die Sprache als solche zu gestalten.

Es ist in dem letzten Zeitalter, das immer materialistischer und materialistischer geworden ist, weil mit dem Materialismus das Prosaische des abstrakten Denkens verknüpft ist, überhaupt das rechte Gefühl verlorengegangen für die künstlerische Gestaltung der Sprache. Und es gibt heute unzählige Menschen, die überhaupt nicht mehr ein Gefühl für das künstlerische Gestalten der Sprache haben, die in der Sprache nur noch den Ausdruck von Gedanken sehen, welcher als Ausdruck eigentlich gleichgültig bleibt.

Ich würde diese Dinge nicht so ausführlich besprechen, wenn sie nicht gerade für das Erfassen des Eurythmischen von ungeheuerster Bedeutung wären. Denn, sehen Sie, wir mußten in der Eurythmie schon bei der Besprechung der Laute von etwas ausgehen, was ein künstlerisches Element enthält. Wir mußten den inneren Seelengehalt des Lautlichen zum Ausdruck bringen, mußten sozusagen zurückgehen auf eine Zeit, wo man im Worte drinnen dasjenige fühlte, was die Seele erlebt im Laute, wo man also eine eigentliche Lautsprache noch hatte. Heute hat man keine Lautsprache mehr, heute hat man eine Sinnsprache, wo nur der Sinn der Gedanken getroffen wird. Und daher jene Verirrung, die darinnen besteht, daß man im Rezitieren und Deklamieren nicht mehr auf das künstlerische Gestalten der Sprache, auf das Musikalische der Sprache, auf das Bildnerische der Sprache schaut, sondern schaut auf das Pointieren, wie man es in der Prosasprache auch hat.

Diesen Unterschied zwischen prosaischer Sprache und poetischer oder künstlerischer Sprache muß sich der Eurythmist ganz im wesentlichen aneignen. Denn schließlich ist es für das Verstehen einer Sache gleichgültig, ob man sie schön oder häßlich sagt, ob man sie erhaben oder weniger erhaben sagt. Für das künstlerische Gestalten der Sprache kommt es aber gerade auf diesen Gefühlscharakter an. Daher müssen wir uns hineinarbeiten in ein Verstehen des künstlerischen Gestaltens der Sprache.

Und da hat man zunächst das Gefühl zu entwickeln für das *Jambische* und für das *Trochäische*. Wollen wir es heute noch gleichgültig sein lassen, ob wir das Jambische darinnen suchen, daß wir eine wenig betonte Silbe vorangehen lassen und eine stark betonte Silbe folgen lassen, oder eine kurze Silbe vorangehen lassen und eine lange Silbe folgen lassen. Von diesen Eigentümlichkeiten, die dann den Unterschied des Rezitierens und Deklamierens bedingen, wollen wir noch sprechen. Man muß nun fühlen, was es eigentlich bedeutet, wenn ich eine unbetonte Silbe vorangehen lasse, eine betonte Silbe folgen lasse und in diesem Rhythmus mich weiter vorwärtsbewege: Auf Bergen Tafel 18 flammen Feuer. – Wir haben eine unbetonte Silbe, eine betonte Silbe, eine unbetonte Silbe, eine betonte Silbe, eine unbetonte Silbe, eine betonte Silbe, eine unbetonte Silbe (die letzte Silbe fällt aus). Wir gehen von etwas Stillerem, von etwas weniger in Hebung Begriffenem aus, gehen über zu etwas Stärkerem; von Schwächerem zu Stärkerem gehen wir über. Das gibt dem Schreiten den besonderen Charakter des Hinkommens zu irgend etwas, des Erreichenwollens von irgend etwas. Und wir werden fühlen, wenn wir so schreiten, daß wir diesen Rhythmus anschlagen – und er bildet sich dann aus, wenn wir

ihn nur bei der ersten und zweiten Silbe anschlagen –, wir werden
fühlen, wir haben es da mit dem inneren Elemente des Wollens zu
tun. Einen Willenscharakter gibt das jambische Wesen der Sprache.

Nehmen wir das Umgekehrte. Wir gehen aus von Betontem, gehen
zu Unbetontem: Trag mir Wasser herab. – Sie haben gerade das Umgekehrte, das Ausgehen von etwas Starkem, Wichtigzunehmendem,
das Übergehen zu Schwächerem, weniger Wichtigzunehmendem. Sie
werden dann fühlen: wenn Sie in einem solchen Rhythmus sich weiter-
bewegen, gehen Sie gleich von etwas Bestimmtem aus. Und dieses
Bestimmte kann nur in Ihnen sein, wenn Sie eine deutliche Vorstellung, einen deutlichen Gedanken haben. Sie erstreben nicht etwas,
sondern Sie diktieren geradezu Ihren deutlichen Gedanken dabei. So
daß man es hier zu tun hat mit Denken, das sich natürlich ausdrückt
im Tun; aber es herrscht das Denken vor.

Das Wollen, das Streben herrscht vor im jambischen Versmaß. Das
Denken, das Vollbringen, das Verwirklichen des Denkens, das herrscht
vor im trochäischen Versmaß.

Bei all diesen Dingen darf man die Bedeutungen nicht pressen.
Natürlich kann jemand fühlen dieses Energische, sich denkend dieses
Herunterschreiten von einem Berg, und es könnte ihm einfallen, auch
nun das das Wollen zu nennen, während das andere das Sehen genannt werden könnte im Versmaß. Aber wenn Sie auf diese Dinge
eingehen, werden Sie doch finden, daß diese Bedeutung (die aus-
geführte) das Richtige ist.

Nun, es handelt sich darum, Jambisches und Trochäisches wirklich in das Schreiten hineinzubringen. Auch das ist wohl schon geübt
worden. (Eine jambische Bewegung wird ausgeführt.)

Jetzt können Sie gleich, damit der andere Charakter stark hervortritt, machen: Trag mir Wasser herab –, und nun mit diesem verbinden das starke Auftreten. Es wird sich also darum handeln, daß
Sie, wenn Sie den Tiefton machen, schreiten, wenn Sie den Hochton
haben, stark auftreten und das durchführen. Und zwar wie auftreten?
Auftreten so, daß Sie mit den Zehen zuerst auftreten, dann den Fuß
stellen. Das ist dasjenige, was endlich einmal von den Eurythmisten
ordentlich gesehen werden soll. Es handelt sich darum, daß man das

normale Schreiten dadurch ausführt, daß man zuerst mit der Zehe auftritt und dann den Fuß stellt; also nicht, daß man mit den Zehen forttrippelt, sondern daß man mit der Zehe auftritt und den Fuß stellt. Beispiele:

| o o | o |

Tafel 18

Auf Bergen flammen Feuer

o | o | o |

Trag mir Wasser herab

Daß diese Dinge nun wirklich das, was ausgeführt worden ist, in die Sache hineinbringen, das wird sich Ihnen sogleich zeigen, wenn Sie eine stärkere Konfiguration in den Versbau hineinbringen. Statt daß wir das Sehnen, das Wollen, das Begehren so gestalten, daß wir sozusagen gleich auf seine Erfüllung rechnen, können wir auch das Zurückbleiben der Sehnsucht hinter dem Wollen dadurch ausdrücken, daß wir zwei Tieftöne haben, einen Hochton, zwei Tieftöne, einen Hochton, zwei Tieftöne, einen Hochton. Dann haben wir ein *anapästisches* Schreiten.

Nun wird jeder, der den anapästischen Gang einer Rede verfolgt und ihn vergleicht etwa mit einem jambischen Gang, den Unterschied bemerken; es ist eigentlich ein ganz gewaltiger Unterschied. Nehmen Sie an, Sie haben als Anapästisches auszudrücken:

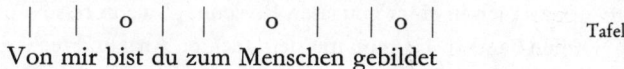

Tafel

Von mir bist du zum Menschen gebildet

Sie sehen, wir kommen schwerer zu der gewichtigen Silbe. Dieses schwerer Dazukommen, das bedeutet ein intimeres Gestalten der Sprache. Dieses intimere Gestalten der Sprache vergeistigt die Sprache, so daß wir im anapästischen Sprechen eine Vergeistigung der Sprache haben, ein Verinnerlichen der Sprache.

(Von mir bist du zum Menschen gebildet – wird ausgeführt.)

Nun kommt es beim Eurythmischen natürlich darauf an – daß man es hört, darauf kommt es weniger an –, aber daß man es sieht; es soll ja eine sichtbare Sprache sein. Und dazu ist nötig, daß Sie sich schon angewöhnen, das starke Aufstellen zu zeigen, dann wird das schwä-

163

chere Aufstellen von selber sichtbar. Wenn Sie es zeigen durch das Heben oder Senken des Leibes, dann wird es eigentlich erst eurythmisch.

Wenn man nun das andere, das Trochäische weiter konfiguriert, so entsteht das *daktylische* Versmaß: Betont, unbetont, unbetont, betont, unbetont, unbetont, betont, unbetont, unbetont. Wollen wir dieses als Beispiel nehmen. Man könnte natürlich die Zeichen auch umgekehrt machen, das ist ja gleichgültig:

Tafel 19   o | | o | | o | | o | | o | | o |

Sing mir, unsterbliche Seele, der sündigen Menschen Erlösung

Versuchen Sie einmal, das daktylisch abzuschreiten, um zu zeigen, wie das mehr ein Diktieren, ein Sagen, ein Behaupten ist. Sie dürfen aber mit Ihrem Körper, wenn Sie den Charakter rein herauskriegen wollen, nicht nachlaufen, sondern müssen gerade zurückbleiben.

Da haben Sie die Ausdrücke nun für dasjenige, was als Zeitverlauf durch die Eurythmie zur Darstellung kommen kann. Der Zeitverlauf ist es, der da durch die Eurythmie zur Darstellung kommt. Es ist die Eurythmie deshalb so ausdrucksvoll, hat so große Ausdrucksmöglichkeiten, weil sie in der Zeit und im Raume zugleich ausdrücken kann. Sie kann es allerdings weniger, wenn es sich um einen Menschen handelt, aber namentlich, wenn es sich um Menschengruppen handelt; sogar auch in einer gewissen Beziehung, wenn es sich um einen Menschen handelt. Er kann mit dem rechten Arm und rechten Bein irgendwelche variierten Symmetriegestaltungen mit dem linken Arm und Bein herbeiführen. Eine Gestaltungsmöglichkeit ist auch da im Raume möglich, wenn der Mensch nur Bewegungsformen an sich selbst zeigt. Aber wenn man es mit Gruppen zu tun hat, ist eine starke Formung, Gestaltung durchaus möglich. Und da wird man gerade in solchen Raumesformen in dem Räumlichen die Möglichkeit haben, in das Poetische der Sprache hineinzukriechen, sogar leichter und geschmeidiger hineinzugehen, als man hineingehen kann beim Rezitieren und Deklamieren.

Ein vollkommenes Rezitieren und Deklamieren muß allerdings noch darauf hinarbeiten, das Innerlich-Künstlerische, das durch die

Sprache herauskommt, zu erfassen; aber es hat es schwerer als die Eurythmie. Bei der Prosasprache handelt es sich darum, daß man möglichst, wie man sagt, deutlich erfaßt dasjenige, was man durch ein Wort oder durch einen Satz ausdrücken will. Wenigstens muß man das glauben, daß man es erfaßt. Man hat, um in der Deutlichkeit besonders weit zu dringen, sogar in der Prosasprache die sogenannte Definition. Das ist natürlich ein schreckliches Ding, diese Definition, weil sie den Glauben erweckt, daß man dadurch deutlich etwas zum Ausdruck bringt, während man es nur pedantisch zum Ausdruck bringt. Sobald die Menschen über die Bedeutung der Worte nicht im klaren sind, hilft alle Definition nichts. Außerdem wäre eine erschöpfende Definition schon bei einem verhältnismäßig einfachen Gegenstande etwas, was in unendlichen Windungen sich bewegen müßte; sonst kommt das heraus, was in jenem Beispiel herausgekommen ist, das ich öfter angeführt habe, wo einer einen Menschen definierte: Das ist ein Ding, das zwei Beine und keine Federn hat. – Am nächsten Tag brachte einer eine Gans und sagte, nach der Definition wäre das ein Mensch, denn es habe zwei Beine und keine Federn – sie war gerupft, die Gans! Nun, nicht wahr, ist ja eine Gans nicht immer ein Mensch, also die Definition, die traf in diesem Falle nicht eigentlich zu.

Sie sehen, es handelt sich darum, daß man wenigstens anstrebt, wenn man die Prosasprache vor sich hat, einen Ausdruck der unmittelbaren scharfen Konturen, der ein Ding bedeutet, bezeichnet. Bei dieser Art zu sprechen kann man und braucht man auch nicht zu bleiben in dem künstlerischen Gestalten der Sprache; in dem künstlerischen Gestalten der Sprache wendet man sich an die Phantasie, und darauf muß eigentlich immer die Sehnsucht gehen, sich wirklich an die Phantasie zu wenden, das heißt, der Phantasie etwas zu tun zu geben. Das aber erreicht man dadurch, daß man nicht grobklotzig einfach das bezeichnet, was man vor sich hat, sondern daß man eine Vorstellung heranbringt, welche der Phantasie die Möglichkeit gibt, zu dem Ding, das man meint, erst in innerer Gestaltung hinzukommen.

Wenn einer sagt: Hier ist eine Wasserrose –, und er zeigt hin auf Tafel 18 diese Wasserrose, so wird er Prosa sprechen. Wenn er sagt: O blühender Schwan –, da spricht er bildhaft poetisch; denn man darf sich durchaus die Wasserrose, die weiß ist und aus dem Wasser sich heraushebt, als den «blühenden Schwan» vorstellen. Man kann sich ja auch umgekehrt, wie *Geibel* – und es ist dies vielleicht sogar das Schönste, was er gemacht hat* –, ebensogut den Schwan als eine schwimmende Wasserrose vorstellen:

> O Wasserrose, du blühender Schwan,
> O Schwan, du schwimmende Rose –

Man bekommt dadurch zwar nicht den adäquaten Ausdruck, sondern man bekommt dadurch einen angenäherten Ausdruck, der aber sicher zu demjenigen führt, das man bezeichnen will.

Nun, worauf beruht denn dieses Bild, «du blühender Schwan»? Der blühende Schwan als Bild trägt in sich den Charakter, daß er nicht unmittelbar Wirkliches ist. Das muß das Bild haben. Wir müssen ihm anspüren, daß es nichts unmittelbar Wirkliches hat. Aber wir müssen auf der andern Seite auch den Anlaß verspüren, hinauszugehen über das Bild. Daß ein Schwan nichts Blühendes ist, das macht eben das zum Bild, wenn wir sagen «blühender Schwan». Aber gerade, wenn wir verspüren, daß damit etwas uns Führendes angedeutet werden soll, so werden wir zu demjenigen getrieben, was eigentlich ausgesprochen werden sollte.

Auf der Möglichkeit, Bilder zu finden, beruht die innere Gestaltung der Sprache. Und es wird sich einfach für Sie die Möglichkeit ergeben, Bilder zu finden, wenn Sie sich einleben in die Tatsache, daß der Laut als solcher immer ein Bild ist, das eigentlich in keinem engeren Verhältnisse zu dem steht, das dieser Laut bezeichnet, als wenn ich sage «du blühender Schwan» zu der Wasserrose; denn es beruht der Zusammenhang des Lautes mit dem, was der Laut bezeichnet, nicht auf Abstraktion, sondern auf dem unmittelbaren Leben.

Und so ist eigentlich aller Lautgebrauch im Grunde genommen darauf gebaut, daß der Laut ein Bild ist für dasjenige, was er eigentlich bezeichnen will. Gewöhnt man sich also an, Bilder in den Lauten

---

* Vergleiche den entsprechenden Hinweis auf S. 268.

zu sehen, dann wird man sich auch nach und nach angewöhnen, die Empfindungen zu haben für den Gebrauch von Bildern, und wird wissen lernen, daß die poetische Sprache, die künstlerische Sprache als gestaltete Sprache Bilder haben muß.

Und wenn ich sage «du blühender Schwan» für die Wasserrose, oder wenn ich den Schwan anspreche und sage «du schwimmende Rose», so habe ich eigentlich ein Charakteristikon nur, das beide ver-Tafel 19 bindet: die blendende Weiße. Eigentlich ist es die blendende Weiße; alles andere haben die beiden verschieden. Will ich räumlich dieses Verhältnis andeuten, so kann ich es nur so andeuten, daß ich sage, die blendende Weiße haben sie gemeinschaftlich, alles andere haben die beiden verschieden.

Man kann solche Bilder bilden. Sie sind immer Metapher. Also die Tafel Metapher ist im wesentlichen dasjenige Bild, welches ein Merkmal oder einige Merkmale benützt, um Verwandtschaft zu empfinden zwischen zwei darzustellenden Dingen, und dann das eine, was gemeint ist, darstellt durch das andere, was nicht gemeint ist, aber hinübernimmt etwas von dem andern. Auf diese Weise bekommen wir die Metapher. Ich charakterisiere sie ganz absichtlich nicht so, wie man sie gewöhnlich charakterisiert sieht, weil das unkünstlerisch ist; ich charakterisiere sie nicht logisch, sondern ich versuche sie aus ihren Elementen herauszuholen.

Gehen wir weiter. Wir können auch das Folgende machen. Wir können eine Vorstellung für etwas Enges gebrauchen und etwas Weiteres meinen. So zum Beispiel kann man meinen: die Raubtiere; aber will man anschaulicher sein, sagt man nicht die Raubtiere, sondern sagt dafür: die Löwen oder «was Löwe ist». Wenn man aber mit dem Ausdruck «was Löwe ist» alle Raubtiere bezeichnet, spricht man bildlich. Es muß nur aus dem Zusammenhange klar sein, daß man das Eingeschränktere für das Umfassendere braucht; dann würden wir die Raubtiere haben; man meint das Umfassendere, man braucht das Eingeschränktere zum Ausdruck. Es soll einen hinleiten auf das Umfassendere. Wir gebrauchen sogar im Leben sehr häufig diese Bildform. Denn wenn ich zum Beispiel sage: X ist ein ausgezeichneter musikalischer Kopf –, so meine ich eigentlich nicht, daß da bloß ein

Kopf ist. Ich gebrauche einen Teil von X, um den ganzen X auszudrücken. Aber dennoch, es ist damit in prägnanterer, vor allen
Dingen aber in mehr zur Phantasie sprechender Weise dasjenige bildlich ausgedrückt, was man prosaisch ausdrücken kann, indem man
sagt: X ist ein ausgezeichneter musikalischer Mensch. – Das ist halt
natürlich die Prosa. Es könnte einem passieren, wenn man an einen
ganz ausgepichten Pedanten kommt, daß er einem das ankreidet,
wenn man so etwas sagt.

Es kann auch umgekehrt sein. Wenn man irgend etwas besonders
stark ausdrücken will, so kann man ein Umfassenderes für ein Ein-
Tafel 19 geschränkteres gebrauchen. Da hat man es dann mit der Synekdoche
zu tun. Es gibt zum Beispiel das schöne Byronsche Bild, das er gebraucht, um auszudrücken, was eine Dame tut, die schon etwas hat
Tafel von Xanthippen-Natur, wo er sagt: Sie blickt Gardinenpredigten. –
Da haben Sie wirklich ein Umfassendes, was man sonst nur ausdrücken kann durch Worte, oder was sonst also besteht in Worten:
Gardinenpredigten und so weiter. Da haben Sie für das Eingeschränktere desjenigen, was in der Gardinenpredigt liegt, das Umfassende, den
Blick, gebraucht. Es ist eine ungeheuer wundervoll wirkende Synekdoche, wenn man dasjenige, was nur im Blicke der ärgsten Xanthippe
liegen kann, dadurch ausdrückt, daß man die ganze Fülle von Gardinenpredigten, wo also gezetert, geschimpft, gepoltert wird, in den
Blick hineinbringt. Sie haben also da das Umfassendere für ein Ein-
geschränktes hineingebracht.

Nun handelt es sich darum, daß man das eurythmisch zum Ausdruck bringen kann. Wir wollen zunächst die einfachste Art zur Darstellung bringen. Sie können überall, wo Sie eine Metapher auszudrücken haben, dies durch den seitwärtsschreitenden Schritt ausdrücken, so oder so (nach rechts oder nach links). Das wird schon,
wo irgend etwas Metaphorisches auftritt, in die Form hineinfließen.

Wo Sie etwas Synekdochisches ausdrücken wollen, werden Sie,
wenn Sie das Umfassende für das Eingeschränkte gebrauchen wollen,
eurythmisch nach rückwärts gehen. Wenn Sie das Eingeschränkte
für das Umfassende gebrauchen, nach vorwärts gehen. Das liegt in
der Form. Also Sie werden immer «Sie blickt Gardinenpredigten»

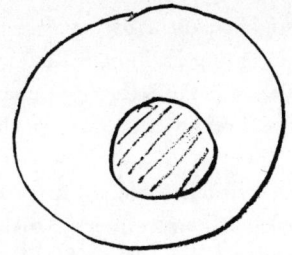

Sym.

Raubtier
Löwe

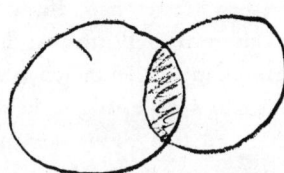

Metaph.

Vogel für Luftschiff

Ein Begriff, der mit einem andern
einiges Gemeinschaftliches hat

O Wasserrose, du blühender Schwan
O Schwan, du ~~blühende~~ schwimmende Rose.

Aleon.

Der Vogel singt; der Wald ist
heiter.

Eintragung von Rudolf Steiner in ein Arbeitsheft von Marie Steiner

169

mit dem Rückwärtsschreiten ausdrücken; Sie werden, wenn Sie für Raubtiere «Löwe» setzen, das mit dem Vorwärtsschreiten ausdrücken.

Sie bekommen dadurch sogleich die Anschauung, daß alles dasjenige, was eine Rückwärtsbewegung ist in dem Raume, in dem man die Eurythmie ausführt, immer das Aufsteigen zu einem Umfassenderen bedeutet; ein Vorwärtsschreiten bedeutet ein Hineingehen in ein weniger Umfassendes.

Damit Sie sehen, wie das ist, drücken Sie auf diese Art durch das Schreiten das aus: Zu Himmelsmächten streb' ich – rückwärtsgehend. Ich werde gleich etwas dagegenstellen, damit Sie den Unterschied dagegen merken: In mein Kämmerchen verschließ' ich mich. – Jetzt drücken Sie nur dieses, daß Sie beim ersten nach einem Umfassenden streben, drücken Sie dies nur durch die Schritte aus; das muß in der Form drinnen liegen: rückwärts. In mein Kämmerchen verschließ' ich mich: vorwärts. Sehen Sie, so haben wir die Möglichkeit, im Vor- und Rückwärtsschreiten den ganzen inneren Sinn, der in diesem Angedeuteten liegt, auszudrücken.

So etwas ist nun ganz besonders wichtig überhaupt für die Bühnenkunst. Denn nur dadurch, daß man den Sinn von Vor- und Rückwärts- und Seitwärtsschreiten kennenlernt, nur dadurch lernt man auf der Bühne gehen. Sonst wird man es zuwege bringen, daß, wenn man ein Gebet auf der Bühne spricht, man unter Umständen vorwärtsschreitend etwas Gebetartiges spricht – was etwas Schreckliches ist –, währenddem das Rückwärtsschreiten beim Gebet das Selbstverständliche ist. Wenn man zum Ausdrucke bringt, daß man etwas lehren will, also es in die Gedanken treiben will, wird man nicht nach rückwärts schreiten, sondern dann wird man nach vorwärts schreiten.

Bei Konversation wird man nicht nach rückwärts, nicht nach vorwärts schreiten, sondern man wird nach der Seite schreiten, denn ein ordentlicher Konversationston ist metaphorisch gebildet.

Damit habe ich Ihnen heute einiges angedeutet, das dann in seiner weiteren Ausführung eben gerade wiederum in der Eurythmie Dinge ergeben wird, die nach und nach dann diese Lauteurythmie abrunden zu einer wirklichen Kunst.

ZEHNTER VORTRAG

Dornach, 7. Juli 1924

Formen, die sich aus der Wesenheit des Menschen ergeben

Wir haben bisher unseren Ausgang genommen für die Charakteristik der eurythmischen Geste von der Lautsprache her, wenigstens in gewissem Sinne von der Lautsprache her. Wir müssen uns nur klar sein darüber, daß alles dasjenige, was an eurythmischen Gesten zum Ausdrucke kommen kann, was also in gewissem Sinne eine Offenbarung des Menschen ist, wie das Wort selber, das der Mensch spricht, eine Offenbarung seiner selbst ist, daß alles das in den Bewegungs- und Formmöglichkeiten des menschlichen Organismus begründet ist. Wir können daher auch jetzt einen andern Ausgangspunkt noch wählen; das ist der, die Wesenheit des Menschen zunächst, wie sie ist, heranzunehmen und von da ausgehend die Form- und Bewegungsmöglichkeiten zu entwickeln, zu sehen, was für Formen aus dem menschlichen Organismus folgen können, und dann von da ausgehend zuletzt gewissermaßen aufzustoßen darauf, wie die einzelne Form nun den Charakter des sichtbaren Lautes annimmt.

So wollen wir zunächst einmal heute den Versuch machen, von der Wesenheit des Menschen auszugehen, die Formen zu suchen, die sich aus der Wesenheit des Menschen ergeben können, und dann weitergehen und uns fragen: Welche Laute können gedacht werden mit diesen betreffenden Formen?

Dazu werde ich eine ganze Anzahl von Eurythmistinnen brauchen, die ich bitten werde, auf die Bühne heraufzukommen.

Stellen Sie sich in einem Kreise auf, so daß Sie alle gleiche Abstände haben.

   I. Heben Sie beide Arme in die Höhe, Handflächen auswärts, spreizen Sie alle Finger.

  II. Halten Sie den rechten Arm an den Körper, die linke Hand leicht in die Seite gestemmt.

171

III. Beide Arme nach vorn, übereinandergelegt.

IV. Die Arme entlang dem Körper, linker Arm etwas abstehend.

V. Einen Fuß vorgestellt, die linke Hand faßt den Ellbogen der rechten.

VI. Ballen Sie die linke Hand etwas zur Faust, geben Sie sie an die Stirne; machen Sie mit dieser (rechten) etwas weiter nach vorne gestellten Hand diese Geste (siehe Zeichnung VI).

VII. Beide Hände nach vorn, die linke nach unten, die rechte nach oben.

VIII. Sie stehen bloß auf dem linken Fuß, den rechten halten Sie etwas gehoben, die rechte Hand vertikal aufwärts, die linke Hand etwas gebeugt abwärts.

IX. Kopf nach vorn abwärts, mit der rechten Hand das Kinn berühren, die linke Hand hängen lassen.

X. Umschlingen Sie mit dem rechten Arm den Kopf und bedecken Sie mit der linken Hand den Kehlkopf.

XI. Stellen Sie die Füße nach einwärts und kreuzen Sie die Arme.

XII. Linken Arm über der Brust, rechten auf dem Rücken.

Nun sehen Sie eine Anzahl von Gesten. Diese Gesten stellen Ihnen in ihrem Gesamtumfange eigentlich das ganze Menschenwesen dar, man möchte sagen, das ganze Menschenwesen zwar in zwölf einzelne Elemente zersplittert, aber doch das ganze Menschenwesen.

Sie könnten sich auch vorstellen, daß ein Mensch hintereinander diese Gesten machen würde. Wenn Sie sich das vorstellen würden, daß ein Mensch hintereinander diese Gesten machen würde, dann würden Sie noch deutlicher sehen, daß eigentlich auf die Weise, daß ein Mensch diese sämtlichen Gesten macht, sich das menschliche Wesen in einer ganz außerordentlich starken Weise zum Ausdrucke bringt.

Wollen wir dieses menschliche Wesen nun einmal durchgehen. Beginnen wir einmal hier (Geste IV).

Stellen Sie sich bitte vor so dargestellt jenes Element im Menschen, das vorzugsweise der Intellekt, der Verstand ist. Wollen wir uns das nur gut in unsere Seele einschreiben: Wir haben hier die Geste, welche der Ausdruck des *Verstehens,* des *Verstandes* ist. Tafel 20

Sehen Sie sich nun diese Geste (I) an: Es strömt sonnenhaft dasjenige aus, was man das Element der *Begeisterung* nennen kann, das Element, Tafel das namentlich in der Brust seinen Ursprung hat. So daß wir also sagen können, Geste IV: Kopf; Geste I: Brust, die Begeisterung. Tafel

Jetzt gehen wir hierher (Geste X). Da haben wir: Kopf vom rechten Arm umschlungen, mit der linken Hand den Kehlkopf bedeckend. Hier haben wir alles dasjenige, was im Menschen Willensausdruck ist – das Wort soll schweigen –, wenn sich der Mensch hinstellt und den Willen repräsentiert; alles dasjenige haben wir, was Willensausdruck ist, was zur Tat werden kann. Wir können also sagen: *Glied-* Tafel *maßen, Wille, Tat.*

So haben wir eigentlich im Grunde genommen jetzt die drei Glieder der menschlichen Natur: Verstand, Gefühl, Wille.

Nun haben wir auch noch die Geste, welches alles das, was wir haben, zusammenfaßt. Sehen Sie einmal, wie diese hier das Gleichgewicht sucht (Geste VII).

Sie sucht das Gleichgewicht zwischen allen andern. Man kann sich denken, daß die Arme auch so sich bewegen (auf und nieder bewegen), daß dadurch das Gleichgewicht gesucht wird. Also hier wird das Gleichgewicht gesucht; der ganze Mensch sucht das Gleichgewicht. Wir können sagen, der Mensch als solcher oder auch der im Gleich-gewichte seiner drei Kräfte Denken, Fühlen und Wollen befindliche Mensch. Ich werde nur schreiben: *der im Gleichgewicht befindliche* Tafel *Mensch.* Nehmen Sie diese Bezeichnungen, die ich hier aufschreibe, als etwas sehr Bedeutsames.

Jetzt gehen wir zu den andern über. Wenn Sie hier von dem denkenden Menschen zu dem sein Gleichgewicht suchenden Men-schen kommen, so haben Sie zwischen beiden dasjenige, wo man vom Denken hinkommt, wenn man etwas bedacht hat. Wohin kommt man vom Denken? Zum Entschluß. Also Geste V ist der *Entschluß,* Tafel der Gedanke, der sich in die Wirklichkeit umsetzen will.

Nun kommen wir zu dieser Geste (VI). Da sehen Sie der Geste an, daß eigentlich etwas Bedeutsames vorliegt. Das (Geste IV) ist erst der Gedanke. Der mag sehr gescheit sein, aber er braucht sich nicht zu verwirklichen. Er braucht nicht einmal so weit zu kommen, daß er Entschluß wird. Das ist der Gedanke; der kann aber immer noch an den äußeren Verhältnissen scheitern. Da (Geste VI) kämpft er mit den äußeren Verhältnissen: *Auseinandersetzung des Gedankens mit der Welt.* Das muß dann im ganzen Menschen verarbeitet werden, diese Auseinandersetzung; dann wird eben der im Gleichgewicht befindliche Mensch, der durch die Welt geht, seine Taten ausführen können, wenn er sich erst auseinandergesetzt hat mit der Welt.

Jetzt gehen wir vom Verstand nach der andern Seite. Wie ist es denn, bevor man einen Gedanken faßt? Es soll ja zu dem Verstande führen. Bevor man einen Gedanken faßt, haben wir das Abwägen der Voraussetzung eines Gedankens. Also Sie sehen hier (Geste III) in dieser Geste *das Abwägen der Voraussetzung des Gedankens.*

Wie kommt aber denn solch ein Abwägen der Voraussetzung nun zustande? Da müssen wir in richtigem Sinne Geste II ins Auge fassen. Wie kommt das zustande? Denken Sie nur, wir gehen vom Gefühl, von der Begeisterung aus (Geste I). Das ist die «lodernde Begeisterung» – die man in unserer Gesellschaft ja so sehr vermißt, aber nun wird sie wenigstens hier dargestellt. – Bevor man zu dem ruhigen Abwägen kommt, auf dem Wege von Geste I zu Geste III, muß erst die vernünftige Ernüchterung eintreten. Geste II: *Ernüchterung.*

Das können Sie, wenn Sie richtig unbefangen fühlen, dieser Gebärde sehr gut anmerken.

Dann haben wir die «Begeisterung», die in der Brust sitzt (Geste I). Nun kommen wir hierher (Geste XII).

Das ist noch nicht die Begeisterung, oder vielmehr, sagen wir, die Begeisterung geht nach dieser Seite nicht ins Abwägen, nicht ins Urteilen über, sondern sie geht in die Tat über, in den Willensausdruck. Da liegt zunächst zwischen der Begeisterung und dem Willen der Antrieb, wo man aus sich herausgeht, der Antrieb zur Tat. Wenn man begeistert ist, lodert man vorläufig nur. Wenn aber dann die Tat werden soll, muß ein Impuls, ein Antrieb zur Tat entstehen. Wir haben also dann hier (Geste XII) zu sehen den *Antrieb zur Tat.* Tafel 20

Nun gehen wir weiter. Sehen Sie sich an, was dann wird. Hier ist schon der ganze Mensch erstens einmal überzeugt, daß er die Tat doch tun wird (Geste XI) – es steht ja fast Napoleon da –, aber außerdem schon Geschicklichkeit ausdrückend in den Beinen, daß er nicht nur wie die andern steht, sondern fest sich hinstellt. Admirale werden Sie auf den Schiffen immer so stehen sehen. Ich rate Ihnen überhaupt, wenn Sie auf einem Schiffe gehen, immer so zu gehen, Sie werden dann das Schaukeln nicht so stark mitmachen und die See-krankheit nicht so leicht kriegen. Das ist nicht bloß der Antrieb, sondern die *Fähigkeit zur Tat.* Also hier haben wir bereits die Fähig- Tafel
keit zur Tat.

Und jetzt haben wir in Geste X die *Tat* selber. Tafel

Aber dann geht es weiter herüber. Wenn die Tat vollbracht wird, was liegt denn durch die Tat dann außerhalb des Menschen? Sie sehen, der Mensch steht in der Welt drinnen. Er sieht auf dasjenige hin, was durch die Tat geworden ist. Es ist nicht mehr die Tat allein. Er ist schon weggegangen von der Tat, er kann sie schon anschauen, es ist schon das Ereignis, die Tatsache – das Ereignis, das durch ihn geschehen ist, das durch seine Tat geschehen ist. – Wir haben also in Geste IX das *Ereignis.* Tafel

Und jetzt gehen wir weiter zu Geste VIII:

Hier können Sie in der Geste sehen, das Ereignis hat auf den Menschen selber einen Eindruck gemacht. Er hat das Ereignis getan, das Ereignis hat auf ihn einen Eindruck gemacht, es ist zum Schicksal geworden. Wir können also sagen (siehe Schema): *das Ereignis ist zum Schicksal geworden.* Tafel

Nun haben wir ringsherum den Menschen in seinen Elementen erschöpft. Sie sehen, man kann den Menschen in zwölf Elementen darstellen und kann durchaus Gesten finden, welche diesen zwölf Elementen entsprechen.

Ich brauche aber noch weitere sieben Eurythmisten. Fangen wir hier in der Mitte an: Strecken Sie die Arme aus, den rechten Arm nach vorne, den linken nach hinten, und jetzt müssen Sie mit beiden

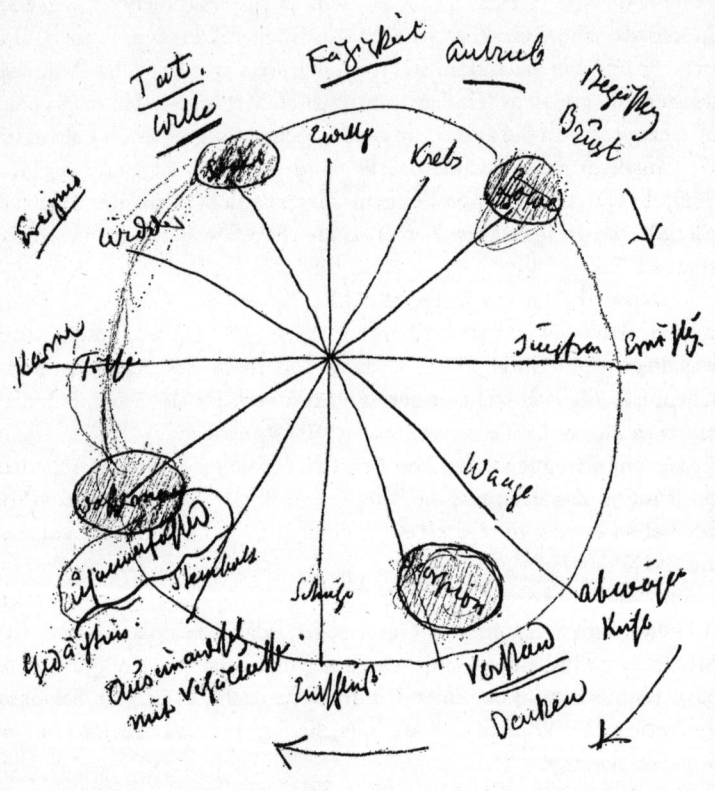

Aus einem Notizbuch Rudolf Steiners

Armen gleichzeitig eine Kreisbewegung ausführen. Sie brauchen das aber erst durchzuführen, wenn alle ihre Anweisungen bekommen haben.

So habe ich wiederum zunächst die erste vor Sie hingestellt, die nun nicht bloß eine Haltung hat, sondern die eine Bewegungsgeste hat. Und wenn Sie diese Bewegungsgeste nehmen, so ist sie diese, die wir brauchen können als: der Ausdruck des *ganzen Menschen*. Der ganze Mensch macht sich geltend. Tafel 20

Jetzt die zweite: Linker Arm nach hinten, rechter Arm nach vorn, den linken Arm drehen Sie im Kreise, der vordere bleibt ruhig.

Da haben wir die zweite vor Sie hingestellt. Das ist der Ausdruck für alles dasjenige, was im Menschen liebende, hingebende Wesenheit ist. Also: *liebende, hingebende Wesenheit*. Tafel

Jetzt kommt die dritte: Rechter Arm nach vorn, linker Arm nach hinten, den rechten Arm im Kreise drehen. Also das ist der gerade Gegensatz von der Vorhergehenden. Das ist der Gegensatz von der liebenden, hingebenden Art, der liebenden Wesenheit. Das ist die *egoistische Wesenheit*. Tafel

Die vierte: Strecken Sie die Arme vor, kreuzen Sie die Unterarme übereinander. Das ist im Geistigen; die kann daher ruhig bleiben. Das ist alles dasjenige, was das Schaffende im Menschen ist, *schaffende Fähigkeit* ist. Tafel

Jetzt kommen wir zur fünften: Sie müssen die Arme vorhalten, die Finger einziehen und mit dem Körper dann die Bewegung ausführen, auf und ab wiegen. Da haben wir dann diese Eigenschaft des Menschen, die da bedeutet das Aggressive, also die *aggressive Fähigkeit*. Tafel

Die sechste: Sie müssen den linken Arm ruhig (nach innen gebogen) halten, mit dem rechten darum drehen. So machen Sie den Leuten klar, daß wir hier nicht die aggressive Fähigkeit, sondern die *weisheitwirkende Tätigkeit haben*. Tafel

Und jetzt noch die letzte: Legen Sie hier die Hände an die Stirne, aber etwas übereinander; lassen Sie sie hinauf-, dann wieder hinabgleiten, wieder hinauf, herab. Machen Sie diese Bewegungsgeste. Dann haben wir alles dasjenige, was Tiefsinn ist, darinnen zum Ausdruck bringend, In-sich-Geschlossenheit; *Tiefsinn* will ich es nennen.

Wir haben also einen großen Kreis aufgestellt, haben einen kleinen Kreis aufgestellt, haben in dem äußeren, großen Kreis die äußeren zwölf Gestalten, welche Haltung, Form zum Ausdruck bringen. Hier haben wir im inneren Kreis sieben Gestalten, welche Bewegungen zum Ausdruck bringen, nur mit Ausnahme der einen, welche auch nur eine Form zum Ausdruck bringt, nämlich die zur Ruhe gekommene Bewegung.

Nun sehen Sie sich einmal an, wenn hier die Formen zugleich dastehen, was das für eine Harmonie gibt. Die inneren machen ihre Bewegung, die ihnen zugehören, die äußeren machen ihre Formen.

Jetzt aber noch weiter. Die inneren machen ihre Bewegungen; die äußeren bewegen sich langsam von links nach rechts im Kreise, indem sie ihre Formen halten. Während der ganzen Zeit machen also die andern ihre Bewegungen. Sehen Sie, das ist eigentlich so, wie wenn ein Mensch sich die Welt von allen Seiten anschaut, alle seine Fähigkeiten in Bewegung bringt.

Nun stellen Sie sich wieder auf in Ihren Formen im äußeren Kreis. – Ich mache nur darauf aufmerksam, daß in der Eurythmie das, was von links nach rechts ist, umgekehrt gemeint ist, das heißt, es ist von den Zuschauern aus gemeint, und wieder umgekehrt gemeint ist, was von rechts nach links ist. – Der äußere Kreis bewegt sich von links nach rechts mit mäßiger Geschwindigkeit; der innere Kreis macht seine Gesten, bewegt sich aber mit größerer Geschwindigkeit herum im Kreis als der äußere. Der innere Kreis also tanzt schnell herum, der äußere Kreis tanzt langsamer. Und nun machen Sie die Gesten darinnen. Sehen Sie sich die ganze Harmonie da an! Hier ist also eine Möglichkeit angestrebt. Wir haben das erste Element des Herausholens von Bewegungs- und Formmöglichkeiten aus dem Organismus, wenn wir den ganzen Menschen dabei berücksichtigen. Wir werden nämlich sehen, wie sich nunmehr die Formmöglichkeiten und die Bewegungsmöglichkeiten aus diesem Elemente allmählich entwickeln lassen.

Der Mensch ist wahrhaftig nicht bloß aus jenen Kräften heraus erwachsen, welche von der heutigen Wissenschaft gekannt und angenommen werden, sondern der Mensch ist aus dem ganzen Weltenall

heraus erwachsen, und man versteht ihn nur, wenn man ihn aus dem ganzen Weltenall heraus wirklich versteht. Und wenn man das, was wir jetzt gesehen haben, nimmt, es ordentlich sich anschaut, dann ist es gewissermaßen der Mensch, aufgeteilt in seine verschiedenen Fähigkeiten, Wesensglieder und Kräfte.

Aber der Mensch ist schon draußen in der Welt aufgeteilt in seine verschiedenen Wesensglieder. Das sind nämlich die Tiere. Der Mensch hat alle Fähigkeiten der hauptsächlichsten Tiere in sich tragend. Sie sind ausgeglichen in ihm. Sie sind gewissermaßen zu einer höheren Synthese zusammengefügt.

Und so haben wir zunächst die vier Haupttiere. Hier haben wir Begeisterung, Brustelement: der *Löwe* (siehe Seiten 173–176). Der Tafel 21 Löwe, der trägt einseitig als seine Charakteristik dasjenige an sich, was Sie da durch die entsprechende Gebärde haben (I).

Weiter: Hier (X) ist dasjenige Element, was dann einseitig draußen realisiert ist in demjenigen, was unter dem Eindruck des äußeren Tuns steht, des Willens steht: der *Stier*. Tafel

Sie haben dann hier (VII) dasjenige, was da sucht im ganzen Menschen dasjenige zu verarbeiten, was Erlebnis, was Tat ist; Sie haben es dem Darsteller angesehen. Das ist das, was alle die Einzelheiten zusammenfaßt, wie der ätherische Leib die Glieder des physischen Leibes zusammenfaßt. Früher hat man das Ätherwesen auch Wasserwesen genannt. Man müßte hierher schreiben eigentlich (siehe Schema): der Äthermensch. Das hat man also den Wassermenschen genannt. Das ist nach einer alten Bezeichnung, und ich kann daher ruhig herschreiben: *Wassermann*. Sie wissen jetzt, das ist der Äther- Tafel mensch.

Dann hatten wir den Reiz der Gescheitheit, dasjenige, was Eindruck macht (IV). Da hat die Tradition nun riesige Dummheiten gemacht. In Wahrheit handelt es sich da um alles dasjenige, was mit dem Innersten der Kopforganisation zusammenhängt. So daß ich eigentlich hierher schreiben müßte: *Adler*. Aber wahrscheinlich ist Tafel diese Verwechslung des Adlers mit dem Skorpion in verhältnismäßig später Zeit entstanden. Man hat sich hier also eigentlich den Adler zu denken (siehe Schema). Es wird aber heute dies allgemein als Skorpion bezeichnet. Ich will damit nicht sagen, daß die Leute allmählich den Verstand als etwas ansehen gelernt haben, was sie sticht.

Da haben Sie nun die hauptsächlichsten Eigenschaften des Menschen. Das andere liegt dazwischen, denn nicht gleich geht die Begeisterung über in die Tat; das andere liegt dazwischen. Der Antrieb war hier (XII). Dieser Antrieb, wo wir übergehen von der Begeisterung in die Tat hinüber, wo wir aus uns herausgehen, das ist am Menschen verkörpert durch das Fühlen des Brustkorbes. Der Brustkorb hat in der alten physiologischen Sprache «der Krebs» geheißen.
Tafel 21 Daher kann ich hier auch den Ausdruck *Krebs* herschreiben (siehe Schema). Krebse waren in der alten Zoologie nicht bloß unsere heutigen Krebse, sondern all die Tiere, die einen besonders stark ausgebildeten Brustkorb hatten. Das waren ursprünglich Krebse. Alles, was einen stark ausgebildeten Brustkorb hatte, war ein Krebs.

Tafel

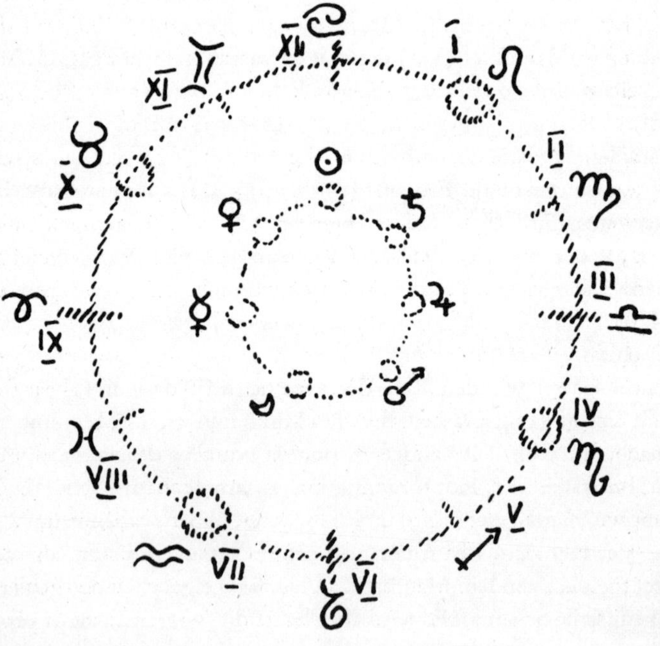

Wenn man dann übergehen will zur Tat, muß man ordentlich schweifen, seine beiden Körperhälften ordentlich in Bewegung bringen, also den linken und den rechten Menschen, die zusammenstimmen müssen, in Bewegung bringen. Wir sehen dabei auf diejenigen Tiereigenschaften hin, wo die Tiere linke und rechte Körperhälfte symmetrisch fortwährend in Einklang zu bringen haben. Gewisse Tiere müssen das insbesondere schon beim Laufen tun: *Zwillinge* (XI). Tafel 21

Ich sagte, wir kommen heraus zur Tat, von der Tat zum Ereignis. Wenn wir den Übergang suchen von der Tat zum Ereignis, da finden wir im Tierreiche als schönstes Symbol dafür diejenigen Tiere, die gebogene Hörner haben. Da geht es ins Ereignis hinaus: *Widder* (IX). Tafel Natürlich müßte ich viel reden, wenn ich die ganze Rechtfertigung hierfür darstellen wollte.

Dann geht es über in das, wo der Mensch mit der Außenwelt ganz verschwimmt, wo er in die Außenwelt übergeht, wo dasjenige, was er tut, Schicksal wird. Da lebt der Mensch in dem Elemente des Moralischen drinnen wie die Fische im Wasser. Wie die Fische mit dem Wasser verschwimmen, fast eins damit werden, so lebt der Mensch mit seinem Schicksal in der moralischen Außenwelt. Also: *Fische* Tafel (VIII).

Nun habe ich Ihnen gesagt, von der Begeisterung muß es allmählich zum ruhigen Gedanken herüberkommen. Man kommt herüber, wenn man die lodernde Begeisterung ernüchtert: die Ernüchterung. Das kühlwerdende Element, das noch nicht Feuer gefangen hat, im Tierreiche ausgeprägt, nannte man in älteren Zeiten die *Jungfrau* (II). Tafel

Und nach der Ernüchterung kommt die ruhige Abwägung, das ruhige Abwägen: die *Waage* (III). Diejenigen Tiere, die alles überlegen, hieß man im grauen Altertum Waage. Tafel

Und jetzt geht es herüber von IV zu VII, vom Skorpion beziehungsweise vom Adler zum Wassermann, zum Äthermenschen. Zuerst haben wir den Entschluß, wo der Gedanke hinaus will in die Welt. Da ist leicht einzusehen, daß man für diejenigen Tiere, die hinschießen wie gewisse Tiere des Waldes, die schon aus einer gewissen Nervosität heraus immer hinschießen, im Altertum den Ausdruck

187

«Schütze» hatte. Es ist das nicht dasjenige, was man sich später vorgestellt hat, sondern es ist gerade eine tierische Eigenschaft: *Schütze*
(V). Heute, glaube ich, ist nur noch in gewissen Dialekten der Ausdruck «Schütze» für so kleines Ungeziefer üblich, das so hinschießt
in den Küchen.

Und nun die Auseinandersetzung mit den Verhältnissen. Da wird
man schon zum Steinbock, wenn man überall anstößt, bevor die
Sache übergeht in das Menschlich-Zusammenfassende, und dann in
das Schicksalsmäßige. Also muß hier noch geschrieben werden: *Stein-*
bock (VI). Der ganze Mensch wurde eben zusammengefaßt in dem
Kreise der Tiere. Aber das alles drückt eigentlich menschliche Fähigkeiten aus, und die menschlichen Fähigkeiten kommen wiederum
durch die ruhig haltende Gebärde zum Vorschein.

Wir hatten nun im inneren Kreis den Ausdruck des ganzen Menschen: *Sonne*. Nun sind wir herübergekommen zu der liebenden, hingebenden Wesenheit: *Venus;* zu der mehr egoistischen Wesenheit:
Merkur; zu der schaffenden, produktiven Wesenheit: *Mond*. Dann
hatten wir die aggressive Wesenheit: *Mars*. Dann hatten wir die weis-
heitstrahlende Wesenheit, diejenige, die die Weisheit ausstrahlt, den
Jupiter. Und zuletzt haben wir das, was ins Melancholische hineingeht,
in das innere Halten, in den Tiefsinn: *Saturn*.

Indem wir da herüberkommen zu diesen Äußerungen des Menschen, gehen wir eben über von den ruhigen Haltungsgesten zu den
Bewegungsgesten. Und wenn wir dann das Ganze zusammenfassen
wollen, so können wir es so zusammenfassen, wie ich es Ihnen dargestellt habe, indem wir die Kreise in Bewegung haben bringen lassen;
äußerlich dasjenige, was den ganzen Menschen ausmacht, die Zusammenfassung aller Tierqualitäten, aller Tiercharaktere.

Es gibt ein Experiment in der Farbenlehre: Man streicht auf einen
Kreis in Sektoren alle sieben Farben auf, rot, orange, gelb, grün, blau,
violett und so weiter; dann bringt man das Ganze in Bewegung und
dreht immer schneller und schneller, bis das Ganze ein Grau gibt. Die
Physiker behaupten: weiß – aber es gibt kein Weiß, sondern ein Grau.
Man sieht keine einzelne Farbe mehr, sondern ein Grau.

Wenn nun die Damen hier sich so rasch bewegt hätten, daß man nicht mehr die einzelne Geste, sondern das Ineinanderschwingen aller Gesten gesehen hätte, dann würden Sie etwas ungeheuer Interessantes gesehen haben: das Bild des sein Wesen durch seine Form ausdrückenden Menschen.

Hier (im inneren Kreis) haben Sie alles dasjenige, was der Mensch an seinen Betätigungen in seinem Nach-Auswärtsgehen hat, in dem Planetarischen, was darstellt die inneren Betätigungsmöglichkeiten, wobei das Tierische allmählich übergeleitet wird in das Menschliche. So daß wir außen haben: *alle Tiere als Mensch;* hier innen: *Zusammenfassung des Tierischen ins Menschliche durch die Siebenheit.* Tafel 21

Und nun bitte ich Sie, fassen Sie das Folgende hinzu – die Koinzidenzien werde ich dann das nächste Mal angeben –, fassen Sie auf: *a, e, i, o, u, ei, au* – sieben Vokale. Wenn wir die Konsonanten wirklich ihrer inneren Natur nach nehmen und diejenigen, die etwas ähnlich klingen, auch zusammennehmen, bekommen wir zwölf Konsonanten. So daß wir hier haben würden: zwölf Konsonanten, sieben Vokale. Wir bekommen die neunzehn Lautmöglichkeiten, indem wir im Tierkreis das Konsonantische, im Reigen der Planeten das Vokalische sehen. Der Himmel spricht: Jedesmal, wenn ein Planet zwischen zwei Tierkreisbildern steht, steht ein Vokal zwischen zwei Konsonanten. Und in den Konstellationen, die durch die Planeten entstehen, spricht der Himmel, spricht in der mannigfaltigsten Weise, und dasjenige, was da gesprochen wird, ist eigentlich Wesenheit des Menschen. Daher kein Wunder, daß durch menschliche Gesten und Bewegungsmöglichkeit gerade ein Kosmisches ausgedrückt wird.

Damit haben wir die Möglichkeit, uns vorzustellen, daß wir in der Eurythmie dasjenige erneuern, was in den uralten Mysterien Tempeltanz war: die Nachahmung des Sternenreigens, die Nachahmung desjenigen, was durch Götter vom Himmel herunter zum Menschen gesprochen wurde. Es mußte nur wiederum aus dem Elemente des geistigen Erkennens heraus in unserer Zeit die Möglichkeit gefunden werden, den inneren Sinn der entsprechenden Gesten wirklich zu suchen.

Und so haben wir heute neunzehn Gesten: zwölf ruhende und sieben bewegte Gesten, von denen die eine nur ruhend ist, weil die

Ruhe einfach der Gegensatz zu der Bewegung ist. Die Bewegung, die an Geschwindigkeit gleich Null ist, ist auch darunter, im Monde. Wir haben also diese Gesten kennengelernt und haben auch schon andeuten können, wie diese Gesten hineinführen in das Lautliche. Wir sind jetzt ausgegangen vom Menschen und gehen den andern Weg. Erst gingen wir von den Lauten aus, suchten uns von dem Laute aus die Geste. Jetzt gehen wir von den Bewegungsmöglichkeiten aus und verfolgen den Weg zum Menschen, zu der sichtbaren Sprache, zu den Lauten hin.

ELFTER VORTRAG

Dornach, 8. Juli 1924

Das Sich-Hineinleben in Gebärde und Form

Wir wollen nun sehen, wie manche Schwierigkeiten, die im Eurythmisieren entstehen, entstehen müssen, wenn man nicht aus einer Verinnerlichung der Gestaltungen und Bewegungen, wie wir sie gestern kennengelernt haben, heraus arbeiten kann. Die Schwierigkeiten ergeben sich dann, wenn man zum Beispiel einen Konsonanten in den andern übergehen lassen soll, einen Vokal in den andern übergehen lassen soll, und Sie werden aus Bemerkungen, die ich schon gemacht habe, ersehen können, daß für das Geistige der Rede dasjenige das Allerwichtigste ist, was zwischen den Lauten steht. Geradeso wie das eigentlich Musikalische, das geistig Musikalische dasjenige ist, was zwischen den Tönen steht. Die Töne sind das Physische, gewissermaßen das Materielle, und dasjenige, was von dem einen Ton zu dem andern hin sich bewegt, ist das Geistige.

Ebenso ist im Sprechen eigentlich der Geist dort, wo von Laut zu Laut der Übergang gemacht wird. Wenn ich also mir bewußt bin, daß ich Geistiges in allem Materiellen habe, und mir auf der andern Seite bewußt bin, daß der Laut eine materiell-physische Bezeichnung ist, so werde ich leicht einsehen können, daß das Geistige im Übergang von einem Laute zum andern liegen muß.

Nun haben wir gestern eigentlich geistige Bedeutsamkeiten, geistig Wesenhaftes, das hinter gewissen Gestaltungen und hinter gewissen Bewegungen liegt, kennengelernt. Wir wollen dasjenige, was wir gestern kennengelernt haben, allmählich herunterbringen zu dem, was wir als die eurythmische Ausgestaltung der Laute kennengelernt haben.

Zu diesem Zwecke wollen wir heute folgendes machen. Ich werde noch einmal diejenigen Eurythmisten bitten, welche gestern den Tierkreis darstellten, sich in derselben Stellung auf das Podium zu begeben, wie sie das gestern getan haben, und jetzt die für die Planeten.

191

Sie haben schon aus dem Gestrigen vernommen, was für Tiere im Tierkreis Sie nun sind, also ich bitte Sie nun, das Folgende sich zu merken. Wir werden mit einzelnen Konsonanten jetzt die Gestalten des Tierkreises belegen:

Widder:	*w*
Stier:	*r*

Das sind Halbvokale, konsonantisch aufzufassende Vokale; *w* ist dem *u, r* dem *a* verwandt.

Zwillinge:	*h*
Krebs:	*v,* es kann auch *f* sein
Schütze:	*g*
Steinbock:	*l*
Wassermann:	*m*
Fische:	*n*
Löwe:	*t (Tao)*
Jungfrau:	*b*
Waage:	*c*
Skorpion:	*z*

Hauptsächlich ist es, meine lieben Freunde, daß Sie sich diese Entsprechungen merken.

Jetzt die Mittleren, die Planeten:

Sonne:	*au*
Venus:	*a*
Merkur:	*i*
Mond:	*ei*
Mars:	*e*
Jupiter:	*o*
Saturn:	*u*

Und jetzt bitte ich Sie, das Folgende zu machen. Versuchen Sie sich jetzt in die Gebärde zu stellen, beziehungsweise machen Sie die Bewegungsgebärde, die Sie gestern gemacht haben; und jetzt gehen Sie aus diesen Gebärden über zu dem entsprechenden Laut, den ich heute bezeichnet habe. Und aus diesem Laut gehen Sie wiederum zu Ihrer Bewegungsgebärde zurück.

Auf diese Weise bekommen Sie dasjenige, was Sie dem Laute entsprechend als dem Laute vorangehende und nachfolgende Gebärde eigentlich aufsuchen sollten als Übergangsgebärde von einem Laute zu dem andern.

Natürlich werden Sie erst sehen müssen, wie das dann im weiteren durchgeführt wird, damit Sie nicht übergroß dasjenige dehnen müssen, was zwischen den Lauten ist. Aber heute wollen wir einmal aus dem, was wir da gebildet haben, dasjenige herausholen, was entstehen kann aus dieser Konstellation, die wir nun haben. Jede von Ihnen kennt ihren Laut. Jetzt werde ich ein kleines Gedicht sprechen, und ich bitte Sie, achtzugeben darauf, wie die Laute aufeinanderfolgen; und diejenige, welche den Laut hat, die macht ihn. So daß also das ganze Gedicht aus den zwölf plus sieben hervorgehen wird, und wir sehen werden, wie auf diese Weise ein Gedicht eurythmisiert werden kann aus einer solchen Konstellation. Sie setzen sich nun in die Ausgangsgebärde oder Ausgangsbewegung, Sie bleiben darinnen, und nun fangen wir ganz langsam an. Also immer nur diejenige, welche den betreffenden Laut hat, macht den Laut aus ihrer Bewegung heraus, geht wieder in die Bewegung zurück. Aber Sie müssen natürlich «aufpassen wie ein Schießhund», weil aus dem ganzen Komplex der Laute heraus das Gedicht zur Entstehung kommt:

> Edel sei der Mensch,
> Hilfreich und gut!
> Denn das allein
> Unterscheidet ihn
> Von allen Wesen,
> Die wir kennen.
>
> Heil den unbekannten
> Höhern Wesen,
> Die wir ahnen!
> Ihnen gleiche der Mensch;
> Sein Beispiel lehr' uns
> Jene glauben.

Nun, das weitere des Gedichtes werde ich sprechen und Sie werden die Bewegungen, die Sie gestern als Tierkreis und als Planetenkreis gemacht haben, vollziehen. Während Sie also sich in Ihren Gebärden im Kreis herumbewegen, werden Sie, wenn Sie durch den Text aufgerufen sind, die betreffenden Laute machen, und Sie werden dann sehen, daß das noch schöner herauskommt:

> Denn unfühlend
> Ist die Natur:
> Es leuchtet die Sonne
> Über Bös' und Gute,
> Und dem Verbrecher
> Glänzen, wie dem Besten,
> Der Mond und die Sterne.
>
> Wind und Ströme,
> Donner und Hagel
> Rauschen ihren Weg
> Und ergreifen,
> Vorüber eilend,
> Einen um den andern.
>
> Auch so das Glück
> Tappt unter die Menge,
> Faßt bald des Knaben
> Lockige Unschuld,
> Bald auch den kahlen
> Schuldigen Scheitel.

Nun, wenn Sie nur achtgeben und die entsprechenden Entfernungen immer behalten, dann werden Sie sehen, daß gerade dadurch, daß wir die Sache so aus dem Wirklichen, aus der wirklichen Rundbewegung und aus der geistigen Gebärde herausholen, daß gerade dadurch die einzelnen Laute auf einem entsprechenden Hintergrund erscheinen, der sie durchaus vergeistigt.

Das, was ich Ihnen da gesagt habe, das ist vor allen Dingen außerordentlich wichtig für diejenigen, die nun schon ein bißchen Eurythmie gelernt haben und so viel können, daß sie – nun, ich will ein Beispiel anführen – so annähernd ausführen können dasjenige, was vorgeführt worden ist im «Zauberlehrling». Da hat man dann eine bis zu einem gewissen Grade ganz in sich geschlossene Darstellung. Wenn man ungefähr so viel kann in der Eurythmie, dann handelt es sich darum, daß man viel in der Richtung übt, die jetzt eben angeschlagen wird. Denn dadurch, daß Sie diese gestern Ihnen angeführten Gebärden und den Übergang dieser Gebärden in die einzelnen Laute üben, bekommen Sie eine ganz große, aber auch notwendige Geschmeidigkeit in der Bildung der Laute.

Sehen Sie doch nur einmal, wie schön das ist, wenn nun der Steinbock einrahmt seinen Laut so, daß vor und nach dem Laute diese Gebärde zutage tritt! Machen Sie also aus Ihrer Gebärde heraus Ihren Buchstaben, und lassen Sie den Buchstaben wieder in die Gebärde zurücktreten. Auf diese Weise haben Sie diejenige Gebärde, welche den Buchstaben einrahmt. Das heißt mit andern Worten, ein Laut steht dann richtig eurythmisch da, wenn er – jetzt spreche ich das Wort «annähernd» geflissentlich – annähernd aus dieser Gebärde herauswächst und wiederum in diese Gebärde zurückkehren kann. Natürlich wird es sich darum handeln, daß diese Gebärde nur rasch angeschlagen werden kann.

Sie werden aber ungeheuer viel gewinnen, nicht schon für die Ausführung, über diese werde ich noch sprechen, aber für das Lernen, wenn Sie auch für die Solo-Eurythmie oder für Duette, Trios und so weiter diese Dinge entsprechend ausführen. Da aber wird es sich darum handeln, daß zum Beispiel, sagen wir der Steinbock, wenn er ganz allein ist, und man ihm sagt, er soll ein Gedicht in Konsonanten wiedergeben, soll die Vokale weglassen, daß er dann einfach auf dem kürzesten Wege denjenigen Ort immer aufsucht, wo der entsprechende Konsonant steht, und dort den Konsonanten macht, wobei er beim Übergang von dem einen zum andern immer nun diejenige Gebärde macht, die dem Folgenden entspricht. Diese Dinge sind also vor allen Dingen deshalb wichtig, weil dadurch das Eurythmische nach und

195

nach wirklich ganz in den Menschen übergeht, denn die Gebärden sind so, daß sie auf die Wesenheit des Menschen berechnet sind. Und wir kommen auf diese Weise in die Möglichkeit, die Formung, die eurythmische Formung eines Gedichtes in solcher Weise aufzubauen, daß eine nicht nur innere Gesetzmäßigkeit des einzelnen Darstellers, sondern auch eine Beziehung entweder zu einem andern Darsteller, wenn wir mehrere haben, oder zum Raum entsteht.

Nun, heute werden Sie natürlich noch nicht in der Lage sein, etwas anderes vorführen zu können als dasjenige, was Sie selber bekommen haben; denjenigen Laut, den Sie bekommen haben. Aber wir werden jetzt uns einmal gestatten, uns nicht gegen das Publikum zu stellen, sondern nach dem Mittelpunkt hin mit den Augen zu stellen, so daß Sie denjenigen anschauen können, der an der betreffenden Stelle den Konsonanten macht; und dann bewegt sich derjenige, der vorher den Konsonanten gemacht hat – wollen wir die Vokale jetzt einstweilen stehen lassen –, er bewegt sich nach dem Orte des nächsten Konsonanten hin und macht ihm dessen eigene Bewegung entgegen. Sie sehen schon, wie schön die Sache verläuft.

Die zwölf Außenstehenden geben also jetzt acht auf ihre Laute. Es wird der erste, der einen Laut bekommt, diesen Laut machen; dann geben Sie (die Laufende) acht auf den nächsten Konsonanten, bewegen sich zu dem hin, der diesen Konsonanten hat, der seinerseits auch achtgibt und ihn Ihnen vormacht, und dann machen Sie Angesicht im Angesicht mit ihm diesen Konsonanten auch. Sie werden sehen, daß das eine sehr schöne Bewegung gibt.

Nur muß das später gemacht werden, ohne daß der andere dasteht, also so, daß Sie das ganz allein machen, als ob Sie gewissermaßen an dem Orte ein Gespenst sehen und von dem Gespenst auch die betreffende Bewegung sehen würden.

Ich werde ganz langsam ein kurzes Gedichtchen sprechen, und Sie (ein Eurythmist) führen das dann aus; die andern bleiben stehen:

> Ach, (jetzt gehen) ihr Götter! große Götter
> – bei *r* ist es so, daß das *r* wie *a* ist –
> In dem weiten Himmel droben!

Gäbet ihr uns auf der Erde
Festen Sinn und guten Mut:
O, wir ließen euch, ihr Guten,
Euren weiten Himmel droben!

Da bekommen Sie zugleich einen Begriff, wie nicht willkürlich zu
sein haben Formen, die man macht, sondern wie Formen durchaus
begründet sind, und zwar jetzt nicht in einer allgemeinen trivialen
Ausgestaltung irgendeiner Form – wenn in einem Gedicht «Bauch»
vorkommt, daß man etwa eine solche (entsprechende) Form macht,
das ist niemals dasjenige, um was es sich handelt –, sondern es handelt
sich immer darum, daß man aus der Sprache selbst heraus, das heißt
hier aus den Formen heraus, die schon in den Lauten und in den geistigen Gebärden liegen, die wir gestern besprochen haben, daß man
aus diesen heraus dasjenige forme, um was es sich handelt.

Beachten Sie, wie schön sich das ausnimmt, wenn Sie dasselbe jetzt
vokalisch sehen werden. Machen Sie (ein anderer Eurythmist) jetzt
dasselbe und die andern mit in der Vokalreihe.

Sie wissen ja, wo die betreffenden Buchstaben stehen, zu denen Sie
hingehen müssen.

Ach, ihr Götter! große Götter –

Dazwischen machen Sie zunächst keine Bewegung, sondern bleiben
Sie stehen, wenn kein anderer Vokal kommt. Es ist sehr schön, wenn
man unmittelbar hintereinander zwei gleiche Vokale hat, und man
bleibt ruhig auf dem betreffenden Punkt:

Ach, ihr Götter! große Götter
In dem weiten Himmel droben!
Gäbet ihr uns auf der Erde –

Bedenken Sie nur einmal, daß Sie da ein mächtiges Mittel zur
Übung haben; das sehen Sie gleich daran, daß Sie an dem Orte, wo
Sie mit einem Vokal stehen, daß Sie da auch, wenn der Vokal sich
wiederholt, wirklich noch einmal stehenbleiben müssen.

Nun müssen Sie, um das, was da eigentlich vorliegt, recht zu empfinden, eben Gefühl haben für dasjenige, was in der Sprache lebt. Zu diesem Zwecke möchte ich Ihnen die ersten drei Zeilen, ich kann nicht sagen rezitieren, ich kann nicht sagen deklamieren, aber einmal intonieren in zweifacher Art, so daß Sie sehen können, was eigentlich in der Sprache liegt und was der Eurythmist eigentlich unbedingt fühlen muß, sonst kommt das nicht heraus, was er auszudrücken hat:

a i ö e o e ö e
i e ei e i e o e
ä e i u au e e e

Bedenken Sie, was das hier für eine ganz andere Empfindung ist, wenn wir haben: der Erde = *e e e,* gegenüber dem, wenn Vokal auf Vokal folgt. Das eben lernen Sie ganz besonders stark spüren, wenn Sie diese Übungen machen.

Aber auch in den Konsonanten liegt ein Gleiches, und darauf beruht eigentlich die Schönheit des Gedichtes. Und im Grunde genommen kann man gar nicht die Sprache beherrschen, wenn man nicht eigentlich ein Gedicht so vorbereitet, daß man zunächst einmal die Vokale erklingen läßt und die Konsonanten halb fallen läßt, und dann wiederum die Vokale halb fallen läßt und die Konsonanten erklingen läßt. Denn bedenken Sie, was Sie für einen Charakter haben, wenn Sie haben:

ch hr g tt r gr ß g tt r
n d m w t n h mm l dr b n
g b t hr ns f d r rd
fst n s nn nd g t n m t

Da haben Sie hintereinander Vokale und Konsonanten zu empfinden gehabt. Das ist aber das, was tatsächlich der Eurythmist üben muß; dann wird er geschmeidig, dann wird sein Körper das, was er werden muß. Sie müssen wirklich eine gewisse Achtung haben vor der Eurythmie, wenn Sie eurythmisieren wollen. Diese Achtung muß Gesinnung werden. Wenn Sie tatsächlich alle Bewegungen, die Ihr

Kehlkopf macht, wenn er nur einen einigermaßen komplizierten Satz ausspricht, entsprechend nachahmen sollten, dann müßten Sie viel lernen. Das haben Sie alles gelernt in Ihrem vorirdischen Dasein. Da wird nur eine kleine Wiederholungslektion gemacht im irdischen Dasein, indem der Kehlkopf sich einschwingt in dasjenige, was er nachahmt an den Lauten, die er in der Umgebung hört, indem er also das nachahmt. Aber solch ein Lernen im Geistigen ist nicht ein intellektualistisches, sondern es ist ein solches, das aus dem Gefühl heraus geht. Daher wird durch solche Übungen, wie sie jetzt hier gemacht werden, das Gefühl angeregt.

Es handelt sich nicht darum, daß wir jetzt gleich denken, wir müssen einen Planetentanz aufführen; sonst kommt das zustande, daß, wenn man einen Planetentanz aufführen will, wozu man zwölf und sieben Personen, also neunzehn Personen braucht, die Leute, bei denen Eurythmieaufführungen gemacht werden sollen, dann kommen und sagen: Ihr dürft uns aber nur sieben Eurythmisten mitbringen mit den Ankleiderinnen, denn für mehr haben wir nicht Geld. – Ja, wie soll man denn die Sache dann machen? – Also, wenn die Sache richtig verstanden werden soll, so kann es sich nicht darum handeln, daß Sie gleich einen solchen Planetentanz etwa aufführen, sondern es kann sich nur darum handeln, daß Sie das, was gerade in diesen zwei Stunden jetzt gegeben wird beim Übergang von der Geistgebärde zu der Lautgebärde, daß Sie das sich aneignen zum Geschmeidigmachen des Organismus. Dann kommen Sie hinein in ein feines Erfühlen desjenigen, was Sie für die Eurythmie notwendig haben.

Wir wollen in diesem Kursus nicht bloß wiederholen, sondern wir wollen eben auch alles dasjenige dabei in Betracht ziehen, was die Eurythmie vorwärtsbringen kann.

Nun steht dem Vorwärtskommen in der Eurythmie das entgegen, daß man, um sie zu können, nicht immer glaubt – ich meine, daß man oftmals, um sie zu können, nicht glaubt, daß man sie zu lernen braucht. Es gibt sogar Menschen, welche durch zwei oder drei Wochen das Eurythmisieren sich angeschaut haben und die dann Lehrer oder Lehrerinnen werden wollen. Bedenken Sie nur, wie ungeheuerlich das wäre, wenn solche Anforderungen in der Musik oder in der Malerei gemacht würden! Es handelt sich wirklich darum, daß man einsehen lernt: Eurythmie ist etwas, was den Menschen ganz seinen Organmöglichkeiten nach zum Ausdrucksmittel macht. Das kann aber nur erreicht werden, wenn auch dasjenige geübt wird, was dann nicht ausgeführt zu werden braucht, sondern was nur dazu beiträgt, daß man in der Ausführung dann die entsprechende Geschmeidigkeit hat. Denken Sie nur, was in andern Künsten alles gemacht wird. Sie kennen doch wohl alle das berühmte Liszt-Klavier – wahrscheinlich haben es auch andere Komponisten gehabt –, das zwar Tasten hatte, aber keine Saiten. Auf diesem Klavier übte *Liszt* fortwährend; das hatte er immer bei sich, darauf übte er fortwährend. Diese Übungen machte er natürlich nicht, um nun Musik zu erzeugen, sondern um die Beweglichkeit in den Organismus hineinzubekommen. Der Nachbar hört auch nichts davon; für die andern ist es also auch gut, wenn auf diese Weise geübt wird. Man braucht nicht seine Nachbarn die ganze Nacht zu stören; man kann auf einem solchen Klavier die ganze Nacht üben und man stört niemanden. Es ist dies nur dazu da, um in den Organismus hinein die Beweglichkeit zu bringen.

Das, was wir jetzt in diesen zwei Stunden gehabt haben, ist eigentlich insofern ein Fundament für die Eurythmie, als es in den Organismus eben gerade das eurythmische Sich-Bewegen und Sich-Stellen hineinbringt.

Nun kehren wir zurück und machen noch die letzten Zeilen des Gedichtes:

Festen Sinn und guten Mut: –

Denken Sie, was liegt für eine ganze Tatsachenreihe, die man dabei in sich aufnimmt, drinnen – in diesem, was Sie hier haben: und gu (sie bleibt ruhig in *u*) ten (sie geht zurück an den alten Ort) Mut. Dieses Sich-Hineinfinden in jene Bewegung, die man als natürliche empfindet, wenn man von einem Vokal zu dem andern übergeht, oder die man als natürlich empfindet, wenn zwei gleiche Vokale aufeinanderfolgen, wenn derselbe Vokal sich folgt, das ist dasjenige, was eben das richtige Gefühl gibt.

O, wir ließen euch, ihr Guten,
Euren weiten Himmel droben!

Damit haben wir die Möglichkeit gegeben, die Vokale und Konsonanten so zu empfinden, wie sie gegeneinander stehen. Denn ich muß ausdrücklich betonen, auf diese absoluten Orte hier kommt es nicht an; ich hätte ebensogut die Dame, die mit ihrem *t* da hinten gestanden hat (Löwe), hierher stellen können. Die andern wären dann entsprechend so gestanden; Sie kommen ja auch auf andere Plätze, wenn der ganze Kreis sich bewegt. Aber auf diese absoluten Orte kommt es nicht an, sondern auf den relativen Ort, wie sie zueinander stehen. Daran können Sie bedenken, was es für Formmöglichkeiten gibt. Diese Formmöglichkeiten, die ergeben sich dann daraus, daß man irgendwo den Anfang macht; daß wir zum Beispiel irgendein Gedicht beginnen mit *t,* hier bekommen einen Anhaltspunkt, um die Formen entsprechend zu machen, wissen, wohin wir jetzt zu gehen haben mit der Form und so weiter.

Sie sollen also vor allen Dingen begreifen, daß in dem, was wir gestern und heute angegeben haben, ein Sich-Hineinleben in Gebärde und Form liegt.

ZWÖLFTER VORTRAG

Dornach, 9. Juli 1924

Moralisch-seelische Heilwirkungen durch das Ausströmen
der Menschenseele in Form und Bewegung und deren Zurückwirken
auf den ganzen Menschen

Wir werden jetzt an unseren Stoff anschließen dasjenige, was wir mehr aus den Fundamenten des Eurythmischen herausgeholt haben, und einiges von dem durchsprechen, was Sie schon – wenigstens zum Teil – kennen. Dann werden wir eine Verbindung herstellen zwischen dem Besprochenen und dem Ihnen Bekannten.

Das erste, was ich besprechen möchte, ist dieses, daß wir gesehen haben, wie gewisse, ich möchte sagen moralische Impulse, die wir in der Zwölfzahl und in der Siebenzahl vor unsere Seele gestellt haben, ihren Ausdruck finden in der Gebärde des Menschen, in der stillgehaltenen Gebärde oder auch in der bewegten Gebärde, wie also ebensogut aus dem Eurythmischen heraus gedacht werden kann dasjenige, was die Menschenseele erlebend urteilt – denn das ist das, um was es sich handelt –, oder auch urteilend erlebt, und dasjenige, was dann in den Laut überfließt.

Ebenso aber kann auch dasjenige, was auf diese Weise, ich möchte sagen, ausströmt aus der Menschenseele in Form und Bewegung, wiederum auf den ganzen Menschen zurückwirken. Und darauf beruhen dann die Heilwirkungen des Eurythmischen, Heilwirkungen, die da sein können sowohl in moralisch-seelischer wie auch durchaus in physiologisch-physischer Beziehung.

Moralisch-seelische Heilwirkungen werden sich insbesondere herausstellen, wenn gewisse eurythmische Maßnahmen getroffen werden, gewisse eurythmische Tatsachen dargestellt werden im kindlichen Alter.

Nun möchte ich von diesem Gesichtspunkte, der also auf der einen Seite davon ausgeht, wie aus der Seelenstimmung, aus der Seelenverfassung heraus Form und Bewegung entsteht und wiederum zurückwirkt, einiges von dem, was schon früher besprochen worden ist, wieder besprechen, damit wir dann einen größeren Zusammenhang gewinnen und auch das Eurythmische, das Lauteurythmische dann in den nächsten Tagen etwas weiterführen können.

Nun ist Ihnen ja diejenige Übung bekannt, welche zusammenfaßt den Menschen und den Nächsten, den andern Menschen: die sogenannte Ich-und-Du-Übung. Sie stehen dabei im Geviert, nur mit Rücksicht auf die Zuschauer müssen diejenigen, die rückwärts stehen, ein wenig zusammenrücken, aber nicht sehr stark. Und jetzt können Sie diese Übung in der folgenden Weise machen: «Ich und du, du und ich, ich und du, du und ich – sind wir.» Jetzt haben Sie ein richtiges «wir», also zuletzt ein Vereinigen in «wir» (Kreis). Die beiden, die sich in der Diagonale gegenüberstehen, sind gemeint mit dem Ich und Du. Indem Sie sich nähern, drücken Sie einfach das aus, daß Sie zusammengehören wollen, daß die andern auch dazugehören wollen; in der Diagonale wird ausgedrückt, daß Sie von dem «ich» zu dem «du» übergehen, «du und ich», wiederum zurückgehen – das kann nun in einer Reihe von Fällen gemacht werden –, dann faßt das Ganze sich zusammen, bewußt: «sind wir.» Wenn die Übung wiederholt werden soll, kann man mit «du und ich, du und ich», wieder an die Ausgangspunkte zurückgehen.

Nun handelt es sich aber darum, daß man so etwas auch herausarbeiten kann in der verschiedensten Weise aus solchen Stimmungen, wie wir sie in diesen Tagen kennengelernt haben.

Sie können sich einmal vorstellen, daß Sie der Adler sind (I), Sie der Wassermann (II), Sie der Stier (III) und Sie der Löwe (IV). Machen Sie die Gebärde. Von dieser Gebärde gehen Sie aus, und wenn Sie das Ganze vollendet haben, gehen Sie wiederum zu dieser Gebärde zurück.

Beachten Sie, was Sie dann eigentlich ausgedrückt haben. Sie haben dann durch diese Übung dieses ausgedrückt, daß der Mensch diese vier Tiere als vier moralische Qualitäten in sich schließt und daß er, indem er seines eigenen Selbstes bewußt wird, das ganze Menschengeschlecht eigentlich in sich enthält, aber als Mensch zugleich das «wir» hat. Gehen Sie aus von dieser Ausgangsgebärde, dann die

Übung; die verwandeln Sie dann wieder graziös in diese Ausgangs-gebärde. Dadurch wenden Sie dasjenige an, was Sie eben da kennen-gelernt haben.

Auf diese Weise bekommen Sie einen richtigen Abschluß. «Aus-gangsgebärde; ich und du, du und ich, ich und du, du und ich, sind wir; Ausgangsgebärde.» Sie haben eine richtige Einleitung und einen richtigen Abschluß, und das Ganze steht in einem Rahmen drinnen.

Nun ist gerade diese Übung ausgezeichnet für die Pädagogik in bezug auf die Eurythmie. Und zwar, wenn man bei Kindern beob-achtet, daß sie neidisch sind oder ehrgeizig sind – Eigenschaften, die man ja bei Kindern verbessern will –, so läßt man sie mit einer beson-deren Inbrunst diese Übung machen, und man wird das Folgende da-durch zur Ausführung bringen. Nicht wahr, man soll ganz selbst-verständlich in der Erziehungskunst auch nicht einmal in der leisesten Art irgend etwas anbringen, was magisch genannt werden könnte, denn alles Magische würde in der Erziehungskunst stark suggestiv wirken. Man würde auf das Unbewußte des Kindes zurückwirken. Das ist man aber nur in der Lage zu tun bei schwachsinnigen Kin-dern, bei minderwertigen Kindern; ist auch nur erlaubt bei minder-wertigen Kindern. Solange aber Eigenschaften abnormer Natur see-lische Eigenschaften bleiben, ist es durchaus notwendig, daß, ab-gesehen von allem Suggestiv-Magischen, auch rein seelisch gewirkt wird. Was geht denn hier vor, wenn ich vier Kinder diese Übung machen lasse? Sie hören sich an wiederholt: «Ich und du.» Dadurch kommt das Element des Zusammengehörens, der Geselligkeit, des Miteinander-Beziehunghabens der Menschen zum Bewußtsein, das dann in dem «sind wir» zum Bewußtsein gebracht wird. Und bei der Gebärde, die dabei gemacht wird, kommt lediglich das zum Aus-drucke, daß das Kind die Aufmerksamkeit auf das, was gemacht wird, was seelisch auf es wirkt, entwickelt. Es ist also nicht das geringste Suggestive dabei. So daß man also sagen kann: In diesem Tanz hat man ein Mittel gegen die Eigenschaften, neidisch zu sein, falschen Ehr-geiz zu haben. – Man kann nur die Anwendung davon machen bei gesunden Kindern, indem man sie diese Übung machen läßt, sie bei vollem Bewußtsein, ohne jede Suggestion, ohne jede Magie anwendet.

Aber Sie werden sagen: Wie ist es denn nun bei pathologischen Kindern? Bei pathologischen Kindern ist es so, daß man ja ohnedies mit einem getrübten, gedämpften Bewußtsein zu rechnen hat, daß also das Bewußtsein schon herabgedämpft ist. Da beginnt es dann allerdings etwas suggestiv zu wirken. Deshalb muß man in dem Augenblicke, wo das Pathologische beim Kinde anfängt, sich klar sein darüber, daß man diese Übung für Kinder mit herabgedämpftem Bewußtsein mit großem Nutzen anwenden kann; dagegen nicht bei Kindern mit einem erregten Bewußtsein.

Das sind die Dinge, die dann dazu führen, daß man alles dasjenige, was sich auf das Heileurythmische bezieht, nur eigentlich unter der fortwährenden Mitwirkung und Verordnung des Arztes anwenden kann; denn, wo das Pathologische anfängt, ist nur der Arzt zu urteilen berufen.

Gehen wir zu einem andern tanzartigen Bewegen über, das heraus-stammt aus einer bestimmten Seelenverfassung. Wir haben es, gerade bloß um einen Namen zu haben, *Friedenstanz* genannt. Und dieser Friedenstanz kann einen zugleich lehren im Zusammenhange mit einem andern, wie in die Form sich eine bestimmte Nuance der Seelenverfassung hineinergießt.

Nehmen Sie an, Sie formen in einer gewissen Art ein Drejeck. Sie können es so formen, daß es, radikal ausgedrückt, so ausschaut:

Tafel 22

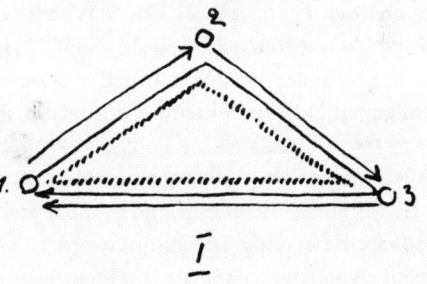

Wir können dann einen Menschen haben, der das Dreieck ab-schreitet in dieser Richtung (Pfeil); oder wir können auch drei Menschen haben, von denen der erste diesen Weg macht, der zweite diesen Weg, der dritte diesen Weg.

Wenn Sie nun hier die Form des Dreiecks nehmen und sie vergleichen mit dieser Form des Dreiecks,

Tafel 22

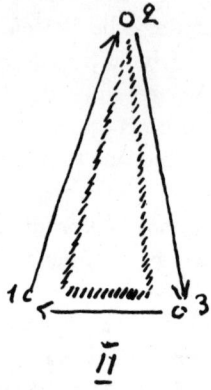

so haben Sie einen Unterschied: Das eine Mal ist die eine Linie vor allen Dingen auffällig durch ihre Länge in bezug auf die beiden andern Linien, das andere Mal ist die eine Linie auffällig in bezug auf die beiden andern durch ihre Kürze. Wenn die Übung dann genau in derselben Weise gemacht wird, so haben wir dennoch einen ganz verschiedenen Eindruck.

Wir haben zuerst den Eindruck des Friedens; wir haben das zweite Mal, wenn wir die Übung so machen (siehe zweite Zeichnung), durch die Form den Eindruck der Energie, so daß wir sagen können: Wir haben es in dem ersten Falle mit einem Friedenstanz, im zweiten Falle mit einem *Energietanz* zu tun.

Das Wesentliche dabei ist, daß wir solch eine eurythmische Bewegung auch rhythmisch ausführen. Und wenn wir uns nun fragen: Wie soll eine solche Bewegung ausgeführt werden? – so werden Sie sich darauf besinnen müssen, daß wir in einem fallenden Rhythmus etwas haben von, wie ich Ihnen sagte, Befehlendem, Anordnendem; in einem steigenden Rhythmus aber haben wir etwas von Erstreben, Wollen.

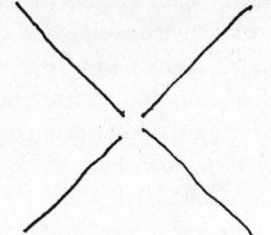

Ich und Du.

Friedenstanz =

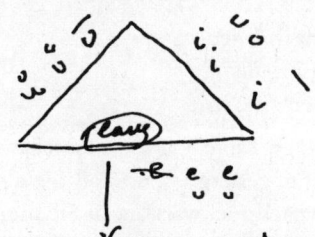

Können auch viele sein. —

Energietanz :

Aus einem Notizbuch Rudolf Steiners

Im Mittelpunct
stehende Kann
mit dem Stabe
den Rhythmus
schlagen. —

Nun, sowohl das Hineintreten in die Friedensstimmung wie das Hineintreten in die Energie, in die energische Stimmung, ist etwas, was mit Streben, mit Hinstreben zu tun hat, was jedenfalls nicht angewendet werden kann, wenn es sich, sagen wir, um die Ausführung eines militärischen Kommandos handelt. Ich meine das nicht gleich so schlimm, wie es klingen könnte, aber es kann das militärische Kommando auch darinnen bestehen einfach, daß man zum Beispiel Kinder an Gehorsam gewöhnt durch gewisse Bewegungen. Aber das alles, was etwas zu tun hat mit Befehlen, Anordnen, das kann hier bei dieser Seelenverfassung nicht zum Ausdrucke kommen, es kann sich nur um ein ansteigendes Thema, um einen anapästischen Rhythmus handeln.

Nun bitte ich einen Eurythmisten, das erste Dreieck vor uns zu zeigen, so wie ich es beschrieben habe. Sagen wir, Sie schreiten dieses Dreieck ab anapästisch in der Form, während ich sage:

> Strebe nach Frieden,
> Lebe in Frieden,
> Liebe den Frieden.

Machen Sie es so, daß Sie die lange Linie vor dem Zuschauer ausbreiten und die lange Linie die Steigerung ist, so daß Sie also von hier ausgehen (1); Sie gehen nur nach rückwärts, weil Sie immer beachten sollen, daß der Zuschauer Sie sehen soll. Nicht wahr, es ist für Ihr Gehör unangenehm, daß die Sätze im Worte nicht anapästisch gebaut sind, aber das macht nichts, Sie müssen dennoch hineinkommen können auch durch den Rhythmus, der in der Sprache nicht anapästisch ist, in die anapästische Bewegung. Gerade dadurch drückt dann die eurythmische Sprache dasjenige aus, was in dem Rhythmus der Sprache nicht voll ausgedrückt werden kann, weil wir nicht ein Wort haben zum Beispiel in der deutschen Sprache, das mit einer betonten Silbe für Friede schließt. Also noch einmal:

> Strebe nach Frieden,
> Lebe in Frieden,
> Liebe den Frieden.

(Siehe Zeichnung Seite 205)

Machen Sie die anapästischen Bewegungen recht deutlich. Es sind in Worten Daktylen, aber Sie sollen dennoch Anapäste machen; es stimmt nicht überein mit den Sätzen, aber machen Sie uns diesen Tanz anapästisch, ohne daß Sie durch die Worte gestört werden. Man müßte einen Text dazu haben, der auch in Anapästen aufgebaut ist, sonst würde immer eine Disharmonie sein, die natürlich das Gehör stört.

Nun, machen Sie bitte das nächste. Da würden die Anapäste in dem Dreieck zu machen sein, das die kleine Grundlinie hat. Gehen Sie wiederum von hier aus (1), versuchen Sie die Dreiecksform auch dadurch anzudeuten, daß Sie die Seitenlinien, welche lang sind, rasch abschreiten, die kurze Grundlinie ganz langsam anapästisch abschreiten. Das wird also dasjenige sein, was dann Energietanz genannt werden kann.

Nun können diese beiden Bewegungen aber auch von einer Gruppe ausgeführt werden. Nehmen wir zunächst eine Gruppe von dreien, und führen Sie erstens den Friedenstanz aus, indem Sie sich im Dreieck aufstellen und jede nur eine Linie macht. Das kann man natürlich mit untergelegtem Text machen, der ein anapästischer sein muß.

Jetzt kann es noch auf andere Arten gemacht werden. Sie in der Ecke dort Stehenden können jetzt ein Dreieck formieren, das ebenso gebaut ist, geformt ist, nur eben klein ist. In den andern Ecken bilden sich auch noch solche Dreiecke, und so kann das in der verschiedensten Weise gemacht werden; aber die mannigfaltigsten Weisen werden verschieden schön sein. Am besten wird es so sein, daß diejenigen die Bewegungen zu machen beginnen, die auf Punkt 1 stehen; sie beginnen und führen jeder in seiner Weise jedes einzelne Dreieck aus, aber gleichzeitig. Eurythmie beruht ja etwas auch auf Geistesgegenwart. Jedes einzelne Dreieck führt dasselbe aus, was vorhin ausgeführt wurde über die ganze Bühne. Jetzt machen alle diejenigen, die im Dreieck rückwärts stehen, also die ich in die Ecke gestellt habe, machen jetzt die Ich-und-Du-Übung als das zweite: «Ich und du, du und ich, ich und du, du und ich sind wir.» Die in der Mitte stehen, drehen Sie sich einfach um. Jetzt haben Sie die Dreiecke auf eine andere Art gebildet. Diejenigen, die jetzt das Geviert ausmachen,

machen noch einmal diesen Friedenstanz, so wie Sie jetzt stehen, die Bewegung dreimal. Wenn Sie das jetzt wirklich geschmeidig ausführen, so haben Sie eine zusammenhängende Übung gebildet.

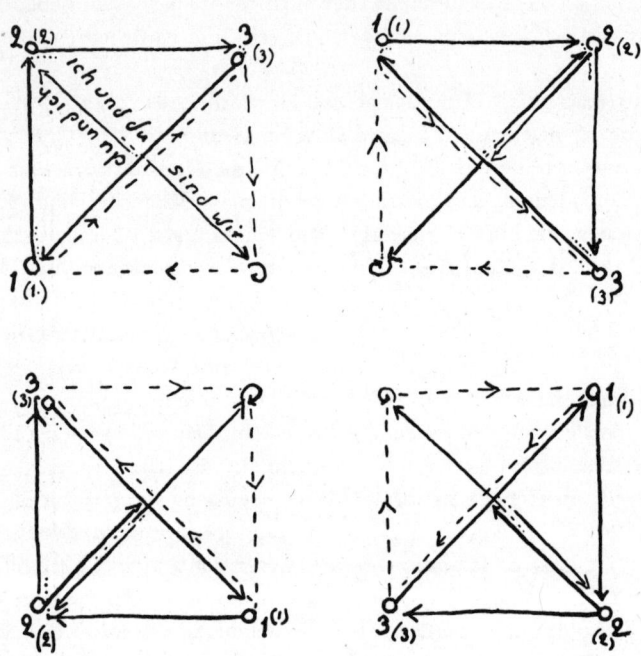

Pädagogisch, auch heilpädagogisch, ist zum Beispiel diese Übung, wie wir sie jetzt haben, ganz außerordentlich gut durchzuführen. Man kann auch die Gruppen kleiner machen, man kann nur drei oder zwei Gruppen machen, aber Sie können sie in einer ähnlichen Weise durchführen. Diese Übung ist besonders gut durchzuführen, wenn man, sagen wir, eine Klasse hat und hat darinnen cholerische Kinder, welche nicht zu bändigen sind. Man lasse sie nur diese Übungen ausführen, und wenn diese Übung jeden Tag oder so oft halt Eurythmiestunden sind, durch zwei bis drei Wochen durchgeführt wird, so wird man schon einen Erfolg im Bändigen haben. Also alle diejenigen Kinder, die sich schlagen, die poltern und so weiter, alle solche Kinder lasse man diese Übungen machen; dann werden Sie sehen, daß das außerordentlich besänftigend auf die Kinder wirkt.

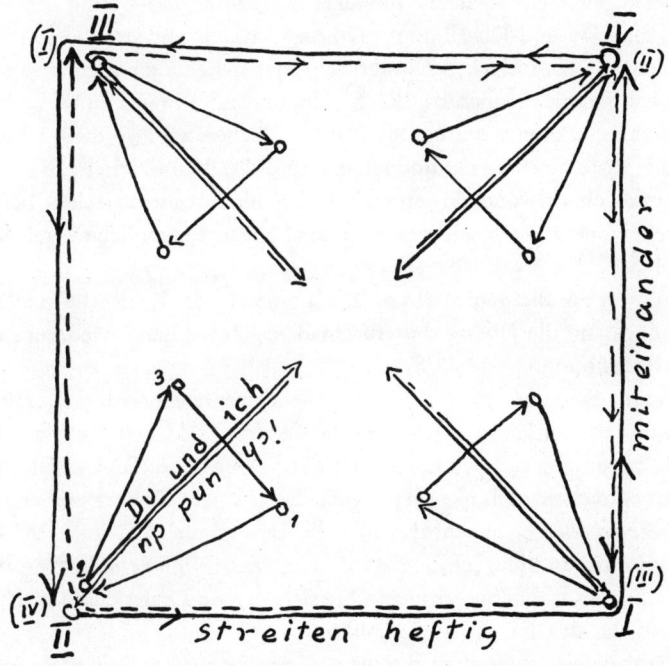

Nun können wir gleich den Energietanz aufführen. Da wird es nur notwendig sein, daß Sie ganz in derselben Weise die Dreiecke formieren, aber spitze Dreiecke formieren. Machen wir jetzt wiederum dreimal die Dreiecksbewegung. Nun stehen vier Damen in der Ecke (siehe Zeichnung). Diese Damen, die in der Ecke stehen, machen jetzt folgende Übung. Sie gehen aus von dem *u*, «du und ich»; jetzt sind

Sie beim «ich» in der Mitte, haben nicht dieselbe Geste, die Sie beim «du» haben, sondern Sie haben diese Geste, wie wenn Sie in Angriffsstellung gegeneinander wären, wenn Sie zusammenstehen. Gehen Sie dann aus dem «ich» in das «du» zurück, und machen Sie das dreimal. Und dann, nun, dann sind Sie bei einer Stellung angekommen, von der wir dann weiter ausgehen werden. Machen Sie das zunächst so, daß Sie gewissermaßen eine umgekehrte Ich-und-Du-Übung machen, also eine Du-und-Ich-Übung. «Du und ich, ich und du, du und ich, ich und du, du und ich, ich und du» – jetzt stehen Sie hinten, und nun machen Sie dieses noch so, daß Sie übereinander kreuzend weggehen (die vier Äußeren wechseln die Plätze). Machen wir also diese Übung in die Mitte hinein: «Du und ich, ich und du, du und ich, ich und du, du und ich, ich und du, streiten heftig miteinander, streiten heftig miteinander!» Jetzt wiederum dreimal die ursprüngliche Dreiecksübung.

Führen Sie die ganze Übung noch einmal vor. Dreimal Dreiecksübung, dann die Übung des Auseinandergehens, dann wiederum die Dreiecksübung.

Damit Sie aber sehen, wie man solche Übungen noch weiter vermannigfaltigen kann, machen Sie es jetzt so: Machen Sie die erste Dreiecksübung, die zweite Dreiecksübung, die dritte Dreiecksübung; dann betrachten sich alle diejenigen, die in einem Dreieck stehen, als die Streitenden, machen also alle die Bewegung «Du und ich, ich und du, du und ich, ich und du, streiten heftig miteinander!» – also alle, die da sind; dann formieren Sie sich zu dem Dreieck und machen Sie wieder dreimal die Dreiecksübung.

Denken Sie, es können durchaus Gedichte in der Gebärde gefunden werden mit drei Strophen, die so gebaut sind, daß diese Form durchgeführt werden kann.

Nun will ich nur dazu noch sagen: Es ist durchaus möglich, daß man auch dasjenige, was Sie jetzt zuletzt gesehen haben, anwendet in pädagogischem und heilpädagogischem Sinne. Es wird nämlich außerordentlich günstig wirken auf phlegmatische, schläfrige Kinder. Sie werden angeregt werden, etwas innerlich lebendiger zu werden. Das ist dasjenige, was darüber zu sagen wäre.

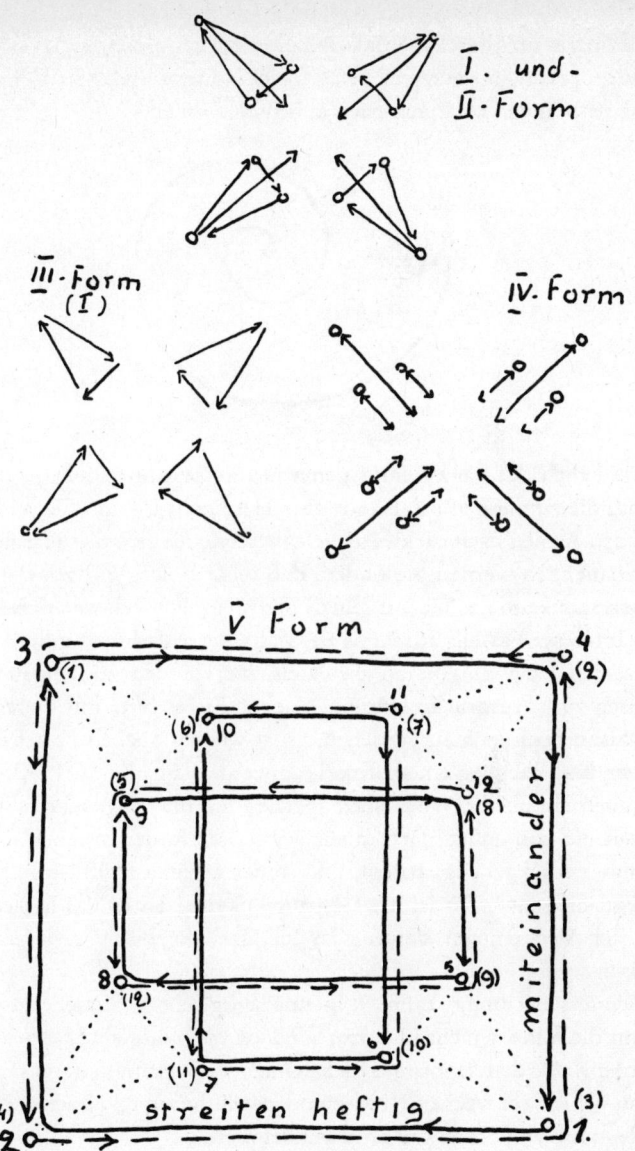

I. und
II. Form

III. Form
(I)

IV. Form

V. Form

miteinander

streiten heftig

213

Nun möchte ich heute nur noch dasjenige anführen, was mehr aus der Form heraus geschaffen wird. Der Form kann aber dann angefühlt werden, was damit gemeint ist. (Zu einem Eurythmisten): Versuchen Sie eine Spirale von innen nach außen zu formen.

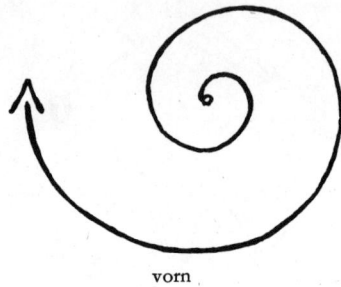

vorn

Sie haben das ganz richtig gemacht, Sie begannen mit der Bewegung, die zu merken ist: Hände aufs Herz gelegt – und Sie schlossen mit den Armen nach rückwärts gelegt. Wenn Sie sich diese Bewegung anschauen, so werden Sie finden, daß diese Bewegung gut der Ausdruck sein kann des Herausgehens der Menschenseele aus sich selber, des Interesse-Fassens an der Welt, was zuletzt darinnen mündet, daß man sich ganz hingibt an die Welt, was in den zurückgebeugten Armen zum Ausdrucke kommt. Machen Sie es bitte mit diesem Bewußtsein noch einmal. Sie sehen, es ist wie ein Suchen zuerst in sich selber und nachher ein Aufmerksamwerden auf die Welt, ein Hingegebensein an die Welt. Jetzt machen Sie die umgekehrte Spirale, gehen Sie von außen nach innen, wobei Sie in der ersten Hälfte die Hände zurückgebeugt halten, und in der zweiten Hälfte – aufs Herz gelegt. Sie sehen, das ist das Gegenteil davon, das ist das in sich hinein sich Verstemmen, das auf das Ich Zurückgehen von der Außenwelt aus.

Die erste Übung kann in heilpädagogischem Sinne, besonders wenn die Kinder nicht blutarm, sondern vollblütig sind, angewendet werden, um den Egoismus der Kinder zu bekämpfen; das andere kann bei Ich-schwachen Kindern oder bei blutarmen Kindern in heilpädagogischem Sinne gut angewendet werden.

214

Seelenstimmungen, die aus der Geste des Lautes herauszufinden sind

Wir werden zunächst fortfahren in der Ausbildung solcher Formen, wie wir sie gestern besprochen haben. Da möchte ich zunächst diejenigen Formen besprechen, welche dienen können dazu, eine gewisse Beziehung herzustellen zwischen Rede und Gegenrede. Ich habe gestern von den Spiralen gesprochen, und wir haben gesehen, wie die eine Spirale, die nach außen geschritten wird, ein Herausgehen des Menschen fühlen läßt, die andere ein In-sich-Zurückgehen. Nun lassen sich aber diese Spiralen auch in der Form miteinander verbinden. Nehmen Sie nur einmal die Spiralen so, daß Sie sie rein anapästisch schreiten, und schreiten Sie so zunächst anapästisch, daß Sie sowohl die eine wie die andere hintereinander schreiten. Sie können das einmal versuchen. Nehmen Sie (I) die Spirale, die von innen nach außen geht, und Sie (II) machen nun diejenige, die von außen nach innen geht; jetzt umgekehrt, sechs Anapäste meinetwillen. So kann man es also machen.

Wenn man aber, sagen wir, eine zusammenhängende Rede hat, nehmen wir an, in einem Drama ein Zwiegespräch mit Frage und Antwort, dann ist es noch gut, wenn man die Spirale, die von innen nach außen geht, die der Antwort entsprechen würde, so macht, daß man an die Stelle der beiden letzten Anapäste einfach zwei sehr lange Schritte mit starkem Auftreten setzt, so wie wenn man eben bloße Längen oder bloßen Hochton haben wollte. Machen Sie die Sache so: vier Anapäste, zwei Hochton. Auf diese Weise bekommen Sie eine Form, welche Sie als etwas ganz Entsprechendes empfinden, wenn es sich darum handelt, einen Dialog, sagen wir in einem Drama, oder überhaupt einen Dialog eurythmisch auszudrücken.

Aber auch heilpädagogisch kann das eine gewisse Bedeutung haben. Ich habe gestern gesagt, Sie können die eine Spirale benützen dazu, um Kinder zu behandeln, welche Rangen sind, ausgelassene Kinder, die sich prügeln; die andere Spirale für diejenigen Kinder, die phlegmatisch sind, die nicht dazu kommen, ihre eigenen Hände zu heben.

Wenn Sie nun einzeln diese Kindergruppen die Sache ausführen lassen, so werden Sie einen gewissen Erfolg haben. Aber wenn Sie zwei Gruppen formen, in die eine Gruppe die nach dem Temperament cholerischen Kinder nehmen, in die andere Gruppe die nach dem Temperament phlegmatischen Kinder nehmen, und dann beide Gruppen diese Spiralen machen, und zwar sie so machen, daß sie gegenseitig fortwährend sich in die Augen schauen müssen, dann korrigieren sie sich aneinander. Und das wird dann dadurch, daß Sie diese Korrektur, die aneinander ausgeführt wird, benützen, eine ganz besonders wirksame Übung sein.

Nun haben wir gerade aus solchen Untergründen heraus eine Reihe von ganz bestimmten, ich möchte sagen, eurythmischen Bewegungs-

Tafel 23

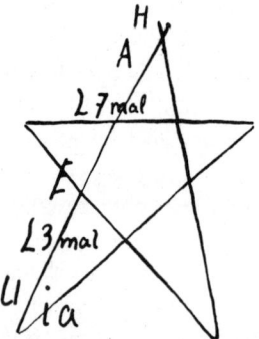

Charakteren im Laufe der Zeit benützt. (Zu einem Eurythmisten): Machen Sie uns einmal die Form für das *Hallelujah*. Man kann es zunächst allein im Pentagramm machen. Sie stehen im hintersten Punkte des Pentagramms, und Sie benützen die eine Seite des Pentagramms, um das «Hallelujah» zu geben. Sie beginnen mit *h*, gehen über ins *a,* machen das *l* dann siebenmal; dann gehen Sie über zu dem *e;* machen Sie das zweite Mal das *l* dreimal; dann machen Sie *u, i, a.* Aber während dieser Zeit müssen Sie die Linie abschreiten. Die zweite

Linie müssen Sie ebenso abschreiten. So handelt es sich darum, daß, wenn Sie es allein machen, Sie fünfmal diese Übung machen.

Jetzt wollen wir fünf Menschen nehmen, und jeder macht dann dieselbe Übung, und das wird das «Hallelujah». I schreitet die erste Linie; II hat die nächste, III die dritte, IV die folgende Linie und V hat die letzte Linie.

Beginnen Sie alle zu gleicher Zeit. Sie müssen genau ausrechnen, daß Sie, nachdem Sie das alles gemacht haben, bei Ihrem Orte ankommen.

Auf diese Weise bekommen Sie aus dem Pentagramm heraus eine sich wandelnde, fortwährend sich wandelnde komplizierte Form. Wenn es gut einstudiert ist, sieht es außerordentlich erhaben aus, und man bekommt tatsächlich den ganzen Charakter des «Hallelujah» heraus.

Nun ist aber auch die Möglichkeit vorhanden, dasselbe in anderer Weise zu fühlen. Da steht die erste hier, die zweite da (siehe Zeichnung), die dritte, vierte, fünfte, und dann gibt es noch eine sechste und eine siebente. Jede bewegt sich dann so (Pfeilrichtung, Seite 218).

Da bekommt man dann einen andern Eindruck. Diese Bewegungen machen Sie mit derselben sonstigen Gliederung. Die vorderen müssen immer so stehen, daß die hinteren in der Mitte des Abstandes von den beiden andern stehen, damit man alles sieht. Also nun versuchen Sie es: 1 zu 2, 2 zu 3, 3 zu 4, 4 zu 5, 5 zu 6, 6 zu 7 und 7 (in einem Bogen hinten herum) zu 1 (alle gleichzeitig).

Nun, sehen Sie, auf diese Weise bekommen Sie ein «Hallelujah» von ganz besonderer Erhabenheit durch das langsame Tempo.

Sie können es nun noch dadurch variieren, daß jede, die ankommt an ihrem Orte (siehe folgende Zeichnung), auch noch diese Bewegung (den Bogen) dazunimmt (auch dieses führen alle gleichzeitig aus). Die beiden Bewegungen müssen wiederum mit denselben Gesten ausgefüllt sein. Auf diese Weise bekommen Sie die Notwendigkeit, das «Hallelujah» etwas schneller zu intonieren. Man kann solch eine Geste stark weiter ausbilden.

Machen wir zum Beispiel die Sache so. Nehmen wir einmal zwei Eurythmisten, die andern ordnen sich ins Pentagramm. Bilden Sie einmal die Sonne (A), so wie wir es gestern gemacht haben, und machen Sie, während die andern das Pentagramm abschreiten, Ihre Sonnengeste. Sie (B) machen die ruhige Mondengeste, währenddem die andern das Pentagramm abschreiten. Dann haben wir eine Form für ein «Hallelujah», das wir in einer gewissen Weise intonieren.

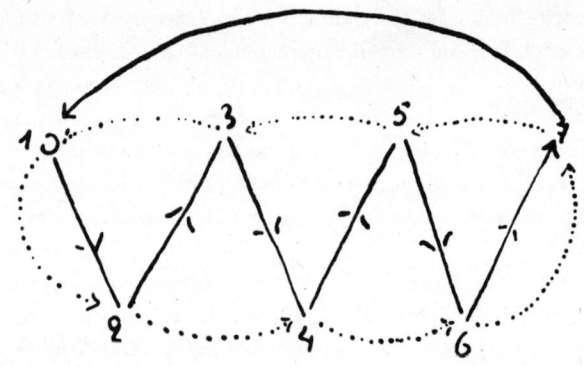

Gehen wir von da über zum zweiten, das wir gehabt haben, ohne die Bögen, so haben wir ein sehr erhabenes «Hallelujah». Und dann, indem wir vom ersten zum zweiten übergehen, ordnen sich, wie es früher war, Sonne und Mond ein.

Und dann kann man übergehen zu dem allerletzten, was also wiederum ein schnelleres Tempo erfordert. Dabei kann das «Hallelujah» gerade in der verschiedensten Weise zur Geltung kommen. Sie bekommen dann eine Form heraus, die wirklich in einer sehr ernsten Weise auf die Zuschauer wirken kann. Versuchen wir es einmal: «Hallelujah».

Sie sehen, auf diese Weise bekommen Sie die Möglichkeit, wirklich bis in die individuelle Behandlung einer solchen Sache hinein die Formen zu verwenden.

Nun wollen wir einmal das *Evoe* verwenden. (Zu einem Eurythmisten): Sie können es allein machen. Wir machen bei *e* einen Schritt; bei *v* den einen Arm ausstrecken und den andern so, als ob man etwas erfassen würde; bei *o* die Arme an den Körper nehmen und sich selber hoch aufrichten; bei *e* zurückschreiten. Wenn Sie diese Bewegungen Tafel 24 durchführen, dann bekommen Sie die Form.

Jetzt werden Sie sehen, wie das wirkt, wenn Sie es zu dritt machen. Da können Sie sich dann so nahe kommen, wenn Sie es zu dritt machen, daß Sie leise die Hand des andern erfassen (beim *v*). Das wird natürlich um so schöner, je mehr sich daran beteiligen.

Das wären Beispiele für bestimmte Formen, welche man besonders dadurch ausarbeiten kann, daß man eingeht auf die Stimmung, die darinnen liegt, und durchaus den Charakter des Eurythmischen beibehält, Seelenstimmungen aus der Geste des Lautes heraus zu finden.

Man kann aber noch gerade in bezug auf eine Geste, welche aus der Seelenstimmung herausgeholt ist, wie der Laut in der Eurythmie herausgeholt ist, man kann in bezug auf diese Geste sehen, wie man Seelenstimmungen ganz adäquat wiedergeben kann. Machen Sie uns folgendes. Eine Eurythmistin schaut eine andere an, stellt sich auf die linke Zehenspitze, macht jetzt eine *s*-Geste, indem sie die andere anschaut. Ich glaube, es ist unverkennbar, sie behandelt sie ironisch; die *schalkhafte Ironie* kommt auf ganz selbstverständliche Weise heraus, wenn man im richtigen Sinne die eurythmische Geste macht.

Nehmen wir an, dieselbe Eurythmistin wolle etwa die folgende Geste machen, sie will zunächst in der Wahrnehmung ironisieren, und nachher mit ihrem inneren Willen die Schalkhaftigkeit mehr aktiv zum Ausdrucke bringen. Da käme also das, was sie gemacht hat, zuerst, und dann geht sie über, indem sie die Zehenspitzen niedersetzt, sich glatt aufstellt, die *s*-Geste beibehält, jetzt geht sie über dazu, ein schiefes Kinn und schiefe Augen zu machen. Also gehen Sie aus der ersten in die zweite Bewegung über: erst ironisch, dann schalkhaft sich ergötzen.

Sie haben hier ganz zweifellos die Adäquatheit desjenigen, was man herausbekommt, wenn man wirklich die Geste heraussucht. Das haben Sie dabei gesehen. Ich wollte gerade an diesem Beispiel zeigen, wie die Dinge wirklich empfunden werden.

Und man ist in der Eurythmie eigentlich erst dann an dem Punkte, wo man ankommen soll, wenn man künstlerisch Eurythmie ausführen will, wenn man in der Lage ist, jede Bewegung, die eines Vokales, die eines Konsonanten, oder die anderen die wir angegeben haben, in derselben Weise als notwendig zu empfinden, wie Sie jetzt diese etwas stark dezidierte Bewegung oder Geste als notwendig empfunden haben. Gerade an dieser Geste lernen Sie, wie man sich in die Dinge hineinfinden muß.

Und jetzt möchte ich Ihnen nochmals zeigen, wie nun Formen eigentlich verwendet werden müssen. Erinnern sich diejenigen, die gestern oben gestanden haben auf der Bühne bei dem Friedenstanz, in den hineinverwoben worden sind dann «Ich und du», erinnern sich diejenigen bei den vier Gruppen zu dritt, wie sie angeordnet waren. Ich bitte diejenigen, die da oben gestanden haben, jetzt wieder heraufzukommen und sich ebenso anzuordnen. Wir werden jetzt folgendes machen. Statt daß Sie gestern bloß die Form stumm gemacht haben, werden Sie die erste Form, die Dreiecksform machen dreimal auf Zeilen, die von dem Muster dieser sind: «Es keimen der Seele Wünsche.» Dann zweite Zeile, zweite Bewegung, dritte Zeile, dritte Bewegung. Jetzt ist es so weit, daß nach der gestrigen Aufstellung «Ich und du» beginnt. Dieses «Ich und du» soll nicht ein «Ich und du» sein, sondern es sollen wiederum Zeilen sein, die aber nach dem Muster von «Ich und du» gemacht werden können. Es werden also eine Anzahl von Zeilen kommen, die nach dem Muster von «Ich und du» gemacht werden. Dann kommen drei Zeilen wiederum zum Schluß, wo Sie in derselben Weise zurückkommen auf das, was wir als Friedenstanz gemacht haben:

> Es keimen der Seele Wünsche,
> Es wachsen des Willens Taten,
> Es reifen des Lebens Früchte.
>
> Ich fühle mein Schicksal, (sich annähern)
> Mein Schicksal findet mich. (zurück)
>
> Ich fühle meinen Stern, (annähern)
> Mein Stern findet mich. (zurück)
>
> Ich fühle meine Ziele, (annähern)
> Meine Ziele finden mich. (zurück)
>
> Meine Seele und die Welt
> Sind eines nur. (kreuzen)

Jetzt kommen die letzten drei Zeilen, Friedenstanz:

> Das Leben, es wird heller um mich,
> Das Leben, es wird schwerer für mich,
> Das Leben, es wird reicher in mir.

Auf diese Weise haben wir einen Zusammenhang, der nicht bloß schematisch «Ich und du» und so weiter hat, der auch nicht irgend etwas bloß als eine trockene Form hat, sondern wir haben einen Zusammenhang, der in einem, wenn auch nicht sehr vollkommenen, aber doch immerhin in einem Zeilenaufbau zeigt, daß wir diese Formen verwenden können. Machen wir es noch einmal. Sie werden es jetzt schon besser verstehen; Sie werden sehen, daß das eine ganz vollkommene Gleichung gibt zwischen der Form und demjenigen, was in diesen Zeilen enthalten ist.

Damit habe ich Ihnen auch zugleich ein Beispiel gegeben von dem ganz intimen Zusammenhang zwischen der eurythmischen Sprache und der Sprache, die man sonst hat.

Ich habe versucht – das ist aber natürlich nur ein ganz matter Versuch, der selbstverständlich nur exemplifizieren soll –, die Frage zu beantworten: Wie entstanden aus gewissen Mysterien heraus, in denen durchaus die Bewegungskunst, die wir in der Eurythmie erneuern wollen, da war, wie entstanden aus gewissen Mysterienstätten heraus Dichtungen? – Da war nicht zunächst die Sprache, die Sprachform der Dichtung da, sondern da wurde zuerst empfunden, weil der ursprüngliche Mensch das eben in sich hatte, da wurde zuerst empfunden die Bewegung, die Geste mit ihrer Form. Und aus der Form heraus, aus Geste und Form heraus wurde die Form des Gedichtes gesucht. Da ging die eurythmische Bewegungsform und Geste der Bildung des Gedichtes voran.

Und das ist auch dasjenige, was im Grunde genommen überhaupt die intime Beziehung zwischen Eurythmie und Erdensprache zeigt. Man muß schon ein wenig als Eurythmist ein Gefühl dafür haben, daß man eigentlich nicht jedes Gedicht eurythmisieren kann. Sehen Sie, von den Gedichten, die nach und nach entstanden sind, sind eigentlich neunundneunzig Prozent ziemlich unkünstlerisch; es bleibt höchstens ein Prozent übrig. Die Literaturgeschichten würden nicht ganz dick anwachsen, wenn man nur dasjenige berücksichtigte, was wirkliche Dichtung ist. Denn die wirkliche Dichtung hat immer die Eurythmie in sich und nimmt sich auch so aus, als ob der Betreffende, der da dichtet, im Ätherleib zuerst die entsprechenden eurythmischen Bewegungen und Gesten ausführte, als ob er seinen physischen Leib nur dazu hätte, in die Lautsprache zu übersetzen die eurythmischen Gesten und eurythmischen Bewegungen. Dadurch allein kann ein wirkliches Gedicht entstehen.

Nun, selbstverständlich braucht das nicht sich abzuspielen in intellektualistischer Bewußtheit. Daher kann man schon sagen, es gibt auch in der gegenwärtigen Zeit wirkliche Dichter, die schon mit ihrem Ätherleib tanzen, bevor sie das Gedicht formen, und in der älteren Zeit hat es auch solche Dichter gegeben, wie *Schiller* in seinen wirklich schönen Gedichten – ich meine nicht in denjenigen, die auch bei Schiller abzulehnen sind, sondern in denjenigen, die wirklich dichterische Leistungen sind. *Goethe* zum Beispiel in den meisten seiner Gedichte steht so da, daß man die eurythmische Geste dahinter eigentlich fühlt. Und so sind eine ganze Reihe von Dichtern, bei denen man sagen kann, unbewußt ist dasjenige, was ich ausgeführt habe, durchaus vorhanden. Unbewußt ist es einmal vorhanden.

Aber der Eurythmiker nun, der muß natürlich fühlen in der Art und Weise, wie es in seinem Organismus wirkt, ob irgendein Gedicht sich eurythmisieren läßt, das heißt, ob er die Frage beantworten kann: Verstehe ich den Dichter als Eurythmiker? Hat der so etwas, wie ich es in der Form ausdrücken will, in sich gehabt? – Wenn man dieses fühlt, dann, ja dann wird man ein gewisses inneres Verhältnis haben zu der Dichtung, die sich eurythmisieren läßt.

Natürlich, man kann das nicht übertreiben, und auf anthroposophischem Boden sind wir niemals Fanatiker; man kann die Dinge nicht übertreiben. Man braucht nicht gerade, sagen wir, zu fordern, daß man nur Mysteriengedichte eurythmisiere, oder solche Gedichte, die nach dem Muster der Mysterienkunst gemacht sind. Aber man wird auch nicht in Versuchung kommen, sagen wir, ein Gedicht von *Wildenbruch* eurythmisch ausdrücken zu wollen, nicht wahr. Das sind die Dinge, die von dem Eurythmisten durchaus gefühlt werden müssen, sonst wird er nicht in das wirkliche Eurythmische hineinkommen.

Nun haben Sie vielleicht an diesem die intime Beziehung zwischen dem Eurythmischen und dem Sprachlichen verstanden. Ich möchte jetzt bitten, das Folgende zu eurythmisieren:

> Mein Freund, kannst du es nicht lassen, Tafel 23
> Mir das Traurige immer wieder
> In die Seele zu rufen?

Machen Sie uns das so, daß Sie vielleicht eine einfache Wellenbewegung als Form nehmen, aber machen Sie es so, daß Sie, indem Sie kommen in dem Satze an: «Mein Freund, kannst du es nicht lassen –», daß Sie das Tempo wesentlich zu beschleunigen beginnen, so daß man sieht, daß Sie es beschleunigen nach «lassen»; und machen Sie die zweite Hälfte: «Mir das Traurige immer wieder in die Seele zu rufen» in einem wesentlich beschleunigten Tempo. Machen Sie es noch einmal. Nun machen Sie das Umgekehrte einmal, indem wir folgenden Satz machen:

> Was seh' ich? Es ist der Morgensonne Glanz! Tafel

Nach «ich» versuchen Sie das Tempo, das Sie zuerst schnell genommen haben, wesentlich zu verlangsamen. Sie haben hier den Übergang von einem langsamen zu einem beschleunigten Tempo (beim ersten Beispiel), und hier (beim zweiten) den Übergang von einem beschleunigten zu einem langsamen Tempo.

Wenn in irgend etwas ein Wille, ein Streben steckt, wie in dem ersten Satze, so daß man etwas zurückdämmen will, wo der Wille drinsteckt: Ich möchte nicht, daß er mir das immer wieder vor die Seele rufe –, dann haben wir den Übergang von einem langsamen zu einem schnellen Tempo.

Wenn in irgend etwas das darinnensteckt, daß ein äußeres Ereignis auf einen wirkt, daß also die Aufforderung entsteht, die Aufmerksamkeit auf etwas zu entwickeln, wenn es also auf die Wahrnehmung ankommt, wie im zweiten Satze, dann wird von dem beschleunigten Tempo in das verzögerte Tempo übergegangen.

Mein Freund, kannst du es nicht lassen
Mir das Traurige immer wieder
In die Seele zu rufen?   Wollen

Was seh' ich? Es ist der Morgensonne Glanz!

Wahrnehmung

Sie werden empfinden, daß man in diesen beiden Tempi tatsächlich
wiederum das zum Ausdrucke bringt, was man in einer gewissen
Weise «das Wollen und das Wahrnehmen oder Fühlen in die Bewegung hineinbringen» nennen kann. Und Sie werden sich die Dichtungen auszusuchen haben danach, ob etwas mehr einem Wollen,
einem Sich-Stemmen gegen etwas entspricht, ob etwas Abwehrendes
darinnensteckt, oder ob etwas darinnensteckt von Sich-Hingeben,
etwa auch Verehren, Andacht entwickeln, wenn man es in der Bewegung ausdrücken will.

Natürlich kommt dann das dazu, daß man die entsprechende Geste,
die wir zum Beispiel für die Andacht bekommen haben, hinzufügt.
Um so mehr wird die Sache erhöht. Denn man kann die Dinge, die
man ausdrücken will, in mehreren Arten zum Ausdrucke bringen.

Dornach, 11. Juli 1924

Gliederung der Worte – innere Gliederung der Strophen

Wie man in der Sprache genötigt ist, um des inneren Verständnisses der Sprachgestaltung willen die Worte zu gliedern, so zu gliedern, wie sie aus dem Denken folgen, in subjektivische, adjektivische Bildungen und so weiter, so hat man nötig, das auch in der eurythmischen Darstellung zu berücksichtigen. Es ist selbstverständlich, daß dabei alle Pedanterie vermieden werden muß und daß vor allen Dingen der Unterricht in der Eurythmie nach der Richtung hin, die wir heute etwas entwickeln müssen, nicht ausarten darf in der Art und Weise, wie oftmals der Grammatikunterricht ausartet in der Schule. Aber bewußt werden muß sich durchaus der Eurythmist, wie er ein einzelnes Wort zu behandeln hat, wie er ein Hauptwort zu behandeln hat und so weiter, denn diese Dinge stehen ja, in der verschiedensten Weise den Gedanken gebend, im ganzen Zusammenhange der sprachlichen Menschenoffenbarung darinnen. Und so müssen wir auch hier unterscheiden zwischen denjenigen Worten, welche Eigenschaften der Dinge ausdrücken, die an den Dingen sind, und denjenigen Worten, welche Tätigkeiten ausdrücken. Solche Worte, die Eigenschaften an den Dingen bezeichnen, wir drücken sie eurythmisch dadurch aus, daß wir in dem Momente, wo es uns darauf ankommt, eine Eigenschaft eurythmisch zur Offenbarung zu bringen, daß wir in diesem Momente die Bewegung anhalten und die Gebärde in ruhiger Lage machen, also die Gebärde *ruhend* machen. Dagegen wenn wir einen Seeleninhalt ausdrücken, der in der gewöhnlichen Sprache durch ein Zeitwort, durch ein Verbum zum Ausdrucke kommt, dann kommt es ganz besonders darauf an, daß wir dezidiert die Gebärde in der *Bewegung* machen. So daß die bewegte Gebärde, das heißt, die am bewegten Menschen erscheinende Gebärde zunächst das Zeitwort, das eigentliche Verbum darstellt.

Nun kann man dasjenige, was durch das Zeitwort, durch das Verbum sich ausdrückt, so unterscheiden, daß man sagt: Es kommt irgend etwas zum Ausdrucke dadurch, daß man Passives ausdrückt oder Aktives ausdrückt oder eine dauernde Tätigkeit ausdrückt. Augenblickliches Tätigsein, augenblickliches Leiden, oder dauerndes Tätigsein, dauerndes Leiden, das ist dasjenige, wonach wir die eurythmischen Gebärden unterscheiden können. Die passive Tätigkeit, das passive Verhalten drücken wir dadurch aus, daß wir die Gebärde machen am sich nach vorwärts bewegenden Menschen, also nicht am sich zurückbewegenden Menschen; alles innere Verhalten, das auf einem Leiden beruht, das, wie gesagt, durch ein passives Verhalten zum Ausdrucke kommt, drücken wir dadurch aus, daß wir die Gebärde im Vorwärtsgehen machen. Alle Aktivität drücken wir dadurch aus, daß wir die Gebärde im Zurücktreten machen; alles dasjenige, was dauernde Tätigkeit ist oder dauerndes Leiden ist, drücken wir dadurch aus, daß wir die Gebärde im Gehen so oder so (nach rechts oder links) einfach vorbeiwandelnd machen.

Auf diese Weise haben wir die Möglichkeit, das Verbale wirklich so auszudrücken, daß wir in die Lage kommen, den Zuschauer empfinden zu lassen, was eigentlich im Verbum liegt.

Nun wollen wir zunächst einmal das, was ich gesagt habe, berücksichtigen bei der Darstellung eines kleines Gedichtes, wo wir versuchen wollen, diese drei Formen des inneren Verhaltens auszudrücken, die durch das Verbum zum Ausdrucke kommen. Gehen wir die Verben durch, welche in dem kleinen Gedichtchen hier liegen:

Konnt' schlafen nicht,

Tafel 25 «schlafen» ist etwas, was dauert, wenigstens bei gesunden Menschen dauert; wir werden also ein dauerndes Inneres auszudrücken haben (siehe Seite 229).

Konnt' träumen nicht,

Tafel Nun, bei diesem «träumen» kann man sich fragen – und so muß ein Gedicht zum Eurythmisieren durchaus vorbereitet werden –, träumen ist natürlich auch etwas, was Dauer andeutet, aber zu gleicher Zeit ein leises Erleiden. Wir werden also versuchen, das Vorbeiwandelnde mit dem Nach-Vorwärtsgehen zu verbinden, das heißt, wir werden nicht stramm nach vorwärts gehen, sondern wir werden das Vorbeiwandeln mit einem Vorwärtsgehen, also gewissermaßen mit einem Diagonalgehen verbinden. So würden Sie also «träumen» gehen (siehe Seite 229). Wir haben nun also:

> Konnt' schlafen nicht,
> Konnt' träumen nicht,
> Da hört' ich drauß
> Wie das Eis zerbricht. –

«Hört» ist wiederum ein Verbum; «hört» ist ein deutliches Leiden: Tafel 25 passives Verhalten, Vorwärtsschreiten. «Wie das Eis zerbricht» – da können wir uns überlegen, es ist etwas vom Eis ausgesagt. Wollen wir uns einmal fragen: Ist das ein Leiden? Ist das ein dauernder Zustand? Wir können es nur so erfassen, wenn wir es empfindend erfassen, daß wir es sozusagen zu tun haben mit einem dauernden Zustand, der aber eigentlich eine andeutende Tätigkeit ausdrückt, ein Aktives ausdrückt; denn das Zerbrechen des Eises ist ja gerade die Veranlassung dessen, was wir hören. Es ist also das Gegenteil von einem bloßen passiven Verhalten. Es ist sogar ein Aggressives auf uns. Wir sagen: zerbricht – dieses Krachen vom Zerbrechen geht fort. Tafel – Wir stellen es also dar, indem wir ein Tätiges ausdrücken, indem wir begrenzt nach rückwärts gehen.

Dann haben wir eine Zeile ohne ein Verbum, wenigstens es ist nur ein Hilfsverbum drinnen, aber das wollen wir jetzt nicht berücksichtigen.

> 's war, als ob aus der Fern,
> Ob es sich nahete, –
> Wehete, lüftete,
> Und in den Lüften es
> Atmete, düftete, –

«Nahete, wehete, lüftete»: dauerndes Verhalten. Wehen, lüften sind lauter dauernde Zustände, die aber zu gleicher Zeit etwas von Tätigkeit haben. Wir werden also wiederum sie so ausdrücken: «wehete, lüftete», indem wir rückwärtsgehen (siehe Schema); wiederum rückwärtsgehen; «und in den Lüften es» – da haben wir kein Verbum – «atmete, düftete»: wie bei «wehete, lüftete». Wenn wir hier wiederum zurückzugehen haben, gehen wir weiter zurück und wiederum weiter zurück (siehe Schema).

> Über die Felder her
> Talherab, berghinauf:
> Wenn das der Frühling wär
> In vollem Lauf!?

Machen Sie jetzt das Gedicht mit diesen Verbalbezeichnungen:

Vorfrühling

> Konnt' schlafen nicht,
> Konnt' träumen nicht,
> Da hört' ich drauß
> Wie das Eis zerbricht.
> 's war als ob aus der Fern,
> Ob es sich nahete, –
> Wehete, lüftete,
> Und in den Lüften es
> Atmete, düftete,
> Über die Felder her,
> Talherab, berghinauf:
> Wenn das der Frühling wär
> In vollem Lauf!?

Also damit haben wir die Verbalbezeichnungen:

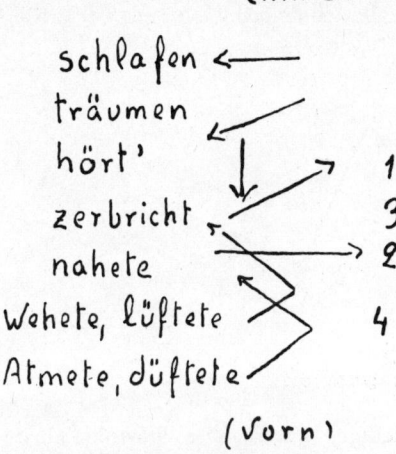

Nun die substantivischen Bezeichnungen. Da haben wir zunächst diejenigen Hauptwortbezeichnungen, die einen Eindruck auf die Sinne machen, die etwas bezeichnen, was einen Eindruck auf die Sinne macht, was man im gewöhnlichen Leben konkrete Gegenstände nennt.

Nicht wahr, konkret und abstrakt, das ist etwas Unbestimmtes, je nach der Seelenverfassung des Menschen. *Hegel* zum Beispiel polemisierte gegen die gewöhnliche Auffassung des Wortes abstrakt und konkret. Er sagte: Eine Waschfrau ist sehr abstrakt und die Weisheit ist sehr konkret. – Es handelt sich wirklich darum, ob jemand in der inneren Anschauung so etwas wie Weisheit in aller Konkretheit empfindet, und das ganz abstrakte Wesen einer Waschfrau eben auch empfinden kann. Für denjenigen, für den die Weisheit konkret ist, für den ist die Waschfrau eigentlich etwas, was bloß gedacht ist, was man sich bloß denken kann, was gar keine Wirklichkeit hat. Die Waschfrau hat keine Wirklichkeit. Der Mensch, der in ihr lebt, der hat Wirklichkeit, aber die Waschfrau hat doch keine Wirklichkeit.

229

Aber deshalb ist es besser so ausgedrückt, daß man sagt: Gegenstände, die einen sinnlichen Eindruck machen, werden bezeichnet durch Worte, die ausgedrückt werden in Winkelbewegungen nach

Tafel 26 rückwärts; also alle sinnlichen Gegenstände in Winkelbewegungen nach rückwärts:

Tafel

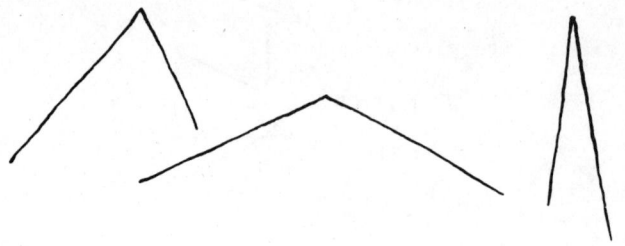

Dagegen dasjenige, was man im gewöhnlichen Leben abstrakt nennt, also dasjenige, was nicht auf die Sinne einen Eindruck macht, sondern in der Seele erlebt werden muß, wie Weisheit, Denkkraft, Genie, Phantasie und unzähliges andere, das wird ausgedrückt durch runde Bewegungen, die nach vorne gehen:

Tafel

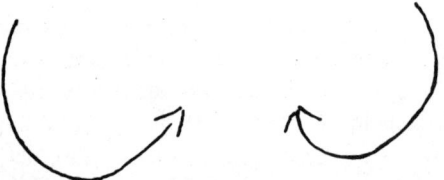

Tafel Also wir werden sagen: Geistig-Anschauliches; damit haben wir zweierlei bezeichnet, was in das Substantivische eingehen kann.

Dasjenige kann aber auch substantivisch sein, was Zustände festhält, sagen wir zum Beispiel die Weiße, die Schönheit, die Größe;
Tafel Zustände, wie gegenständlich festgehalten. Das machen wir um-

230

gekehrt wie jene Gebärden, die sich auf sinnlich wahrnehmbare Gegenstände beziehen. Wir machen den Winkel nach vorn:

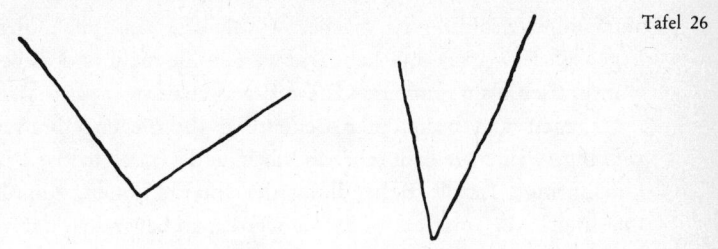

Tafel 26

Nun würden wir noch dasjenige haben, was rein seelisch Festgehaltenes ausdrückt, in der Seele Festgehaltenes ausdrückt. Da Tafel machen wir die Rundung komplizierter:

Tafel

In der Seele Festgehaltenes: Wir bekommen auf der einen Seite die Möglichkeit, dasjenige, was Seelisches ist: Sehnsucht, Leid, Schmerz, Mitleid, Wohlwollen und dergleichen auszudrücken. So daß wir sagen müssen: Dasjenige, was wir mit dem Winkel, der nach vorn geht, ausdrücken, das sind Zustände, die an äußeren Gegenständen erscheinen. Alles dasjenige, was im Inneren der Seele gegenständlich festgehalten wird, das bezeichnen wir auf die letztere Art.

Auf diese Weise werden Sie Gebärden herausbekommen, die zuletzt durchaus eine solche Empfindungsmodulation zustande bringen in dem Zuschauer, daß er den inneren Gründen folgt, warum in einem bestimmten Lautzusammenhange ein bestimmtes Seelisches, ein Zustand eines Sinnendinges und so weiter erscheint.

Man wird nicht nötig haben, allen einzelnen Redeteilen in der Eurythmie nachzugehen; man wird zum Beispiel kaum dasjenige, was man Pronomina nennt, zu behandeln haben, denn das ist für die eurythmische Gebärde gleich dem Eigenschaftswort, also in Gebärde auf ruhiger Haltung zu machen. Zahlworte sind auch gleich dem Eigenschaftswort zu machen. Die werden Sie nicht anders behandeln eurythmisch als irgendeine andere Eigenschaft.

Dagegen von besonderer Bedeutung für die eurythmische Darstellung, weil man dadurch Schönheit und Grazie in die Eurythmie hineinbringt, ist die Behandlung der Interjektionen, zum Beispiel: Oh! Ach! Alle Interjektionen, sie werden so behandelt, daß man entweder irgendeine Beugung des Körpers hervorbringt oder daß man einen graziösen Sprung oder ein graziöses Sprüngchen macht.

Gerade wenn ich zu dem Sprung oder zu dem Sprüngchen komme, da muß ich noch einmal darauf aufmerksam machen, daß jeder Sprung in der Eurythmie unbedingt so ausgeführt werden muß, daß man auf den vorderen Teil des Fußes springt, die Ferse erst nachher aufsetzt; jeder Sprung ist ungesund – das muß betont werden –, der mit der ganzen Fußsohle aufspringt. Bei dieser Gelegenheit ist zu sagen, daß da, wo Eurythmisten in der letzten Zeit über allerlei Knieleiden gesprochen haben, dies zurückzuführen ist darauf, daß nicht genügend beachtet worden ist, was immer wieder in scharfer Weise betont wurde, ein Sprung, auch die Sprünge der Toneurythmie, sie dürfen nicht anders gemacht werden, als indem auf den Ballen aufgesprungen wird, und der ganze Fuß erst nachher graziös niedergesetzt wird.

Hier kommt ein Kapitel, meine lieben Freunde, welches ganz gewiß vom materialistischen Standpunkte aus angefochten werden wird, was aber wichtig ist für das Gesamtgebiet der Eurythmie; für das Gesamtgebiet des Pädagogischen, auf dem künstlerischen Gebiete und auch auf dem Gebiete der Heileurythmie. Es handelt sich wirklich darum, daß eigentlich alle Bewegungen nach diesen drei Gesichtspunkten hin mit demjenigen ausgeführt werden müssen, was man mit Recht Grazie nennen kann. Und eine eurythmische Darstellung oder ein eurythmischer Unterricht, wobei man nicht wenigstens in einer Ecke eine Grazie hocken sieht – natürlich geistig meine ich das –, wäre nicht berechtigt. Man muß das Gefühl haben, alles Eurythmisieren, im Pädagogischen sowohl wie im Künstlerischen, muß unbedingt so sein, daß eine Grazie, ohne sich zu schämen, dabei sein und zuschauen könnte.

Das bedeutet aber, daß alles Ungeschickte im Eurythmisieren in der energischsten Weise bekämpft werden muß. Zum Allerungeschicktesten gehört das Springen auf den ganzen Fuß. Das Springen muß unbedingt, wie gesagt, auf den vorderen Teil des Fußes erfolgen. Bei dem Pädagogischen bewirkt das Walten des Eurythmisierens mit Grazie, daß die Kinder tatsächlich in der Empfindung nach jeder Richtung wachsen. Und Eurythmielehrerinnen müssen darauf sehen, daß ein Wachsen der Empfindungen bei den Kindern durch das Eurythmische erzielt werde.

Künstlerisches ist so, daß es durch die Grazie einzig und allein den Eingang in die Schönheit findet. Im Heilpädagogischen – das mag man am wenigsten glauben, es ist aber durchaus wahr – ist es so, daß mindestens dabei nun auch eine Grazie lauschen muß, wenn sie auch nicht sichtbar zu sein braucht, aber lauschen muß, und zwar aus dem Grunde, weil alles dasjenige, was gerade im Heileurythmischen nicht graziös ausgeführt wird, irgendwie dennoch zur Versteifung des Ätherleibes beiträgt, also nicht dasjenige herbeiführt, was man gewöhnlich eigentlich herbeiführen will.

(Zu einem Eurythmisten): Machen Sie uns einmal etwas Eurythmisches vor, wobei Sie graziös beugen. Das können Sie dann ganz nach Ihrer Empfindung anordnen; und machen Sie aber auch das graziöse Springen, sagen wir, bei dem dritten, das ich sagen werde. Aber versuchen Sie, feine, genial ausgedachte Beugungen bei dem ersten zu machen. Ich werde Ihnen drei Beispiele sagen, das Ganze eurythmisieren Sie vokalisch, und machen Sie dabei diese Gebärden, von denen ich gesprochen habe:

Der Hund macht wau-wau!

Versuchen Sie da ein Beugen herauszukriegen, das «wau-wau» wiedergibt.

Die Katze macht miau-miau!

Und jetzt das dritte werden Sie mit drei graziösen Sprüngchen machen, wobei der letzte Sprung noch die Beuge in irgendeiner Weise dazu tut:

Der Hahn macht kikeriki!

Also da haben wir die Interjektionen.

Dann haben wir Verhältniswörter. Man muß natürlich die Dinge kennen, muß wissen, daß diese Wörter Verhältnisse ausdrücken, in denen die Dinge zueinander stehen, zum Beispiel: aus, außer, bei, entgegen, mit, nach, nächst, nebst, von, zu, zuwider. Das sind Verhältniswörter, die, wie man sagt, den Dativ regieren; hinter diese hat man immer den Dativ, den sogenannten dritten Fall zu setzen. Es gibt noch andere. Alle Verhältniswörter sind dadurch auszudrücken, daß man den Kopf und den Körper seitwärts beugt.

Nun wird es sich darum handeln, daß man schon auch da unterscheiden lernt. Bei denjenigen Verhältniswörtern, welche den Dativ regieren, wird man den Körper so beugen, daß man ihn leise nach vorn seitlich beugt, in der Diagonale nach rechts oder links; während man bei denen, die den Akkusativ regieren, ganz nach der rechten oder linken Seite beugt, bei denen, die den Genitiv regieren, leise nach hinten seitlich beugt.

Auf diese Weise können Sie auch unterscheiden. Sagen wir zum Beispiel, wir wollen in folgendem Gedichtchen das Verhältniswort ausdrücken. Nun bitte ich, das Verhältniswort dann, wenn es kommt, entsprechend auszuführen:

Was mag es bedeuten?

Tafel 25 Das ist eine Frage; da haben wir eine Spirale gehabt, die Sie hier anwenden können.

Was mag es bedeuten?
Mein Herz pocht so geschwind,
Die Glocken sie läuten
Im Morgenwind.
(beugen nach vorn seitlich)

234

So können Sie die Präpositionen zum Ausdruck bringen. Dagegen wenn Sie den Kopf in der Achse des Körpers bewegen, so ist das der Ausdruck für die Konjunktion, für diejenigen Wörter, die verbinden: und, aber und so weiter.

Nun möchte ich Ihnen heute noch vorbringen, wie man dazu kommen kann, sagen wir, Gedichte ihrer eigenen Form gemäß zu eurythmisieren. Es muß sich natürlich darum handeln, daß wir möglichste Vollständigkeit in dem Kursus erzielen, also auch dasjenige noch in uns aufnehmen, was dazu führen kann, Gedichte ihrer eigenen Form gemäß zu eurythmisieren. Und da möchte ich Ihnen denn zunächst zeigen, wie man Strophen behandeln kann, die dann so aufgebaut sind, daß die Strophenform, die innere Gliederung der Strophen, immer wieder kommt. Nehmen wir also zum Beispiel an, wir haben eine Strophe von vier Zeilen, und wir können diese Strophe von vier Zeilen in der folgenden Weise aufbauen. Natürlich ist auch manches andere Aufbauen möglich. Ich sage nicht, daß jede Strophe von vier Zeilen so aufgebaut werden muß, aber sie kann eben so aufgebaut werden (siehe Seite 236).

Wir haben zunächst einen Eurythmisten hier stehen (I). Dieser Eurythmist, der hier steht, der macht diese Form. Er versucht, in diese Form sich hineinzufinden für eine Zeile, für die erste Zeile der Strophe. Ein zweiter steht hier, der macht diese Form. Er versucht, für seine Zeile sich in diese Form hineinzuleben. Er versucht, seine Zeile zu erfassen, und während die Zeile rezitiert wird, findet er sich in diese Bewegung hinein. Der dritte Eurythmist steht hier und findet sich, während seine Zeile rezitiert wird, in diese Bewegung hinein (nach vorne); der vierte Eurythmist macht während der vierten Zeile diese Bewegung (im Vordergrund). Jetzt sehen wir aber, wir haben die Reime in dem Gedichte so gelegen, daß die erste und die dritte Zeile sich reimen und die zweite und die vierte Zeile sich reimen. Das lassen wir durchaus dadurch im Gedichte zum Ausdruck kommen, daß derjenige, der die erste Zeile macht, stehenbleibt in der *i*-Gebärde. Das muß auch derjenige machen, der die dritte Zeile hat, stehenbleiben in der *i*-Gebärde. Derjenige, der die zweite Zeile macht, bleibt stehen in der *u*-Gebärde; dann muß auch derjenige, der die vierte Zeile macht, stehenbleiben in der *u*-Gebärde.

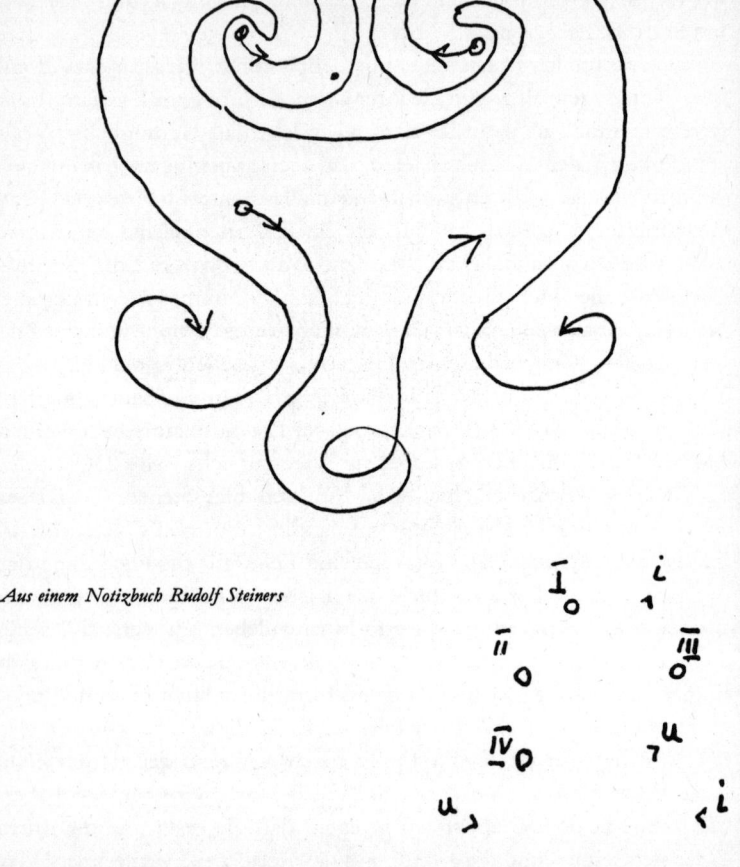

Aus einem Notizbuch Rudolf Steiners

Ich will Ihnen damit nur das Prinzip zeigen, wie man aufbauen kann aus der Gestaltung der Dichtung heraus die Gestaltung des Eurythmisierens. Nun, stellen Sie sich einmal auf zu vieren – Sie brauchen sich nur im Vorübergehen die Dinge an der Tafel anzuschauen, Sie werden sie gleich inne haben –, und ich werde jetzt ein Gedicht, das so gebaut ist, daß ihm diese Form entsprechen kann,

Ihnen vorlesen. Sie werden daraus sehen, wie man hineinkommen kann in das Bilden von Formen. Denn es ist durchaus so, daß man nicht spintisierend Formen bilden soll mit allerlei Mätzchen, wenn auch nur Gedanken- und Empfindungsmätzchen, sondern daß man in den Formen sich durchaus anschließen soll an dasjenige, was im Texte wirklich enthalten ist, mit Berücksichtigung all dessen, was gesagt worden ist.

Nun werden Sie zunächst bloß diese Form bringen; aber wenn wirklich geübt wird, so muß versucht werden, in solch eine Form außerdem das hineinzubringen, was ich heute für das Grammatikalische gesagt habe. Es kann auch hineingebracht werden; nur muß man sich nicht vorstellen, daß man, wenn es heißt, eine Bewegung nach vorn machen, sogleich zehn Schritte nach vorn machen muß, sondern es genügt die bloße Andeutung, und die Sache ist am schönsten, wenn es bloße Andeutung ist. Daher werde ich Ihnen zunächst bloß die eine Schwierigkeit auferlegen, diese Form zu machen, nicht das Grammatikalische auszudrücken. Aber wenn das auch verhältnismäßig schwer wäre, es ist dennoch möglich, alles das, was wir heute als Grammatikalisches gehabt haben, auch noch anzudeuten, wenn man nur genügend übt. Das Gedicht heißt:

Scheiden

Was mag es bedeuten?
Mein Herz pocht so geschwind,
Die Glocken, sie läuten
Im Morgenwind.

Was mag es bedeuten?
Mein Herz ist wund:
Die Glocken, sie läuten
Die Abschiedsstund.

Die Glocken, sie klagen,
Mein Herz tut mir weh,
Die Stund hat geschlagen:
Ade! Ade!

Die Stund hat geschlagen,
Das Herz klopft so sehr,
Ich sitz in dem Wagen,
Komm nimmermehr!

So würde also (siehe die vorhergehende Zeichnung) ein Gedicht aufzubauen sein. Wir werden dann morgen den Aufbau der Gedichte noch etwas genauer besprechen; für heute möchte ich nur noch das

Folgende sagen: Auch beim Eurythmisten kann es sich nur darum handeln, daß er durch immer wiederkehrendes Erwecken einer gewissen Seelenstimmung sich empfänglich macht für das Fühlen und Empfinden der ausdrucksvollen Gebärden. Und da kann es sich darum handeln, daß durch eine auf die Geheimnisse der menschlichen Organisation gehende Meditation der Eurythmist gerade in dieses feine Empfinden hineinkommt. Das kann etwa erreicht werden dadurch, daß Sie mit voller Innigkeit, mit starkem innerem Erfühlen dessen, was in den Worten steht, meditieren, so daß das, was Sie meditieren, nicht bloß Worte oder abstrakte Begriffe sind, sondern daß das sich wirklich in Ihnen vollzieht, was in den Worten steht; dann werden Sie dasjenige erreichen, was ich eben bezeichnet habe.

Tafel 26

Ich suche im Innern
Der schaffenden Kräfte Wirken,
Der schaffenden Mächte Leben.
Es sagt mir
Der Erde Schweremacht
Durch meiner Füße Wort,
Es sagt mir
Der Lüfte Formgewalt
Durch meiner Hände Singen,
Es sagt mir
Des Himmels Lichteskraft
Durch meines Hauptes Sinnen,
Wie die Welt im Menschen
Spricht, singt, sinnt.

Haben Sie solch eine Meditation gemacht, dann werden Sie sehen, daß Sie das von sich sagen können: Sie sind wie aus dem Weltenschlaf ins Himmlische der Eurythmie aufgewacht. Sie werden immer, wie wenn Sie von der Nacht in den Tag hinein aufwachen, hineinkommen ins Eurythmische, wenn Sie diese Stimmung in sich erwecken.

Ich suche im Innern
Der schaffenden Kräfte Wirken
Der schaffenden Mächte Leben
Es sagt mir
Der Erde Schweremacht
Durch meiner Füße Wort
Es sagt mir
Der Lüfte Formgewalt
Durch meiner Hände Singen
Es sagt mir
Des Himmels Lichteskraft
Durch meines Hauptes Sinnen
Wie die Welt im Menschen
spricht, singt, sinnt.

Aus einem Notizbuch Rudolf Steiners

FÜNFZEHNTER VORTRAG

Dornach, 12. Juli 1924

Der ganze Körper muß in der eurythmischen Ausführung Seele werden

Es wird heute nötig, diesen Kursus abzuschließen, und es war ja natürlich, daß in demselben nur eine gewisse Summe von Richtlinien für das Eurythmisieren gegeben werden konnte. Es bleibt natürlich mancherlei unbesprochen, das einem künftigen Kursus aufbehalten werden muß; aber ich hatte gedacht, es würde besser sein, wenn einige Richtlinien so ganz aus dem Wesen der Eurythmie heraus entwickelt würden, als wenn man gewissermaßen enzyklopädisch einen Überblick über das ganze Gebiet der Eurythmie geben würde.

Es muß sich eigentlich darum handeln, daß gerade dieses innerliche Erschaffen der eurythmischen Gebärde immer mehr sich befestigt bei den einzelnen Eurythmisten, daß dadurch auch immer mehr und mehr das wirkliche Verständnis für die Eurythmie erwachse.

Zunächst hätte ich heute noch die beiden Buchstaben *g* und *w* zu besprechen, gewissermaßen als eine Art von Nachtrag. Da ist zunächst das *g,* welches in unserer heutigen Sprache, oder sagen wir in unseren in Europa geläufigen Sprachen, nicht zu derselben Geltung kommt, wie es einstmals in früheren Zeiten der Fall war. Daher ist es auch bis jetzt mehr oder weniger aus unseren Betrachtungen herausgefallen. Das *g* weist eigentlich, wenn es als Laut gebildet wird, auf ein innerliches Sich-Befestigen, Sich-Befestigen sowohl den Seelenkräften nach wie aber namentlich darauf hin, das ganze natürlich im Menschen sich Ausbreitende in sich zu befestigen. Es ist also der Laut, der sozusagen das menschliche Wesen, aber dasjenige, das von der Natur sich gewissermaßen innerlich erfüllen läßt, der dieses menschliche Wesen in sich zusammenhält. Das ist das *g.*

Vielleicht macht uns ein Eurythmist das *g* einmal vor, damit Sie auch sehen, wie die *g*-Gebärde daraufhin veranlagt ist, innerliche Befestigung zu geben. Also alles Äußere abwehren, das Innerliche zusammenhalten, gibt die *g*-Gebärde.

Nun kommen wir zu dem merkwürdigen *w*-Laut. Der *w*-Laut, er ist derjenige Laut, den wir in älteren Sprachen, namentlich in den Sprachen des Orients, weniger finden. Er ist derjenige Laut, der eigentlich der menschlichen Seele ein Bedürfnis wird, wenn diese menschliche Seele nicht gewöhnt ist, feste Umhüllungen zu haben, sondern wenn diese menschliche Seele das Bedürfnis hat, zu wandeln, und statt des festen Hauses, das man gewissermaßen in dem *b* empfinden kann, das Zelt oder sonst irgend etwas, den schützenden Wald oder irgendeine sonstige schützende äußere Hülle hat; der Laut, der gewissermaßen die bewegliche Hülle andeutet, der liegt in dem *w*.

Aus diesem Grunde ist es eigentlich auch, daß man beim *w* immer empfinden muß, man trägt etwas an sich, wie einen sich immer erneuernden Schutz. Und alles dasjenige, was hinwandelt, dessen Wesen in der Bewegung liegt, das wird empfunden in dem Laute *w*. Das hinflutende Wogen ist eigentlich dasjenige, was das starke *w* darstellt; die hinsprudelnde Welle ist dasjenige, was das schwache *w* darstellt. Ich mache Sie eben aufmerksam auf das, was man haben muß in der *w*-Empfindung. Nun ist es eine Merkwürdigkeit, daß, wenn man irgendwie genötigt ist, mit Aufpassen auf den Laut das *w* zu gebrauchen, man immer auf eine ganz natürliche Weise in die wiederholte Anwendung des *w* verfällt. Man fühlt sich gedrängt, wenn man das *w* gebraucht, es wiederholt zu gebrauchen. Es stört einen, wenn man bloß sagt: «es wallet»; man will sagen: «es wallet und woget, es weht und windet, es wirkt und webt» und so weiter, kurz, man verfällt bei nichts in so natürlicher Art in die Alliteration, als wenn man das *w* fühlt. Die Alliteration kann nachgebildet werden mit andern Lauten, aber so selbstverständlich wird man die Alliteration bei andern Lauten nicht empfinden wie gerade bei dem *w*.

Vielleicht macht uns ein Eurythmist den *w*-Laut einmal vor. Sie sehen, er drängt auch zu einer Gebärde, die durchaus in Bewegung gemacht wird. Er ist also dasjenige, was das Wesen in Bewegung bringt. Machen Sie uns einmal, ohne daß wir schon die Alliteration bilden – die wollen wir gleich nachher bilden –, indem Sie einfach im Kreis herumgehen, eine Alliteration vor in dem *w*, so daß das *w* immer auftritt. Es wird die Alliteration auch mit andern Buchstaben, mit andern Lauten auftreten, aber beachten Sie nur, wie wenig Sie das, was in andern Lauten als Alliteration auftritt, berühren wird als Alliteration gegenüber dem, wo die Alliteration auftritt in dem *w*. Also:

> Wehe nun,
> Waltender Gott,
> Wehgeschick naht.
> Ich wallete
> Der Sommer und Winter
> Sechzig außer Landes,
> Wo man mich immer scharte

nun kommt eine andere Alliteration:

> In die Schar der Schützen,
> Doch vor keiner Burg
> Man den Tod mir brachte.

Nun kommt eine sehr durchgreifende Alliteration, wieder eine Alliteration, aber in dem *m;* Sie werden die Alliteration empfinden können, aber Sie werden sie nicht so stark empfinden, wie Sie sie beim *w* empfinden:

> Nun soll mein eigenes Kind
> Mich mit dem Schwerte hauen,
> Morden mich mit der Mordaxt!
> Oder soll ich zum Mörder werden?

Sie können fühlen, überall wirkt die Alliteration wie selbstverständlich, wo ein *w* auftritt; überall wirkt sie wie etwas, was eben hergeholt ist vom *w,* wo ein anderer Laut auftritt.

Nun, diese Alliteration aber ist als dichterische Formfigur durchaus auch dort urständig, bodenständig, wo gerade die lebhafteste Empfindung ist für den Laut *w*. Und man sollte für zweierlei ein Gefühl haben. Erstens, daß schon zur Alliteration, zu dem Reim mit dem Anfangslaute, gehört, ein wenig sich zurückzuversetzen in ältere europäische Zeiten. *Wilhelm Jordan* hat versucht, die Alliteration wiederum heraufzubringen, und er konnte mit einer gewissen inneren Überzeugungskraft die Alliteration auch sprechen. Heute empfindet man sie innerhalb der neuhochdeutschen Sprache doch etwas deplaciert. Aber immer noch wird sie wirken können, wenn man ein wenig die Gabe hat, sich zurückzuversetzen in ältere Zeiten. Das kleine Stück, das ich Ihnen vorgelesen habe, ist aus dem Hildebrandlied. Hildebrand, der lange Zeit abwesend war von der Heimat, der, als er wiederum auf dem Rückwege war, seinen Sohn Hadubrand traf und mit ihm in Streit geriet; und was sich nun in dem Verwandtenstreit ausdrückt, liegt in dieser damals voll empfundenen alliterativen Form.

Wir können nun die Alliteration dadurch zur Darstellung bringen, daß wir im Kreise Eurythmisierende anordnen; daß wir, weil die Alliteration im wesentlichen, wenn nicht überhaupt im *w,* so wenigstens in Konsonanten liegen muß, daß wir die Alliteration betonen lassen von denjenigen, die im Kreise schreiten. Weil auf den Vokalen die Alliteration eigentlich nicht ruhen kann, können wir dann bei der Alliteration die Vokale eurythmisch darstellen lassen von Persönlichkeiten, die innerhalb des Kreises stehen.

Nun wollen wir das Stückchen, das ich gerade vorgelesen habe, alliterieren lassen von einer Reihe von Persönlichkeiten. Ordnen Sie sich im Kreise an; für die Vokale treten noch dreie in die Mitte.

Jetzt soll die Alliteration dadurch insbesondere zum Ausdrucke kommen, daß jedesmal, wenn ein neuer alliterierender Laut auftritt, ein Folgender diesen Laut zum Ausdrucke bringt, der Vorhergehende seinen vorigen Laut wiederholt. Also nur die Vokale, die direkt auf den alliterierenden Konsonanten folgen, machen diejenigen, die im Umkreis sind. Die andern Vokale, die Begleitung, machen diejenigen, die in der Mitte sind. Wollen wir einmal, damit es recht sichtbar wird, ganz langsam das Stückchen alliterieren, der äußere Kreis gehend:

> *W*ehe nun,
> *W*altender Gott,
> *W*ehgeschick naht.
> Ich *w*allete
> Der Sommer und *W*inter
> Sechzig außer Landes,

Wo man mich *scha*rte
In die *Scha*r der *Schü*tzen,
Doch vor keiner *Bu*rg
Man den Tod mir *bra*chte.
Nun soll mein eigenes Kind
*Mi*ch mit dem Schwerte hauen,
*Mo*rden mich mit der *Mo*rdaxt!
Oder soll ich zum *Mö*rder werden?

Es wird der alliterierende Konsonant und der ihm unmittelbar folgende Vokal im Kreis von einem zum andern getragen.

Auf diese Weise sehen Sie, wie in der Tat Bewegung und auch Geschlossenheit in so etwas gerade durch die Alliteration hineinkommt.

Nun wollen wir einiges von dem besprechen, was uns dienen kann dazu, die eigene Organisation in den Dienst der Eurythmie ganz wesenhaft zu stellen. Da ist es vor allen Dingen gut, wenn man eine Empfindung dafür hat, was eigentlich für ein Unterschied im Eurythmisieren ist zwischen *Stehen* und *Gehen*.

Stehen bedeutet immer, daß man eigentlich etwas abbildet, daß man das Bild von etwas ist. Währenddem wenn man geht, will man selber etwas sein. Wenn Sie also ein Gedicht vorbereiten zum Eurythmisieren, dann müssen Sie durchaus empfinden, ob es sich mehr darum handelt, bei irgendeiner Stelle auf etwas hinzuweisen, oder ob es sich mehr darum handelt, das Wesen von irgend etwas lebendig hinzustellen. Danach wird sich ergeben, ob man ins Stehen übergeht – vorzubereiten ist das schon, wenn man mehr zur Ruhe übergeht –, oder ob man ins Gehen übergeht. Es wird die Sache doch so ausfallen, daß das Stehen weniger in Betracht kommen wird als das Gehen, denn die Dichtung hat schon einmal das an sich, daß sie das Lebendige ausdrücken will, dasjenige, was etwas ist, und nicht bloß dasjenige, was etwas bedeutet. Da ist es gut, daß man weiß, was der menschliche Körper überhaupt bedeutet im Zusammenhange mit dem ganzen Weltenwesen. Die Füße des Menschen bedeuten die Erde, denn sie sind ganz angepaßt der Erde. Wo also irgendwie Erdenschwere in

Betracht kommt – Erdenschwere kommt in Betracht fast bei jedem Leid, das der Mensch erlebt –, da wird es sich darum handeln, in der Grazie der Füße und Beine die Eurythmie besonders zu entwickeln.

Die Hände und Arme bedeuten das Seelische. Das Seelische ist das Hauptsächlichste, was durch die Eurythmie zum Vorschein kommt. Daher muß hauptsächlich in der Eurythmie die Bewegung der Arme und Hände eine Rolle spielen. Man geht dann da in das Geistige schon über; durch die Übergänge von einem Laut zum andern aber soll das Geistige an sich noch besonders ausgedrückt werden. Also zum Beispiel in der Sprache kommt das Geistige in der Ironie, in der Schalkhaftigkeit, in alledem zum Ausdruck, was aus dem menschlichen «spiritus» schon einmal herauskommt, was der Mensch von sich gibt dadurch, daß er eben ein Geist ist, daß er, wie man sagt, geistreich im besten Sinne des Wortes ist. Das muß dann mit dem Kopf angedeutet werden, denn der Kopf ist für den Geist da.

Man muß sich dieser Dinge eben durchaus bewußt werden, dann wird man schon in der richtigen Weise die Dinge zum Vorschein bringen. Von besonderer Bedeutung wird sein, wenn dieser Kopf in der mannigfaltigsten Weise nach seiner Organisation hin benützt wird.

Wenden Sie einmal Ihren Kopf nach rechts hinüber. Das Hinüberwenden des Kopfes nach rechts kann immer auch aufgefaßt werden als: «Ich will»; natürlich nicht nur mit den zwei Worten «Ich will», sondern für alles dasjenige, worin ein «Ich will» liegt.

Dagegen wenden Sie den Kopf nach links: «Ich fühle». Also überall, wo man als präponderierend das «Ich fühle» im Gedicht ausdrücken muß: Kopf nach links gewendet.

Neigen Sie den Kopf nach rechts. Das ist dann, wenn Sie den Kopf so neigen: «Ich will nicht» (nach rechts vorne). Neigen Sie ihn ebenso nach links: Ich fühle nicht, begreife etwas nicht, fühle es nicht, empfinde es nicht.

Und jetzt wenden Sie den Kopf ganz nach vorn, neigen Sie ihn nach vorn. Sie können diese Gebärde besonders dann empfinden in ihrer Selbstverständlichkeit, wenn Sie folgendes machen: Stellen Sie sich (zwei Eurythmisten) hin, und I stellt sich im Profil hin und macht diese Gebärde. Also denken Sie sich, I sagte: Götter machen Menschenherzen willig. – II will antworten in eurythmischer Weise: Du bist mir zu gescheit, ich verstehe dich nicht. – Da machen Sie diese Gebärde, aber deutlich, sie wird unzählige Male irgendwie im Zusammenhang vorkommen: man sinkt in sich zusammen ob desjenigen, was man nicht begreifen kann.

Dann möchte ich jetzt noch, damit auch das wenigstens an einem Beispiel hervortritt, erwähnen: Sie können aus den zwölf Gebärden, die wir in Anlehnung an den Tierkreis gemacht haben, und aus den sieben Gebärden, die wir in Anlehnung an die Planetenkreisläufe gemacht haben, immer Gebärden verwenden für irgend etwas. Sagen wir zum Beispiel, außer dem, was wir gestern über den Schlußreim gehabt haben, kann auch das Folgende eintreten und wird durchaus empfunden werden können: I macht die Löwengebärde, II die Wassermanngebärde, und nun versuchen Sie, das kleine Gedichtchen, das ich jetzt vorlesen werde, zu eurythmisieren; bei den scharfen Reimen, also den Reimen, welche auf einen Hochton gehen, macht I die Löwengebärde. Und auf schwache Reime, die also stumpf sind, gleiten, die nicht den Hochton haben, sondern den Tiefton am Ende, macht II die Gebärde des Wassermanns. Eurythmisieren Sie stehend, meinetwillen vokalisch, und machen Sie eben nur diese Gebärde am Ende, damit wir sehen, wie diese Gebärden nach dem Reim wirken.

Es rauschet das Bächlein über Gestein –
II muß den Buchstaben halten –
Ein Weidenbaum drüber gebogen,
Drauf sitzt des Müllers Büblein klein,
Im Schoße ein kleines Zitherlein,
Die Füßchen bespült von den Wogen.

Es kommt ein Mann des Wegs zu gehn,
Er bleibt so still, so schweigsam stehn,
Sieht zu dem sinnigen Knaben:
«Hatt' auch einmal ein Büblein klein,
War auch so still und auch so fein;
Das liegt nun draußen, begraben.»

Also Sie sehen, auf diese Weise läßt sich aus den Tierkreisgebärden der Reim herausholen. Ich mache Sie darauf aufmerksam, daß Sie gerade diese Dinge machen können, und dann werden Sie fühlen, wie Sie Sicherheit bekommen in der Ausarbeitung der eurythmischen Gebärden. Man wird wohl nicht willkürlich irgendeine der Gebärden nehmen dürfen, sondern aus der Stimmung des Gedichtes heraus die adäquaten suchen müssen.

Jetzt möchte ich, daß sich eine Reihe von Eurythmisten hinstellen und verschiedene Gesten machen, und zwar machen wir das so: Die erste stellt die Füße zusammen und streckt die Arme so aus, daß sie horizontal liegen nach der Seite.

Die zweite stellt die Füße etwas auseinander und hält die Arme so, daß sie sie ungefähr in der Höhe hat, die ihrem Kehlkopf entspricht.

Jetzt eine dritte: Spreizen Sie die Füße etwas auswärts, halten Sie die Arme so in der Höhe, daß Sie die Hände so haben, daß wenn man sie mit einer Linie verbindet, sie unten unter dem Herzen vorbeigeht.

Die vierte: Spreizen Sie die Beine noch weiter nach außen, ganz breit, halten Sie die Arme so, daß Sie weit über dem Kopf die Hände haben, aber es muß eine Linie geben genau von den Händen bis zu den Füßen herunter.

Die fünfte: Machen Sie die Füße ungefähr so in der Stellung, wie die dritte sie hat, und jetzt machen Sie die Arme so, daß die Hände gerade, wenn man eine Linie zieht, über den Kopf weg eine Linie bilden.

Hier (bei der zweiten) geht die Linie über den Kehlkopf; da ganz horizontal (bei der ersten); da geht es weit über den Kopf hinauf (bei der vierten), und da nun gerade am Kopf vorbei (bei der fünften). Halten Sie alle diese Gebärden fest.

Die sechste: Sie halten die Beine beide zusammen und die Arme senkrecht ganz hinauf.

Jetzt merken Sie sich bei diesen Gesten das Folgende:

Ich denke die Rede	I	Tafel 27
Ich rede	II	

Ich habe geredet	III
Ich suche mich im Geiste	IV
(meinen geistigen Ursprung)	
Ich fühle mich in mir	V
Ich bin auf dem geistigen Wege	VI
Ich bin auf dem Weg zum Geiste	(zu mir).

So ungefähr. Und nun können Sie versuchen, immer von der einen Stellung zu der andern überzugehen. – Eine Eurythmistin stellt sich vor die sechs Stellungen, vor I. – Versuchen Sie es abzuschreiten; treten Sie vor jede hin, und fühlen Sie, indem Sie vor jede hintreten, sich gedrängt, das, was ich da sage, auszudrücken dadurch, daß Sie die Gebärde derjenigen machen, die hinter Ihnen steht. Also jetzt sind Sie selber als erste noch dran:

> Ich denke die Rede. –

Zu den folgenden gehend, vor sie hintretend:

> Ich rede
> Ich habe geredet
> Ich suche mich im Geiste
> Ich fühle mich in mir
> Ich bin auf dem Geistwege.

Da gehen also diese Gebärden auseinander hervor.

Wenn man Erwachsenen Eurythmie lehrt und man beginnt damit, daß man sie gerade diese Übung machen läßt, dann finden sie sich ganz sicher gerade dadurch sehr gut in das Eurythmische hinein.

Außerdem gehört diese Übung, das heißt, wenn sie gemacht wird in diesen Gebärden hintereinander, unter die die Seele harmonisierenden, heileurythmischen Gebärden. Wenn also Menschen innerlich so auseinandergekommen sind in ihrer Seele, daß sich das auch leiblich zum Ausdrucke bringt, in allerlei Stoffwechselkrankheiten zum Ausdrucke bringt, dann ist unter allen Umständen als eine heileurythmische Übung diese Übung ganz vorzüglich.

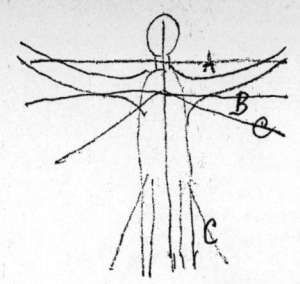

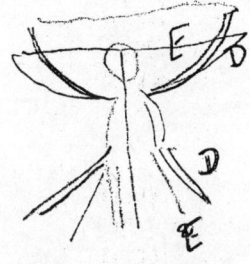

A Ich rede

B Ich denke die Rede

C Ich habe geredet

D Ich suche meinen Geist-Ursprung

E Ich fühle mich

F Ich bin auf dem Geistwege.

Aus einem Notizbuch Rudolf Steiners

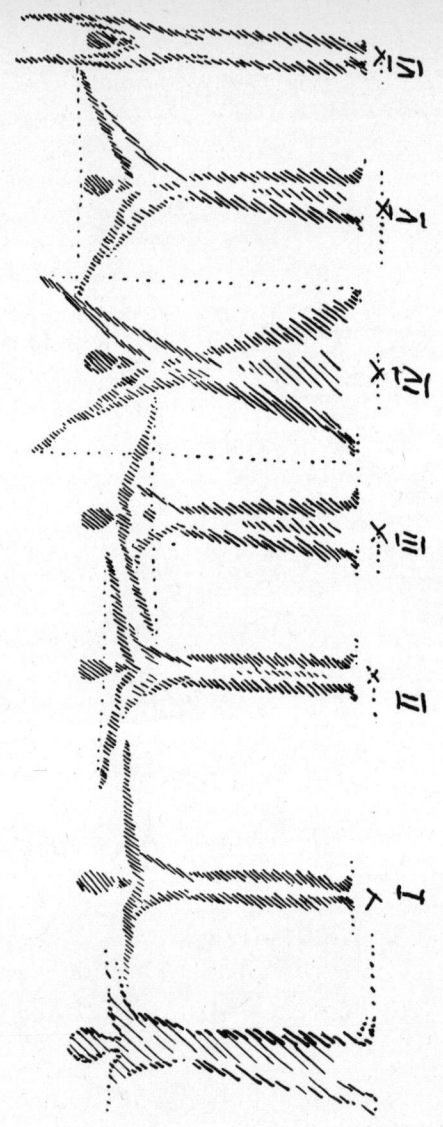

Nun möchte ich zum Schlusse Ihnen, meine lieben Freunde, ans Herz legen, daß es sich nur dann wirklich gut eurythmisieren läßt, wenn der Wille dazu vorhanden ist, das Eurythmisieren nur zu beginnen nach einer sorgfältigen Analyse – wenn man so sagen darf – desjenigen, was man zu eurythmisieren hat. Man legt sich also irgendein Gedicht vor, achtet vor allen Dingen darauf, welche hauptsächlichen Laute in einem solchen Gedichte enthalten sind. Findet man die Tatsache, daß in einem Gedichte, das ausdrücken soll die bewundernde Empfindung, das bewundernde Gefühl des Dichters, sich viele *a*-Laute finden, dann wird man sich sagen, dieses Gedicht ist gut zu eurythmisieren, denn in dem *a* drückt sich die bewundernde Empfindung aus. Der Dichter selbst hat gefühlt, daß der *a*-Laut für die bewundernde Empfindung seine Bedeutung hat. Man wird sich gerade darauf stützen, diesen *a*-Laut in der eurythmischen Gebärde besonders zur Geltung zu bringen. Es ist beim Eurythmisieren wichtiger, den Lautgehalt sich vor die Seele zu führen als den bloßen Sinngehalt. Denn der Sinngehalt ist Prosa. Und je mehr ein Gedicht darauf angewiesen ist, durch den Sinngehalt zu wirken, desto weniger ist es ein Gedicht. Je mehr ein Gedicht einem seinen Lautgehalt aufdrängt, durch den Lautgehalt wirkt, desto mehr ist es ein Gedicht.

Daher sollte man eigentlich als Eurythmist nicht von dem Prosagehalt ausgehen, sondern sich in den Lautgehalt vertiefen und sogar sagen können, wenn sich viele *a* in einem Gedichte finden, so ist das von vornherein so zu eurythmisieren wie ein Gedicht, das in Bewunderung verfließt. Das ist dasjenige, was uns darauf hinweist, überall auf das eigentlich Sprachliche zu sehen. Weiter sind wirklich in der Dichtung diejenigen Merkmale des Sprachlichen zu suchen, die wir angeführt haben; also ein Gedicht daraufhin anzuschauen, wo ich irgend etwas Konkretes, etwas Abstraktes, wo ich dieses oder jenes Verhältnis drinnen habe. So daß ich eigentlich meine, man muß zuerst das Gedicht vollständig, und zwar seiner Sprachgestaltung nach erlebt haben, dann sollte man erst daran gehen, es zu eurythmisieren.

Im Eurythmisieren selber können Sie noch beachten, wie ich versucht habe, in den Figuren überall *Bewegung, Gefühl* und *Charakter* anzugeben. Das ist dasjenige, was die Eurythmisten schon beachten sollten. Die Bewegung soll man als Bewegung fühlen. Die Bewegung wird beschrieben. Die Bewegung macht man als Eurythmist. Aber man sollte, namentlich wenn man von einem Schleier umwallt ist, aber auch wenn man eben von keinem Schleier umwallt ist, das aurisch denken, was in dem Schleier ausgedrückt wird (siehe Eurythmiefiguren), dann erst wird man in die nötige Grazie hineinkommen, wenn man sich das denkt. Sehen Sie sich einmal das *l* an (Eurythmiefigur *L*). Wenn Sie sich das *l* denken, so liegt das *l* selber in der Bewegung, aber dasjenige, was man dem *l* noch geben kann als Gefühl, als Empfindung, das liegt daran, daß die Aura an den Armen in dieser Gestaltung, hier oben breit, schmäler werdend, herunterhängt. Denken Sie sich, diese Arme sprechen Ihr Gefühl aus dadurch, daß so etwas an Ihnen aurisch hängt; ebenso das glatte Kleid, das unten etwas erweitert ist. So sollte man sich eigentlich fühlen. Man sollte sich als Eurythmist in der Weise durchaus angezogen und flatternd fühlen, wie es hier angedeutet ist.

Und von besonderer Wichtigkeit ist auch der Charakter. Man sollte tatsächlich, wenn man die Arme streckt, hier eine Art Gefühl haben (siehe Eurythmiefigur), daß der Muskel sich spannt. Überall, wo der Charakter durch die Farbe angegeben ist, da sollte man die gespannten Muskeln haben. Das sollte man auch durchaus machen. Also man sollte zum Beispiel hier durchaus (siehe Eurythmiefigur) die Beine so aufstellen, daß man die Muskeln dann gespannt fühlt. Das ist dasjenige, worauf es ankommt. Deshalb sind diese Figuren eben so ausgeführt.

Sie werden dann, wenn Sie das an den einzelnen Lauten lernen, eben die Lautempfindung so stark in Ihre Organisation hineinbekommen, daß Sie auch durch ganze Gedichte hindurch empfinden: das ist zum Beispiel auf *l* gestimmt, auf *b* gestimmt. Und dann werden Sie aus dem Laut heraus das Gedicht schaffen können.

Das ist natürlich dasjenige, was insbesondere auch berücksichtigt werden sollte, wenn es sich darum handelt, Eurythmie den Menschen beizubringen. Bei der pädagogischen Eurythmie wird es sich natürlich darum handeln, daß man die Eurythmie benützt, um am Körper diejenigen Dinge ausführen zu lassen, welche die Seele in moralischer, in erkenntnismäßiger, in gefühlsmäßiger Weise vorwärtsbringen.

Bei der künstlerischen Eurythmie aber wird es sich darum handeln, daß die Seele ganz lernt, insofern sie eurythmisiert, in dem Körper zu leben. So daß diese Bewegungen, die da gemacht werden, diese Gesten, die geformt werden, als selbstverständlich vorkommen, daß man das Gefühl hat, man kann eigentlich nicht anders, als diese Geste machen, wenn es sich um ein bestimmtes künstlerisches Motiv, um einen bestimmten künstlerischen Inhalt handelt.

Aber man sollte durchaus das beachten, daß Eurythmielernen wirklich ein Andersmachen des menschlichen Organismus ist und daß jede Darstellung in der Eurythmie noch unvollkommen ist, wenn der Mensch irgendwie kämpft mit etwas, was an seinem Körper «Körper» ist und noch nicht «Seele» geworden ist. Der ganze Körper muß in der eurythmischen Ausführung Seele geworden sein.

Das ist der große Unterschied, der empfunden werden sollte, wenn, sagen wir, eine Eurythmiegruppe, die eben mit heiligem Fleiß ein Programm ausgearbeitet hat, das nun hier nach der Ausarbeitung darstellt. Man kann seine Freude daran haben, wie alles frisch ist, wie noch gekämpft wird mit den Formen, wie Arme unter Umständen noch nicht bewegt werden, sondern geworfen werden und der Seele noch als schwer vorkommen, wie wenn sie zur Erde fallen würden, oder wie wenn sie weggestoßen würden, während sie wegbewegt werden sollten. Oder wenn sie gestoßen werden sollten, so haut man, statt daß man stößt, nicht wahr, oder man schlenkert, statt daß man stößt. Alle diese Dinge sind frisch da, und man kann seine Freude daran haben, wenn ausgezogen wird zu irgendeiner Kampagne.

Dann geht es in die Kampagne hinaus durch zwei Dutzend Städte. Das war zwar, glaube ich, noch nicht da, aber es könnte ja auch da sein. Durch zwei Dutzend Städte wird immer dasselbe Programm gespielt. Jetzt kommen die Eurythmisten wieder zurück. Sie haben nun also das Programm zwei Dutzend Male gespielt. Und da wird wiederum – weil Frau Dr. Steiner dann nicht ein neues Programm gleich ausgearbeitet haben kann, das ist selbstverständlich –, da wird wiederum dieses Programm, das man vor sechs Wochen in seinem kindlich frischen Zustande gesehen hat, nachdem es nun zwei Dutzend Male durchgespielt worden ist, hier aufgeführt. Da hat man dann an dem andern seine Freude; da ist alles selbstverständlich geworden, und man sieht es den Sachen an: Die Eurythmisten haben dadurch, daß sie immer neue Städte gesehen, neue Verhältnisse kennengelernt haben, also einen gewissen inneren Enthusiasmus durch etwas entwickelt haben, was sich ihnen von der Außenwelt bietet, sie haben dann das in sich, daß die Bewegungen auch selbstverständlich geworden sind. Und man hat dann helle Freude daran und sagt nichts anderes als: Ach, könnten die das noch fünfzigmal weiter spielen, wie schön würde das erst dann sein!

Für diese Dinge muß man durchaus Verständnis haben. Es weiß das, was ich Ihnen jetzt sage, jeder Bühnenkünstler zu schätzen. Ein wirklicher Bühnenkünstler glaubt überhaupt nicht daran, daß er eine Rolle spielen kann, bevor er sie fünfzigmal gespielt hat! Erst das einundfünfzigste Mal glaubt er, daß er die Rolle wirklich spielen kann, weil sie ihm zur Selbstverständlichkeit geworden sein muß. Diese Gesinnung muß man schon einmal haben. Man muß vor allen Dingen zu demjenigen, was man darstellen will, soviel Liebe haben, daß man es eigentlich niemals fortlegen will. Und, nicht wahr, höchstens dem Publikum ist es erlaubt, irgend etwas, was es von einem Künstler immer wieder hört, langweilig zu finden. Aber gerade im Künstlerischen hat es seine große Bedeutung, einmal auf ein ganz bestimmtes Künstlerisches sich so hinzuorientieren, daß man es immer wieder und wiederum bekommt. Ich habe zum Beispiel einmal Gelegenheit gehabt, ein Stück, das ein Sommertheater fünfzigmal gespielt hat in einem Orte, wo ich war, jeden Abend zu sehen, dasselbe Stück. Ich ging jeden Abend hin, ließ jeden Abend dasselbe Stück auf mich wirken, und ich fand, daß es höchstens das fünfte Mal langweilig war zu sehen, das einundfünfzigste Mal war es nicht mehr langweilig. Wenn auch die Darstellung in einem Sommertheater eine sehr mäßige war, man konnte dadurch so viel lernen, so ungeheuer viel lernen im Unvollkommenen, in der Beobachtung des Unvollkommenen, daß man schon für sein ganzes Leben von einer solchen Prozedur – mancher wird es eine sonderbare Prozedur finden – etwas haben könnte. Denn dazumal war es ein Stück, das ich nicht lieben konnte; mich interessierte das Stück gar nicht. Es war Sudermanns «Ehre» nämlich. Ich konnte es nicht leiden; aber ich sah es mir fünfzigmal an, von einer etwas mittelmäßigen Gruppe gespielt, um hinter alle die Einzelheiten einmal unbewußt zu kommen, also mitzuerleben rein aus dem Astralleib, es aus allem bewußten Wahrnehmen herauszubringen und rein mitzuleben.

Es handelt sich wirklich darum, daß die Menschen – und ich möchte das gerade bei Gelegenheit der Besprechung der Eurythmie vorbringen –, es handelt sich darum, daß die Menschen durchaus lernen müssen, Rhythmisches auch in komplizierteren Dingen zum Ausdruck zu bringen. Das Vaterunser betet einer nicht nur fünfzigmal, sondern was weiß ich wie viele Male, das wird ihm nicht langweilig. Daß so etwas auch zu tun ist mit mehr oder weniger einem gleichgültig erscheinenden Erlebnissen des ganzen Organismus, zu denen man durch sein Karma irgendeinmal geführt wird, das beachtet man viel seltener.

Und damit, meine lieben Freunde, sind wir am Ende dieses Zyklus angekommen. Sie werden gesehen haben, daß es mir vorzugsweise darauf angekommen ist, diesen Zyklus so zu gestalten, daß man sehen kann, wie aus dem Gefühl unserer Seele sich das Eurythmische heraus ergibt, wie sozusagen eurythmische Technik in Liebe zur Eurythmie eigentlich erworben werden soll, wie alles aus der Liebe heraus kommen soll.

Wie sehr ich selber, meine lieben Freunde, diese Eurythmie liebe, das habe ich erst vor kurzem im «Mitteilungsblatte» ausgesprochen. Wie sehr ich wünschen möchte, daß überall die große Hingabe, die notwendig ist bei all denjenigen, die am Eurythmisieren betätigt sind, von Frau Dr. Steiner angefangen, angefangen von unseren Eurythmiekünstlerinnen hier, mehr beachtet, weiterhin gewürdigt würde. Wie das alles durchaus nicht genug gewürdigt werden kann und gewürdigt werden sollte im Kreise aller Anthroposophen, das habe ich eben kürzlich im «Mitteilungsblatte» auseinandergesetzt. Nun hoffe ich, daß zur Hebung des Eurythmischen durch diesen Kurs etwas beigetragen werden kann, indem wir uns, die wir hier vereinigt sind, entweder indem wir die Eurythmie schon aus dem Fundamente heraus zu können glauben, oder indem wir noch blutige Anfänger sind, oder indem wir nur solche sind, die sich interessieren dafür, alle uns fühlen sollten als Förderer der Eurythmie, welche doch herausgewachsen ist nicht aus der schlechtesten Stelle, sondern aus einer der besten Stellen jener Welterkenntnis, die aus dem Geiste heraus schöpft. Und wenn wir uns so als Förderer der Eurythmie aktiv oder passiv fühlen, so wird gerade durch diese Eurythmie dasjenige für die allgemeine Entwickelung der Anthroposophie geleistet werden können, was durch sie geleistet werden soll.

Wenn die Menschen in Schönheit sehen werden den Geist wirken in menschlichen Formen, dann wird das einiges beitragen zu der ganzen Stellung, die die Menschheit zum Geiste durch die Anthroposophie eigentlich einnehmen soll.

Denken wir bei allem einzelnen, was wir uns aneignen auf anthroposophischem Boden, an das große Ganze der Anthroposophie, und gestalten wir alles einzelne so aus, wie es uns, wenn ich so sagen darf, unser anthroposophisches Herz eingibt, wie wir es gestalten sollen, wenn wir den Intentionen der Anthroposophie durch das Wirken im einzelnen würdig werden sollen. Das möge gefördert werden in einigem durch dasjenige, was ich mir zu sagen erlaubte im Laufe dieses Eurythmiekurses.

Laut-Eurythmie-Kurs

In der Zeit vom 24. Juni bis zum 12. Juli wurde am Goetheanum ein Kursus über Lauteurythmie abgehalten. Er hatte zum Inhalte eine nochmalige Darstellung von vielem, was bisher auf diesem Gebiete gegeben worden ist, und zugleich eine Vertiefung und Erweiterung dieses schon Bekannten. Die eurythmisierenden Künstler, die am Goetheanum und von da aus an vielen Orten die Eurythmie als Kunst ausüben, die auf diesem Gebiete Lehrenden, die Lehrkräfte der von Marie Steiner in Stuttgart begründeten und geleiteten Eurythmieschule, die für Eurythmie tätigen Lehrkräfte der Waldorfschule und der Fortbildungsschule am Goetheanum, Heileurythmisten, und eine Reihe anderer Persönlichkeiten, die durch ihren Beruf als Künstler oder Wissenschafter auf andern Gebieten für Eurythmie Interesse haben, nahmen an dem Kursus teil.

Eurythmie macht ja möglich, das Künstlerische als solches in seiner Wesenheit und seinen Quellen zur Anschauung zu bringen. Darauf wurde bei Abhaltung dieses Kursus besonders gesehen. Als eurythmischer Künstler kann nur wirken, wer aus innerem Beruf und innerer Begeisterung Kunstsinn schöpferisch entfaltet. Um die in der menschlichen Organisation liegenden Form- und Bewegungsmöglichkeiten zur Offenbarung zu bringen, hat man nötig, daß die Seele ganz von Kunst erfüllt ist. Dieser universelle Charakter des Eurythmischen lag allen Ausführungen zugrunde.

Wer eurythmisieren will, muß in das Wesen der Sprachgestaltung eingedrungen sein. Er muß vor allem an die Geheimnisse der Laut-Schöpfung herangekommen sein. In jedem Laute ist ein Ausdruck für ein Seelenerlebnis gegeben. Im vokalischen Laute ein solcher für ein gedankliches, gefühlsmäßiges, willensartiges Sich-Offenbaren der Seele, im konsonantischen Laute für die Art, wie die Seele ein äußeres Ding oder einen Vorgang vergegenständlicht. Dieser Ausdruck im Sprachlichen bleibt beim gewöhnlichen Sprechen zum größten Teile ganz unterbewußt; der Eurythmist muß ihn auf ganz exakte Art kennenlernen, denn er hat, was im Sprechen hörbar wird, in die ruhende und bewegte Gebärde zu verwandeln. Das innere Gefüge der Sprache wurde deshalb in diesem Kurse bloßgelegt. Die Lautbedeutung des Wortes, die der Sinnbedeutung überall zugrunde liegt, wurde anschaulich gemacht. Von der eurythmischen Gebärde aus läßt sich manches in dem Gesetzmäßigen der Sprache, das gegenwärtig, wo das Sprechen in einer stark abstrakten Seelenverfassung ausgeführt wird, wenig erkannt wird, zur Darstellung bringen. Das ist in diesem Kursus geschehen. Dadurch, so darf gehofft werden, wird er auch Lehrern des Eurythmischen die ihnen nötigen Richtlinien gegeben haben.

Der Eurythmist braucht die Hingabe an das Kleinste der Gebärde, damit seine Darstellung wirklich zum selbstverständlichen Ausdruck des Seelischen wird. Er kann die große Gebärde nur gestalten, wenn ihm dieses Kleinste erst zum Bewußtsein, dann zur gewohnheitsartigen Äußerung des seelischen Wesens geworden ist.

Es wurde betrachtet, wie die Gebärde als solche Seelenerlebnis und Geistinhalt offenbart, und auch wie diese Offenbarung zum Seelenausdruck sich verhält, der in der Laut-Sprache sich hörbar verwirklicht. Man kann an der Eurythmie das Technische der Kunst würdigen lernen; aber gerade auch an ihr tief durchdrungen werden davon, wie das Technische alle Äußerlichkeit abstreifen und ganz vom Seelischen ergriffen werden muß, wenn wahrhaft Künstlerisches leben soll. In der Kunst auf irgendeinem Gebiete tätige Menschen sprechen oft davon, wie die Seele *hinter* der Technik wirken soll; die Wahrheit ist, daß *in* der Technik die Seele tätig sein muß.

Ein besonderer Wert wurde in diesen Vorträgen darauf gelegt, zu zeigen, daß der ästhetisch empfindende Mensch in der wahr gestalteten Gebärde das Seelische unmittelbar auf ganz eindeutige Art wahrnimmt. Es wurden Beispiele vorgeführt, die veranschaulichten, wie ein Inhalt in der Seelenverfassung auf selbstverständliche Art in einer gewissen Gebärdengestaltung gesehen werden kann.

Es wurde auch gezeigt, wie alle Sprachgestaltung, die in Grammatik, Syntax, in Sprachrhythmus, in poetischen Tropen und Figuren, in Reim und Strophenbau sich offenbart, die entsprechende Verwirklichung auch in dem Eurythmischen findet.

Die Zuhörer dieses Kurses sollten nicht nur in der Erkenntnis der Eurythmie gefördert werden, sondern es sollte von ihnen erlebt werden, wie alle Kunst getragen sein muß von Liebe und Begeisterung. Der Eurythmist kann seine Kunstschöpfung nicht von sich ablösen und sie objektiv vor den ästhetisch Genießenden hinstellen wie der Maler, der Plastiker, sondern er bleibt in seiner Darstellung persönlich darinnen; man *sieht* an ihm, ob in ihm Kunst wie ein göttlicher Weltinhalt lebt, oder nicht. In unmittelbar künstlerische Gegenwart muß am Menschen der Eurythmist das Künstlerische als anschauliches Wesen hinstellen können. Das erfordert ein besonderes innerlich-intimes Verhältnis zur Kunst. Zum Verständnisse *davon* wollte dieser Kurs den Teilnehmern verhelfen. Er wollte zeigen, wie in der Seele beim Anschauen der Gebärde das Gefühl, die Empfindung sich entzündet, und wie dann diese Empfindung zum Erleben des sichtbaren Wortes führt. Man kann vieles, was im hörbaren Worte nur unvollkommen sich darleben kann, durch die eurythmische Gebärde zur vollen Offenbarung bringen. Hörbares Wort in Rezitation und Deklamation in Verbindung mit dem sichtbaren Worte geben dann einen Total-Ausdruck, der intensivste künstlerische Geschlossenheit bewirken kann.

Die Stellung der Eurythmie in der Anthroposophischen Gesellschaft

In der Zeit von Mitte Mai bis Mitte Juni absolvierte Frau Marie Steiner mit den Eurythmisten des Goetheanums eine Eurythmiereise durch die Städte Ulm, Nürnberg, Eisenach, Erfurt, Naumburg, Hildesheim, Hannover, Halle, Breslau. Die Nachrichten, die ich hierher ins Goetheanum von dieser Reise erhalte, sprechen von einem tiefgehenden Interesse, das eine verhältnismäßig große Zuschauerschaft an der aus der anthroposophischen Bewegung hervorgegangenen Kunst nimmt. Daß da und dort ein paar Radaumacher Mißklänge in die so befriedigende Aufnahme hineinbringen, kann den nicht befremden, der weiß, gegen welche Widerstände auf allen Lebensgebieten stets dasjenige zu kämpfen hat, das dem Gewohnten als etwas Neues entgegentritt.

Von der Anthroposophischen Gesellschaft möchte man erwarten, daß sie den Bestrebungen, die in der eurythmischen Kunst wirken, volle Teilnahme entgegenbringt. Denn nur in einer solchen Teilnahme kann die Wärme unterhalten werden, die für diejenigen notwendig ist, die sich solchen Bestrebungen widmen.

Man weiß nicht überall innerhalb der Anthroposophischen Gesellschaft, auf welchen Grundlagen sich solche Bestrebungen aufbauen. Am Goetheanum wird, unter der Leitung von Marie Steiner, unausgesetzt gearbeitet, um die Vorübungen für die Vorstellungen zu absolvieren. Bei diesen Arbeiten ist eine große Hingabe aller derer unerläßlich, die daran beteiligt sind. Und es ist von außen nicht immer ersichtlich, wie mühevoll es ist, für Künstlerisches ermüdende Reisen von Stadt zu Stadt zu machen, wie aufreibend, die künstlerische Stimmung zu entfalten innerhalb der ermüdenden Reisen. Um unter den nun einmal gegebenen Verhältnissen mit solchen Bestrebungen durchzukommen, ist eben viel Hingabe und eine reine Begeisterung für die Sache notwendig.

Die Eurythmie als Kunst ist eine Frucht der in der anthroposophischen Bewegung wirkenden geistigen Impulse. Was in der menschlichen Organisation als Seele und Geist lebt, kommt durch sie zur wahrnehmbaren Offenbarung. Ihre Wirkung bei den Zuschauern beruht auf der Empfindung, daß in den äußerlich sichtbaren Bewegungen von Menschen und Menschengruppen Seele und Geist sich in unmittelbarer Anschauung entfalten. Man hat gewissermaßen das Menschen-Seelenwesen vor Augen.

Und in dieses augenfällige Offenbaren des Menschen-Seelenwesens tönen die rezitatorische und die musikalische Kunst hinein. Man kann sagen, die rezitatorische Kunst erlebt an den eurythmischen Bestrebungen die Bedingungen ihres Wesens. Sie ist ja zunächst an das Wort gebunden. Aber das Wort unterliegt leicht der Versuchung, vom Künstlerischen abzuirren. Es will Ausdruck des Verstandes- und Gefühls-*Inhaltes* sein. Künstlerisch wirksam kann aber nur die *Gestaltung* dieses Inhaltes sein. Wenn nun die Rezitation an die Seite der eurythmischen Bewegungskunst tritt, muß sie ihren gestaltenden Charakter in aller Reinheit entfalten. Sie muß zur Offenbarung bringen, was durch die Sprache bildnerisch und musikalisch wirken kann. Es war daher für die Eurythmie die Entwickelung der rezitatorischen Kunst in der Art notwendig, wie sie durch die Hingabe Marie Steiners für diesen Teil der anthroposophischen Bewegung ermöglicht worden ist. Man sollte innerhalb der Anthroposophischen Gesellschaft verfolgen, was seit dem Zeitpunkte, da 1914 in Berlin Marie Steiner mit einigen Eurythmistinnen die Arbeit begann, entstanden ist. Eurythmie konnte sich als sichtbare Sprachkunst nur entfalten an der Seite der künstlerisch erfaßten, hörbaren Sprachkunst. Nur wer die künstlerische Erfassung dessen, was im hörbaren Worte liegt, hat, kann den rechten Sinn dafür entfalten, wie sich das Hörbare in der Eurythmie zum Sichtbaren umgestaltet. Vor der Öffentlichkeit kann ja nur von Interesse sein, was zuletzt an künstlerischem Werte zutage tritt. Bei den Mitgliedern der Anthroposophischen Gesellschaft kommt die intime Anteilnahme an dem *Werden* einer solchen Bestrebung in Betracht. Denn diese ist ein Teil des anthroposophischen Lebens.

In einer solchen Anteilnahme wird sich edelstes Menschentum entwickeln können. Und in dessen Entwickelung liegt doch eine der vornehmsten Aufgaben der Anthroposophischen Gesellschaft.

Unsere Musiker, die ihre künstlerischen Begabungen in den Dienst der Eurythmie stellen, bringen, nach meiner Überzeugung, durch die Art, wie sie dies tun, und durch den großen Enthusiasmus, der sie beseelt, gerade im Zusammenwirken mit der verwandten Kunst die Musik in einer ganz eigenartigen Richtung vorwärts. Ich glaube, daß der musikalische Sinn, der in ihnen lebt, gerade seine wahre *Befreiung* in dem Hineinstellen in den Zusammenhang findet. Jedenfalls lebt in der Betätigung unserer Musiker im Rahmen des eurythmischen Wirkens eine tief befriedigende Ausweitung des Musikalischen in das Allgemein-Künstlerische. Und die zeigt ihre Fruchtbarkeit wieder an dem schönen Zurückwirken auf das Spezifisch-Musikalische.

Marie Steiners Bestrebungen für das Eurythmische ist das Eurythmeum in Stuttgart entsprungen. Der Gedanke eines eurythmischen Konservatoriums liegt zugrunde. Eurythmie in allen ihren Verzweigungen wird gelehrt. Die Hilfsfächer, Poetik, Ästhetik, Kunstgeschichtliches, Musikwissenschaftliches usw. werden vorgetragen. Alles das in künstlerischer Auffassung in dem Lichte, in dem Eurythmie stehen muß. Was in dieser Art in Stuttgart entstanden ist, trägt in sich viele Möglichkeiten eines weiteren Ausbaues...

Es ist tief befriedigend, zu sehen, wie aus dem Schoße unserer Gesellschaft viele Mitglieder mit wärmster Anteilnahme sich der Förderung der eurythmischen Bestrebungen widmen. Diese Anteilnahme ist in einem erfreulichen Wachstum begriffen. Es ist dadurch in unsere Bewegung ein Zug hineingekommen, der durchaus zu ihren Lebensbedingungen gehört. Denn die Kunst steht mitten zwischen den Offenbarungen der Sinnenwelt und der geistigen Wirklichkeit. Anthroposophie will vor den Menschen die geistige Welt hinstellen. Kunst ist der Abglanz des Geistes in der Sinneswelt. Lebte sie auf anthroposophischem Boden nicht, so könnte dies nur von einem Mangel dieses Bodens selbst herrühren. Man hat in der letzten Zeit in anthroposophischen Kreisen dieses immer mehr eingesehen; hoffentlich reifen solche Einsichten auch weiterhin.

Rudolf Steiner

VORWORT
zur ersten Auflage 1927

Es war eine besonders schwere Aufgabe, diese Vorträge, die aus dem lebendigen Zusammenwirken von Redner und Darstellern entstanden sind, zu einem Buche zusammenzuschweißen. Sie wurden nicht in der Weise gehalten, daß sie einen enzyklopädischen Überblick über das ganze Gebiet der Eurythmie hätten geben sollen; sie griffen in einem bestimmten Momente der Entwicklung ein, in dem es nötig war, Überschau zu halten über das, was während einer Reihe von Jahren an Arbeit geleistet worden war, und auch schon von verschiedenen Lehrerinnen in die Welt hinausgetragen worden war. Das sollte einer Prüfung und Korrektur unterworfen werden, und «eine Summe von Richtlinien sollte gewonnen werden, die ganz aus dem Wesen der Eurythmie heraus entwickelt waren». Rudolf Steiner sagt im letzten Vortrage dieses Zyklus, daß es ihm vorzugsweise darauf angekommen ist, ihn so zu gestalten, daß man sehen kann, «wie aus dem Gefühl unserer Seele sich das Eurythmische heraus ergibt, wie sozusagen eurythmische Technik in Liebe zur Eurythmie eigentlich erworben werden soll, wie alles aus der Liebe heraus kommen soll». Aus der Liebe heraus strömten seine Worte und ergossen sich helfend in die geleistete Arbeit, die nun selbst einer genauen Kontrolle sich unterziehen wollte. Bis zu diesem Augenblicke hatte es noch keine stenographisch festgehaltene Niederschrift der Unterweisungen gegeben, durch welche Rudolf Steiner diese Kunst ins Leben hineingestellt hat. Im Jahre 1912 hatte er neun Stunden einem siebzehnjährigen jungen Mädchen gegeben, das nach dem Tode des Vaters in die Notwendigkeit versetzt worden war, tätig mitzuhelfen bei der Versorgung der jüngeren Geschwister: sie wollte sich gerne einer Bewegungskunst widmen, die nicht aus den materialistischen Impulsen der Zeit herausgeholt war. Diese Lebenstatsache war der Anstoß zu jener Gabe, aus der die Eurythmie geworden ist. Ich wurde aufgefordert, an diesen Stunden teilzunehmen; sie enthielten die ersten Elemente der Lautbildung und einige Übungen, die im wesentlichen dem pädagogischen Teil der eurythmischen Ausbildung eingereiht worden sind; die Grundlagen für Stehen, Schreiten, Laufen, einige besondere Haltungen und Stellungen, viele Stabübungen, das Taktieren und Rhythmus-Halten. Aus diesen Grundlagen heraus entwickelten dann einige junge Damen, die Schülerinnen der ersten Eurythmistin wurden, den pädagogischen Teil der Eurythmie; sie gingen dann über zur lautlichen Ausarbeitung von Gedichten. Das war die erste Phase der eurythmischen Ausbildung. Hin und wieder, wenn ihm etwas gezeigt wurde, gab Rudolf Steiner Ermahnungen und Korrekturen, antwortete auf Fragen. Eine zweite Phase der eurythmischen Entwicklung begann, als die junge Kunst Fuß faßte in Dornach am Goetheanum. Die erste Gruppe junger Lehrerinnen erbat und erhielt einen weiteren Kursus, in dem hauptsächlich Wortgliederung, Wortzusammenhänge, die Gestaltung der Rede, der Strophen-Aufbau, neue Gruppenformungen und so weiter gegeben wurden. Sie zogen damit hinaus, aber der Krieg legte ihre Tätigkeit bald lahm. Um die junge Kunst zu retten und die Ausübenden der auferlegten Untätigkeit zu entreißen, wurde es nötig, daß ich mich ihrer annahm. Diese Aufgabe trat wie schicksalsgemäß, mit Selbstverständlichkeit an mich heran, denn eine neue Art der Rezitation wurde für die Eurythmie notwendig, zu der ich die Wege finden und die ich ausgestalten mußte. Ich erkannte die hohe Bedeutung der Eurythmie als Wiederbelebungsquell für alle Künste; mich jammerte der Umstand, daß der Eifer der jungen Damen während der Kriegsjahre brachgelegt werden sollte. Den Geschmacksverirrungen der Gegenwart gegenüber gab es kein besseres Heilmittel als diese neue Kunst, die zu den Urkräften, den schöpferischen Kräften der Welt zurückführte. Sie bedeutete eine ungeheure Wohltat für die Menschheit: so arbeitete ich denn das eine Halbjahr in Deutschland mit einer Reihe von jungen Damen, das andere am Goetheanum in Dornach, immer unterstützt und gefördert von Rudolf Steiner, an den wir mit all unsern Fragen herantreten durften. Was wir im Laufe der Zeit von ihm an Unterweisungen erhielten, ist in Buchform nun zusammengefaßt und niedergeschrieben worden durch Annemarie Dubach-Donath, eine unserer hervorragendsten und erfahrensten Eurythmistinnen, die zweite in der Reihe der jungen Damen, die sich dem

Studium der Eurythmie gewidmet hatten. Es erscheint demnächst im Philosophisch-Anthroposophischen Verlag unter dem Titel «Die Grundelemente der Eurythmie» und bildet die nötige Voraussetzung, das Fundament für dieses Werk hier, das seiner bedarf, um verstanden zu werden, und ohne diese Grundlage keine Vollständigkeit hätte.

Zu diesem Kursus vereinigten wir uns wie zu einer gemeinsamen Feier. Man war mit vielen Fragen an Rudolf Steiner herangetreten, man revidierte, man verständigte sich über Dinge, bei denen verschiedene Auffassungen entstanden waren. So trug das Ganze den Charakter der unmittelbaren frischen Improvisation; Zeichnungen wurden auf die Tafel schnell hingeworfen, Übungen zur Exemplifizierung von den jungen Damen ausgeführt; es stand alles im Zeichen des Gespräches und des Zusammenarbeitens, nicht des Dozierens. So war ja oft der Unterricht, den Rudolf Steiner seinen Schülern angedeihen ließ, aber niemals in so hohem Maße wie bei diesem Kursus über Eurythmie. Er selbst hätte wahrscheinlich verlangt, daß der Inhalt dieser Vorträge, verarbeitet und durcherlebt, nun von einem andern umgegossen und wiedergegeben würde. Jetzt aber, wo er von uns gegangen ist, ist uns sein unmittelbares Wort das höchste. Selbst da, wo es uns nur bruchstückweise und verstümmelt wiedergegeben werden kann wie in diesem durch Gebärden und Betätigungen immer wieder unterbrochenen Kursus, leuchten uns doch Zusammenhänge auf, rührt es an Höhen und Tiefen, die durch das Wort eines anderen verlorengehen müßten. In der Ursprünglichkeit seines geistigen Tonfalls hebt es sich von Untergründen ab, aus denen Weltengeheimnisse durchschimmern. So bringt er uns nun weiterhin, auch nach seinem Tode, das Opfer, das er während seines ganzen Lebens hat bringen müssen: die zerstückelten Bruchteile seines Geistes in der Niederschrift eines anderen den Menschen hinzugeben. Die von seinem Geiste lebten, erzwangen von ihm dieses Opfer. Keiner weiß, was es ihn gekostet hat. Aber das Opfer ist gebracht worden. Es birgt für unsere Zeit die Weisheit, die uns die Zusammenhänge von Welt und Mensch bis ins einzelne erschließt; es gibt unserer gegenwärtigen Menschheit, die ohne festgehaltene Niederschrift das Wort des Geistes nicht mehr gedächtnismäßig würde bewahren können, den Wissensschatz, an dem sie sich immer mehr zur konkreten Realität des Geistes emporranken kann; es enthält den zündenden, lebenweckenden Funken.

Die Eurythmie war eines der liebsten Geisteskinder Rudolf Steiners. Aus kleinen Anfängen heraus entwickelte sie sich ganz organisch, Trieb an Trieb ansetzend, zu einem kräftigen Stamm, dank der ihr eigenen gesunden Lebensfülle und dem Arbeitseifer ihrer Vertreter. Sie veredelte denjenigen, der sich ihr hingab, sie zwang ihn, immer mehr das Persönliche abzulegen; zur Willkür war in ihr kein Raum. Die ihr innewohnende Gesetzmäßigkeit entsprang geistigen Notwendigkeiten; man erkannte diese willig an, denn in ihnen erlebte man Notwendigkeit, erlebte man Gott. Dadurch konnte sie die Begeisterung so stark entfachen; dadurch verbanden sich selbstlos mit ihr so viele hingebende Arbeitshilfskräfte, so daß ihr Wirkungsfeld sich immer mehr ausdehnen konnte. Neben der Rezitation griff sie befruchtend ein in die Musik und eröffnete ihr neue Wege und Ausdrucksmöglichkeiten; eine neue Beleuchtungskunst entstand, eurythmischen Stilgesetzen folgend, eine vereinfachte, veredelte und der Willkür enthobene Bekleidungskunst, auf Grund von Farbenstimmungen, Farbeneurythmie. In der Verbindung mit dem Drama führte sie dazu, demjenigen Wesensausdruck verleihen zu können, das sich sonst einer sinngemäßen Ausdrucksweise entziehen muß. Die Darstellung des Hereinwirkens vom Übersinnlichen und Untersinnlichen in das Erdenleben wurde nun möglich. So hatten wir im Laufe der Jahre auf der Bühne, die in der großen Schreinerei des Goetheanums entstanden war, alle Szenen aus «Faust» durcharbeiten können, in die das Übersinnliche hereinspielt und die sonst gestrichen oder verstümmelt werden: die Romantische Walpurgisnacht erstand zu ungeahnt krausem Leben und auch die Klassische Walpurgisnacht mit ihrem Reichtum an gespenstischem Geschehen. Elfen, Engel und himmlische Heerscharen wirkten in dieser Darstellung einfach, erhaben und überzeugend. Je mehr wir arbeiteten und schufen, desto mehr erhielten wir; jedes in Tat umgesetzte Streben bewirkte neue Gaben von seiten des gütigen Spenders. Der Arbeitsmöglichkeiten gab es so viele, daß die zu Gebote stehende Zeit damit nicht Schritt halten konnte.

Nach mehreren Jahren unentwegter Trainierung und des Bühnen-auftretens unter Gesinnungsgenossen hatten die Darsteller der Eurythmie sie in die breite Öffentlichkeit hinaustragen dürfen. Die Wirkung war eine starke: sie fand begeisterten Anklang oder leidenschaftliche Bekämpfung. Gleichgültig blieb niemand. Der Ostrazismus der kulturellen Machthaber bedrohte sie; die Pressevertreter hatten meistens den Auftrag, gegen sie zu schreiben, auch wenn sie selbst, wie sie oft gestanden, begeistert waren. Die Vertreter nachbarlicher Künste waren oft tief ergriffen, oft auch aggressiv ironisch. Die Zunftgenossen in Reformbestrebungen fühlten sich in ihren ausgeklügelten Systemen von einer unbekannten, aber zukunftsicheren Kraft bedroht. Unvoreingenommene Zuschauer dankten Gott, daß es eine so reine und edle Kunst geben könne. Kinder frugen meistens, ob das die Engel seien, von denen man ihnen erzählt hatte, und die kräftigen «Ah» und «Oh» der hingerissenen Bewunderung legten oft beredtes Zeugnis ihrer Eindrücke ab. Diese Kunst wirkte innerhalb der Sümpfe unserer modernen Zivilisation wie das Licht und wie die Flamme; aufzischten und geiferten manch dunkle Nachtvögel – wie im Stahlbad gereinigt atmeten diejenigen auf, die aus den Niederungen unserer Kultur herauswollten. Der Geist brach sich Bahn in einer Kunst und wirkte reinigend und belebend . . .

Was einst der Menschheit in den alten Mysterien als Wegzehrung gereicht worden war auf ihrem Wege zur Entfaltung der Persönlichkeit hin, wird ihr neu gereicht jetzt, wo sie der Persönlichkeit verlustig gehen könnte, in diesem Augenblicke, wo das Menschliche im Untermenschlichen zu versinken droht, wenn es sich nicht in seinem Wesenskern erfaßt. Der Intellekt allein wird hierbei nicht helfen; der Verstand, sich selbst überlassen, hat uns zum Agnostizismus geführt, zum Ignorabimus, zum Spenglerismus. Öffnet er sich aber dem Geiste, läßt er sich von ihm die Wege weisen, so werden dessen schaffende Kräfte die Todeskeime überwinden und die Kräfte des Verfalls metamorphosieren . . .

Scheinbar Geringes kann hier das Größte bedeuten. Beginnen wir bei der Erziehung durch Kunst und in Kunst; gehen wir den Weg zurück, der zu den Quellen führt, in denen die Kunst ihren Ursprung hat. Dieser Ursprung freilich war kein geringer – es war der Sternen-reigen und seine Widerspiegelung in der menschlichen Sphäre als Planetentanz – als Tempeltanz. Da strömten die schöpferischen Kräfte in den menschlichen Leib hinein, formbildend, richtunggebend, und erzeugten die Kräfte, die auch den Menschen selbstschöpferisch wer-den ließen.

Und aus diesen Kräften heraus erwuchs ihm die Fähigkeit, das, was in ihm wirkte, hinüberzuleiten in Werke der Kunst, der bildenden, der tönenden Künste, die das Göttliche abfingen und in die Materie hineinschimmern ließen, in sich den Kosmos widerspiegelten.

Als durch das Hereinbrechen des Materialismus die göttlichen Kräfte im Menschen verstummten, erstarben, und das menschliche Gehirn der Sarg wurde für tote Gedanken, die das Geistige nicht mehr ergreifen konnten, erstand uns ein Retter. Er durchgeistigte den In-tellekt. Er entriß ihn der Erstarrung. Er gab ihm die lebendige Be-wegung zurück.

In alle Gebiete der menschlichen Betätigung brachte er hinein die Bewegung. Wir aber hatten vergessen, was Geistbewegung ist, weil uns die Bewegung des von uns ergriffenen und bewältigten Stoffes genügte und berauschte und jagte. Wir merkten nicht, daß wir dabei geistig passiv wurden und daß wir im Ersatz durch Sport uns nur Eigenbewegung vortäuschten. Auch durch ihn entfernten wir uns immer mehr von der geistigen Impulsivität.

Wir müssen im erwachten Bewußtsein zu ihr zurückkehren, an uns selbst ablauschen, wo die Bewegungskräfte ihre Wirkensmacht und ihre Richtungstendenzen herleiten; dann werden wir in dem Erfassen des Schöpferisch-Wirksamen die organbildenden Kräfte verspüren und werden beginnen können, neue geistige Organe auch in uns selbst zu entwickeln.

Damit werden wir die Erstarrung, die Verholzung, die Verdorrung überwinden, welche erlesenste Intelligenzen heute zum äußersten Pessimismus zwingt.

Dies hat der hervorragendste Verkünder deutschen Geistes immer wieder während der Weltkriegskatastrophe warnend den Deutschen zugerufen, und er hat die ermunternden Worte gesprochen:

Der deutsche Geist hat nicht vollendet,
Was er im Weltenwerden schaffen soll.
Er lebt in Zukunftssorgen hoffnungsvoll,
Er hofft auf Zukunftstaten lebensvoll.
In seines Wesens Tiefen fühlt er mächtig
Verborgenes, das noch reifend wirken muß.
Wie darf in Feindesmacht verständnislos
Der Wunsch nach seinem Ende sich beleben,
So lang das Leben sich ihm offenbart,
Das ihn in Wesenstiefen schaffend hält!

Dieses Leben muß der Deutsche ergreifen. Es liegt aber nicht in der «Reinhaltung der Rasse», wie das Schlagwort lautet. Es liegt in der Erfassung *seiner* Ichkräfte, der *göttlichen* Ichkräfte. Der Weg dahin aber geht durch das Bewußtsein. Metamorphosiertes Persönlichkeitsbewußtsein, zum unsterblichen Ich emporgehoben, hat Schaffenskraft, birgt den Geist in sich und wird nicht schwächliche Nachblüte, sondern die stärksten Kulturen auswirken. Dieser Weg führt uns zurück in das Tempelinnere, aus dem die alten Kulturen emporgestiegen sind, zuerst im Wort und in der Kunst, nicht unbewußt, sondern durch das Bewußtsein der erlesensten Geister geleitet. Sie werden uns auch weiter helfen jetzt, wo es notwendig geworden ist, daß unser eigenes Geist-Bewußtsein tätig mitschafft und allmählich allgemeines Menschheits-Ichbewußtsein wird. Erschließen wir uns dieser Hilfe, sind wir in der Lage, uns dem Geist zu öffnen, auf allen Gebieten, auch in dem, was uns dieses Buch an Geistoffenbarung und Menschen-Erkenntnis bringt, dann werden wir nicht mehr zur Aufpeitschung unserer erschlafften Nerven dekadente Negertänze brauchen, die von der Maschine aus in uns hineingehämmert werden und uns zu Mechanismen machen, so allmählich unser bestes Menschentum ertötend, sondern wir werden Verständnis gewinnen für eine edle, dem Geiste entnommene Bewegungskunst, die den Sternenreigen widerspiegelt und die Sprache der Sterne, die uns erschaffen hat, in Reinheit wieder in uns sichtbar erklingen läßt.

Marie Steiner

(Angaben zu bestimmten Auflagen beziehen sich auf Bände der Rudolf Steiner Gesamtausgabe)

Zu dieser Ausgabe

Dieser Laut-Eurythmie-Kurs, dem weitere folgen sollten, umfaßte einen großen Kreis von Künstlern, Lehrern, Wissenschaftlern und Eurythmistinnen, welche die Eurythmie in allen Regionen Europas sowie auch in Amerika vertraten.

Die Inhalte der beiden in den Jahren 1912 und 1915 gegebenen Kurse fanden eine Wiederholung und Erweiterung in künstlerischer und pädagogischer Hinsicht. Auch das Heileurythmische wurde berücksichtigt (siehe S. 58, 94, 202, 215, 233, 238 Eurythmie-Meditation, 248).

Rudolf Steiner hatte nicht nur für die englische, französische und russische Sprache Lautgebärden aus seiner Einsicht herausgearbeitet, sondern auch für die holländische wie auch für die skandinavischen und slavischen Sprachen.

Im 10. und 11. Vortrag erreicht der Kurs seinen Höhepunkt, indem Rudolf Steiner die im Jahre 1914 Erna Wolfram gegebenen, bisher nicht allgemein bekannten zwölf Tierkreisstellungen und sieben Planetenbewegungen entwickelt und den Tierkreisbildern die ihnen entsprechenden Konsonanten zuordnet, die sieben Vokale (beziehungsweise Diphtonge) dem Planetenkreis. Ein Ereignis, das in seiner Bedeutung hervorgehoben werden sollte. Es war Rudolf Steiner nicht mehr vergönnt, diese Schöpfung in ihrer künstlerischen Ausgestaltung auf der Bühne zu erleben. Erst nach seinem Hinscheiden im Jahre 1925 konnte mit der Ausarbeitung begonnen werden.

Textgrundlagen: Die Vorträge wurden von der Berufsstenographin Helene Finckh (1883–1960) mitstenographiert und in Klartext übertragen. Dieser diente Marie Steiner zur Herausgabe der *1. Auflage 1927.*

2. Auflage 1955: Herausgegeben von Isabella de Jaager. Der Text wurde nochmals mit den Stenogrammen verglichen.

3. Auflage 1968: Herausgegeben von Eva Froböse. Die Vorträge Dornach, 4. August 1922, und Penmaenmawr, 26. August 1923, wurden als Einführung vorangestellt. Die Autoren der von Rudolf Steiner aufgeführten Textbeispiele wurden in einem Register nachgewiesen.

4. Auflage 1979: Unveränderter Nachdruck der 3. Auflage von 1968.

5. Auflage 1989: Neu aufgenommen wurden die «Ausführlichen Inhaltsangaben» von Marie Steiner zur 1. Auflage 1927 (diejenigen zum Vortrag Dornach, 4. August 1922, und der Anfang und Schluß zum Vortrag vom 26. August 1923 sind von Eva Froböse); die «Textergänzungen» enthalten aus der Mitschrift die Namen der Eurythmistinnen, welche von Rudolf Steiner aufgefordert worden waren, die Übungen vorzuführen; ein «Namenregister»; Beilage mit Notizbucheintragungen; Randverweise zu den Tafelzeichnungen; der Aufsatz Rudolf Steiners «Die Stellung der Eurythmie» wurde aus den Hinweisen zum Text gestellt (Seite 260).

Der Titel des Bandes und *die Titel der Vorträge* gehen auf die 1. Auflage von Marie Steiner aus dem Jahre 1927 zurück.

Die Zeichnungen im Text: Die Wiedergaben der Tierkreisstellungen auf den Seiten 173 bis 176 sind von Assja Turgenieff. Die Skizzen auf den Seiten 180, 249, 250, 207 und 236 sind Faksimiles aus Notizbüchern Rudolf Steiners. Alle übrigen Zeichnungen sind von Assja Turgenieff nach den Wandtafelzeichnungen Rudolf Steiners konzipiert.

Zu den Tafelzeichnungen: Die Original-Wandtafelzeichnungen und -anschriften Rudolf Steiners bei diesen Vorträgen sind erhalten geblieben, da die Tafeln damals mit schwarzem Papier bespannt wurden. Sie werden als Ergänzung zu den Vorträgen in einem separaten Band in der Reihe «Rudolf Steiner, Wandtafelzeichnungen zum Vortragswerk» verkleinert wiedergegeben. Die in den früheren Auflagen in den Text eingefügten zeichnerischen Übertragungen sind auch für diese Auflage beibehalten worden. Auf die entsprechenden Originaltafeln wird jeweils an den betreffenden Textstellen durch Randverweise aufmerksam gemacht.

Hinweise zum Text

Werke Rudolf Steiners innerhalb der Gesamtausgabe (GA) werden in den Hinweisen mit der Bibliographie-Nummer angegeben.

Zu Seite

11 *der Bühnenkunst:* Vgl. Rudolf Steiner/Marie Steiner-von Sivers «Methodik und Wesen der Sprachgestaltung» Aphoristische Darstellungen aus den Kursen über künstlerische Sprachbehandlung; Aufsätze, Notizen, aus Seminarien und Vorträgen, 1919/24, GA 280; «Sprachgestaltung und Dramatische Kunst» (19 Vorträge Dornach 1924), GA 282.

 eine andere Kunst: Vgl. Rudolf Steiner/Marie Steiner von Sivers «Die Kunst der Rezitation und Deklamation». Vortragszyklus Dornach 1920; Vier Vortragsveranstaltungen in Dornach, Darmstadt, Wien und Stuttgart, 1921–1923. Seminar von Marie Steiner, 1928; Ansprachen zu Rezitationsveranstaltungen 1912–1915. GA 281.

21 *einen Beruf:* Vgl. «Die Entstehung und Entwickelung der Eurythmie», GA 277a.

27 *Die Philosophie Franz Brentanos:* Siehe «Der Goetheanumgedanke inmitten der Kulturkrisis der Gegenwart», Gesammelte Aufsätze 1921–1925: «Philosophenhände», GA 36, 1961, S. 166ff.

 der Dichter: Schiller, Votivtafeln.

37 *Miss Maryon:* Louise Edith Maryon, 1872–1924, Bildhauerin. Wurde Weihnachten 1923 durch Rudolf Steiner zur Leiterin der Sektion für bildende Künste am Goetheanum bestimmt.

38 *die Waldorfschule:* Begründet im Herbst 1919.

40 *Heileurythmie:* Acht Vorträge, Dornach 12.–18. April 1921 und Stuttgart 28. Oktober 1922. GA 315.

40 *Beleuchtungen:* Vgl. «Eurythmie. Die Offenbarung der sprechenden Seele», GA 277, 1972, S. 577 ff.; «Beleuchtungs- und Kostümangaben für die Ton-Eurythmie», und «Beleuchtungs- und Kostümangaben für die Laut-Eurythmie», 4 Bände, Dornach 1975–83.

166 *O Wasserrose ...:* «Sommerabend am See» aus «Buch der Liebe» (Halle 1869) von Robert Prutz (1816–1872), Dichter (Lyrik, Epik, Dramatik) und Literarhistoriker. Das Gedicht konnte erst 1979 nachgewiesen werden.

> «O Wasserrose, du blühender Schwan,
> O Schwan, du schwimmende Rose,
> Was habt ihr mir beide doch angetan
> Mit eurem sanften Gekose?» usw.

222 *Ernst von Wildenbruch,* 1845–1909, patriotischer Dichter.

255 *im «Mitteilungsblatt»:* Nr. 22, 8. Juni 1924; siehe Seite 260.

257 *Laut-Eurythmie-Kurs:* Mit diesem Bericht orientierte Rudolf Steiner die Mitgliedschaft der Allgemeinen Anthroposophischen Gesellschaft in dem von ihm geschaffenen Nachrichtenblatt «Was in der Anthroposophischen Gesellschaft vorgeht» in Nr. 28 vom 20. Juli 1924 über den gerade stattgefundenen Laut-Eurythmie-Kurs.

263 *Vorwort von Marie Steiner:* An zwei Stellen wurden Auslassungen markiert; die betreffenden Passagen sind zeitbedingt.

269 *Der deutsche Geist ...:* In Rudolf Steiner, «Wahrspruchworte», GA 40.

REGISTER

der Textbeispiele und der Sprüche von Rudolf Steiner

NAMENREGISTER

H = Hinweis / * = ohne Namensnennung

Seite	Zeile von oben	

Vortrag 26. Juni 1924

80	12	... die andere kreuzen. *Frau Schuurman, machen Sie's vor.*
81	26	... die Arme runden. *Fräulein Djubaniuk, machen Sie das.*
82	15	... entsteht deutlich das i. *Frau Schuurman wird uns vielleicht das i̱ vormachen.*
83	4	... die Beine aneinandergedrückt. *Fräulein Wilke, machen Sie das u̱.*
	11	*Frau de Jaager, machen Sie uns ein schönes e̲-i̲.*
	28	... Imitation. *Frau Kisseleff soll uns ein schönes b̲ vormachen.*
86	27	*Fräulein Wilke, machen Sie uns ein d̲ vor:*
	35	... geschehen. *Fräulein Senft, machen Sie uns ein d̲.*
87	12	*Frau Kisseleff, machen Sie uns ein f vor.*
	28	... hineingelegt werden. *Machen Sie uns, Fräulein Schilbach, die l̲-Gebärde.*
89	5	Viel anderes sagt er nicht. *Fräulein Wilke, machen Sie uns vielleicht ein ṉe vor.*
	21	*Fräulein Schilbach, machen Sie uns ein r̲ vor!*
	22	Das war die eine Art. *Fräulein Senft wird uns nun ein r̲ machen.*

Vortrag 27. Juni 1924

91	14	... an das f und an das s. *Fräulein Baravalle macht ein f und Fräulein Schilbach ein s̲.*
94	6	... als Plastik des sch-Lautes. *Fräulein Senft, machen Sie uns das Rascheln.*
	22	... verhalten. *Fräulein Vorbeck, machen Sie ein z̲.*
	24	... ins Auge fassen. *Fräulein Baravalle, machen Sie es auch. Sehen Sie, wie schön «tantig».*
95	8	... Empfindung hingibt. *Vielleicht versucht es Frau Kisseleff zunächst einmal.*
	31	... Beherrschen. *Fräulein Röhrle, machen Sie uns das auch.*
97	20	Jetzt stellen wir es auch eurythmisch dar. *Fräulein Röhrle*
98	11	... in der Eurythmie wahrnehmen. *Fräulein Baravalle und Fräulein Wilke, stellen Sie sich nebeneinander; eurythmisieren Sie uns, Fräulein Baravalle, zuerst «Kopf», und eurythmisieren Sie uns, Fräulein Wilke, nachher «testa».*
98	25	... bis an das blaue Meer. *Fräulein Röhrle, und zwar mit allen Lauten.*
	27	... zum Vorschein kommt. *Und jetzt, Fräulein Senft, stellen Sie sich in die Mitte, Fräulein Baravalle an die andere Seite. Nun wird Fräulein Röhrle zuerst ein deutsches Gedicht eurythmisieren. Machen Sie*

es möglichst langsam, mit allen Lauten, daß der Charakter dabei zum Vorschein kommt. (Es stand in alten Zeiten ...)
Jetzt machen Sie, Fräulein Senft, ebenso langsam ein französisches Gedicht. Machen Sie gar nichts anderes, als daß der allgemeine Charakter zum Vorschein kommt.
Und nun ein englisches Gedicht, Fräulein Baravalle.

33 ... *zum Vorschein kommen. Frau von Molnar und Frau Stein, die beide Ungarisch können, wollen Sie bitte einmal den eigentümlichen Charakter der ungarischen Sprache darstellen. Es muß einer sein, der ein ungarisches Gedicht rezitiert, und einer, der es eurythmisiert.*

99 6 *Fräulein Savitch, machen Sie uns ein russisches Gedicht. Das Russische nun ...*

15 ... *der Sache sein. Stellen Sie sich bitte, Fräulein Savitch, hierher, und jetzt soll noch Fräulein Senft herauskommen, Osten, Westen. Und jetzt machen Sie noch einmal ein russisches Gedicht, Fräulein Savitch, und Sie nachher ein französisches Gedicht, Fräulein Senft.*

18 ... *wie verschieden das ist. Osten, Westen.*

100 30 ... *anzudeuten. Vielleicht macht uns das Frau Kisseleff vor.*

101 21 *Fräulein Schilbach, machen Sie einmal ...*

102 6 ... *mir nicht wieder tun. Fräulein Baravalle, drücken Sie die Verneinung aus.*

20 ... *Verwunderung. Drücken Sie einmal das aus, Frau Kisseleff.*

Vortrag 30. Juni 1924

106 3 ... *zur Darstellung. Fräulein Baravalle, machen Sie das.*

13 ... *aber wenn Sie – Fräulein Schilbach*

26 ... *zum Ausdrucke kommen. Fräulein Senft.*

108 6 ... *in diesen Eurythmiefiguren. Frau Schuurman, machen Sie uns das, daß man sehr gescheit sich findet.*

109 1 ... *aufgenommen hat. Fräulein Senft, machen Sie uns das einmal.*

19 ... *der starken Selbstbehauptung. Fräulein Vorbeck, machen Sie uns das.*

110 9 ... *des Mehrverlangens. Fräulein Schilbach, kommen Sie einmal.*

111 22 ... *hinstellen können. Vielleicht macht uns das Fräulein Senft noch vor: Lasset die Mühebeladenen zu mir kommen. Innig, Ruf.*

112 3 ... *Gebärde der Liebenswürdigkeit. Fräulein Senft, machen Sie uns das.*

33 ... *auslaufen lassen kann. Probieren wir es jetzt nur einmal, Frau von Molnar.*

113 27 ... *Verzweiflung aus. Frau Dr. Zöppritz, machen Sie uns diese Gebärde der Verzweiflung vor.*

Du: Bat sich Prometheus herab, seinem Geschlechte zum Trost.
Erkenntnis: Aber den Göttern so leicht, doch schwer zu ertragen den Menschen.
Wir: Ward nun – ...
Jetzt formieren Sie den Kreis. Hier würde die Wir-Bewegung eintreten: ihr Schlummer uns Schlaf, ward nun ihr Schlaf uns zum Tod.

Vortrag 4. Juli 1924

Vortrag 7. Juli 1924

I   – Savitch
II   – Schuurman
III – Schillbach
IV   – Stein
V   – Vorbeck
VI   – Senft

Vortrag 8. Juli 1924

Vortrag 9. Juli 1924

208	13	... Eurythmisten, *Fräulein Senft*
209	8	Nun, machen Sie ... *Fräulein Vorbeck.*
	23	... solche Dreiecke, *Fräulein Schilbach, Fräulein Röhrle, Fräulein Djubaniuk, Frau von Molnar, Frau Pozzo, Fräulein Groddeck, Fräulein Hensel kommen noch dazu:*
	26	... Punkt 1 stehen; *Fräulein Groddeck, Fräulein Wilke.*
210	1	... jetzt stehen, *Fräulein Hensel fängt an.*
212	26	... Dreiecksübung. *Zweitens stellen Sie sich so auf, wie Sie zuerst gestanden haben. Machen Sie alle so, wie es war, nur daß Sie die mittlere Übung so machen, daß Sie alle machen, nicht bloß diejenigen, die in der Ecke hier stehen, sondern alle machen diese Übung. Es betrachten also Frau Pozzo und Sie, Fräulein ... (?) sich als Gegner, und so entsprechend.*
214	3	... gemeint ist. *Frau Bugajeff*
	13	... noch einmal. *Frau Bugajeff*

Vortrag 10. Juli 1924

215	11	... schreiten. *Fräulein Senft und Fräulein Vorbeck.*
216	15	... benützt. *Frau Kisseleff.*
217	4ff.	I – *Fräulein Kisseleff*
		II – *Fräulein Senft*
		III – *Fräulein Schilbach*
		IV – *Frau Schuurman*
		V – *Resi Vorbeck*
	18	... siebente. *Kommen Sie, Fräulein Simons. Fräulein Röhrle, kommen Sie auch noch dazu.*
	24	(alle gleichzeitig). *Schuurman zu Vorbeck, Vorbeck zu Kisseleff, Kisseleff zu Senft, Senft zu Schilbach, Schilbach zu Röhrle, Röhrle zu Simons.*
	35	... zwei Eurythmisten. *Fräulein Simons und Frau Schuurman.*
218	1ff.	A – *Frau Schuurman*
		B – *Fräulein Simons*
	19	(Zu einem Eurythmisten): *Frau Kisseleff*
219	3	... zu dritt machen. *Noch Frau Schuurman und Fräulein Schilbach.*
	14	... wiedergeben kann. *Fräulein Senft.*
	15	... uns folgendes. *Dr. Wachsmuth kann sich auf die Bühne stellen. Fräulein Senft schaut Dr. Wachsmuth an.*
	20	... dieselbe Eurythmistin ... *Fräulein Senft.*
223	5	... jetzt bitten, *Fräulein Senft*

Vortrag 11. Juli 1924

228	13	Machen Sie jetzt *Fräulein Senft*
233	23	(Zu einem Eurythmisten): *Fräulein Senft*

Vortrag 12. Juli 1924

Frau Kisseleff: Sehr verehrte Herr und Frau Doktor!

Im Namen der Anwesenden möchte ich Ihnen unseren allerherzlichsten Dank für diese eurythmische Tagung aussprechen. Wir wollen uns Mühe geben, daß dasjenige, was Sie uns in diesem Kurs gegeben haben, wirklich in die Eurythmie einfließe. Wir fühlen uns tief beglückt und beschämt.

von Marie Steiner für die 1. Auflage 1927
(in Klammern: Ergänzungen von Eva Froböse)

Über die eurythmische Kunst

(Jede Kunst hat ihre Kunstmittel zur Verfügung: in der Plastik die Flächenbehandlung; in der Malerei die Behandlung der Farbe auf der Fläche. Die Schauspielkunst ist eine Art Relief des Lebens. Man muß wissen, was es bedeutet, wenn ein Spieler auf der Bühne von rückwärts nach vorne geht. Das Kunstwerk entsteht zwischen der Bühne und dem, was in den Zuschauern vorgeht. Auf der Bühne bedeutet es etwas anderes, wenn ein Schauspieler von der rechten Seite (vom Zuschauer aus) zur Mitte der Bühne geht, als von der linken Seite zur Mitte geht undsoweiter. Hat der Schauspieler etwas Intimes zu sagen, geht er um drei, vier, fünf Schritte nach vorne.

Bei der Rezitations- und Deklamationskunst ist es am wenigsten künstlerisch, wenn man meint, es müsse recht naturalistisch pointiert werden. Man muß studieren, welcher Charakter im Vokalisieren und Konsonantieren liegt; welche Stimmung im Vokal e oder a liegt, was ein l oder ein m in der a-Stimmung verändert. Über ganze Zeilen können solche Stimmungen ausgedehnt werden. Ein Monolog kann in einer e- oder a-Stimmung gesprochen werden. Epische, lyrische und dramatische Stimmungen in der Rezitations- und Deklamationskunst müssen unterschieden werden. Das wird nie durch Naturalismus erreicht. Man muß Laute, Sätze, rhetorische Partien zu gestalten wissen. In Begleitung zur Eurythmie muß in der Sprachbehandlung das Musikalische, Imaginative des Dichters herausgeholt werden.

Was für Kunstmittel hat die Eurythmie, insofern sie eine wirkliche Kunst werden soll? Sie liegen in der Bewegung der menschlichen Glieder, namentlich der Arme und Hände, wenn sie z.B. die Bewegung eines Vokals oder eines Konsonanten ausdrücken. Die Eurythmie ist eine wirkliche sichtbare Sprache, ein Seelenausdruck wie die Lautsprache.

Die gewöhnliche Mimik oder Physiognomie hat keine Bedeutung, nur dasjenige, was Bewegung ist. Es kommt bei der Eurythmie auf den Lautzusammenhang an, auf die Lautgestaltung, auf das künstlerische Gefühl, das durch den Darsteller seelenvoll auf den Zuschauer wirken kann.

Wirklich seelenvoll wird eine Bewegung erst, wenn der Eurythmisierende bei einer Bewegung um den Arm die Luft fühlbar empfindet, oder ihn wie von etwas leicht Berührendem, zum Beispiel von einem Schleier umgeben fühlt. Statt des Gedankens haben wir Bewegung; im Gewand die Bewegung, im Schleier das Gefühl. Hat z. B. der e-Laut eine bestimmte Farbe im Gewand, muß der Schleier eine entsprechend andere Farbe haben müssen. Ihr Verhältnis steht wie Bewegung und Gefühl zueinander.

Stimmungen können nicht nur zeilen- oder strophenweise, sondern auf ein ganzes Gedicht übertragen werden, die durch Gewand und Schleier zum Vorschein gebracht werden können. Beim Eurythmisieren kommt das dritte, willenhafte Element, der Charakter hinzu. Bei irgend einem Laut gibt der Eurythmist Kraft in den Muskeln des Armes oder in den Füßen einen Druck auf den Boden. Dadurch kann das ganze Seelische zum Ausdruck gebracht werden. Wie der Bildhauer in der Flächenbehandlung, der Rezitator in der Lautgestaltung, der Musiker mit seinen Tongestaltungen, muß der Eurythmist durch Bewegung, Gefühl, Charakter erreichen, was zu erreichen ist.

Im Hinblick auf die Oxforder Eurythmie-Aufführungen wurden figurale Darstellungen ausgearbeitet, die zum Verständnis für die Eurythmie beitragen sollen. Es werden eine Reihe Eurythmie-Figuren gezeigt: a, e, i, o, u, d, b, f, g, h; t, s, r, p, n, m, l.)

Eurythmie, was sie ist und wie sie entstanden ist
(Die Eurythmie ist uns auf dem Boden der anthroposophischen Bewegung wie eine Schicksalsgabe zugewachsen, als eine anthroposophische Familie den Vater verlor und die älteste Tochter einen Beruf suchte. Es ergab sich, daß im Jahre 1912 die ersten Grundlagen der neuen Bewegungskunst einigen jungen Damen vermittelt wurden. Der zunächst in sehr kleinen Kreisen gepflegten Eurythmie nahm sich Marie Steiner während der Kriegszeit an. Es wurde an der Ausgestaltung weitergearbeitet, die unbegrenzte Vervollkommnungsmöglichkeiten in sich birgt. – Wie ein Schicksalsvogel war die Eurythmie in die Anthroposophische Gesellschaft hineingeflogen.)

Künste sind niemals entstanden aus verstandesgemäß gefaßten menschlichen Absichten, nur wenn sich Herzen gefunden haben, die Impulse erhalten konnten aus der geistigen Welt und diese zu realisieren strebten durch den äußeren Stoff. Was von höheren Welten sich abgeschattet in das menschliche Schaffen in der physischen Welt, das gab die Künste. Wenn die ursprünglichen Impulse verloren gegangen waren, trat äußere Nachahmung ein, doch liegt bei der äußeren Nachahmung nie der Ursprung der Künste. Was der griechische Plastiker der Materie anvertraute, war innerliches Erlebnis, nicht äußerlich Angeschautes; es war den schaffenden Kräften der Natur nachgeschaffen. So ist es bei jeder Art Kunst, wenn diese auf der Höhe steht. Auf die Zeitalter, in denen die Menschen sozusagen aufgefordert wurden, das, was in spirituellen Welten lebt, hinunterzutragen auf die Erde, folgten mehr naturalistisch geartete Zeitalter, in denen das Epigonenhafte der Künste manchmal in größerer äußerer Vollendung sich entwickelte, doch hatte bei ihrem Ausgangspunkt die Kunst den kraftvolleren spirituellen Impuls. Für unsere Gegenwart will die anthroposophische Bewegung den spirituellen Impuls zur Offenbarung bringen, der dieser Gegenwart angemessen ist. Dieser Impuls mußte sich ausdrücken durch eine besondere Kunstform, in die er hineinströmt. Diese Kunstform ist in der Eurythmie gegeben, die nur aus anthroposophischem Boden erwachsen konnte, nur auf unmittelbarer anthroposophischer Anschauung ihre Impulse erlangen konnte.

Durch die Sprache gibt der Mensch sein Wesen nach außen kund, er offenbart sich in ihr am allerinnerlichsten. Die Kunst, durch die sich die Sprache offenbart, ist die Dichtung; sie ist universeller als andere Künste, denn sie kann die andern in ihren Formen in sich aufnehmen. In den alten Ursprachen waltete ein tief künstlerisches Element. Sie waren viel mehr aus dem ganzen Menschen herausgeholt als die heutigen Sprachen und äußerten sich fast wie Singen, ja sie waren so stark lebendig begleitet von Bewegungen, daß eine Art von Tanzen zum Sprechen hinzutrat bei Kultusverrichtungen oder besonders festlich-gehobenen Ereignissen. Was als begleitende Gebärde beim Sprechen auftritt, kann selbständig Leben gewinnen. Was wir als Ausatmungsluft durch unsere Atmungsorgane treiben, ist ja nichts anderes als die Luftgebärde. Kann man sich durch sinnlich-übersinnliche Schau in diese Luftgebärde hineinversetzen, so vermag man auch das, was man so schaut, nachzuahmen durch Arme und Hände und durch die Bewegung des ganzen Menschen. Dann entsteht sichtbar dasselbe, was in der Sprache wirkt. Der Mensch kann dann jene Bewegungen ausführen, die der Sprach- und Sing-Organismus immer ausführt. Dadurch entsteht die sichtbare Sprache, der sichtbare Gesang. Diese sind die Eurythmie.

(Es ist tatsächlich dasjenige, was durch Arme und Hände sich ausdrücken kann, etwas, was in hohem Grade das Innere der Menschen offenbaren kann. Bei dem Philosophen Franz Brentano konnte man während seiner Vorlesungen durch seine mannigfaltigen Gesten seine ganze Philosophie erleben.)

In den Äußerungen der Sprache stellt sich für den künstlerischen Sinn ein Imaginatives vor die Seele hin. Alles Vokalische drückt ein seelisches Fühlen aus, das sich nur verbindet mit dem Gedanken und dann ins

Sprachliche übergeht. Beim Singen drückt der Ton das Leben der Seele aus. Der Konsonant malt, umgreift die äußere Form der Dinge; imaginatives Nachbilden des in der Natur Vorhandenen ist in ihm. Wie der einzelne Laut, so formen sich die Sätze in der Luftgebärde. Das alles kann in Imaginationen hinaufgehoben werden, wie die Sprache auch ursprünglich aus Imaginationen hervorgegangen ist. In sie hinein muß unsere Seele strömen, damit das Abstrakte der heutigen Sprache überwunden wird.

In Wahrheit entsteht die ganze Sprache durch die zurückgehaltene Bewegung der menschlichen Gliedmaßen. Während seiner elementarisch selbstverständlichen ersten Entwickelung hat das Kind die Tendenz, Arme und Hände zu bewegen. Diese Bewegung wird zurückgehalten, konzentriert sich in die Sprachorgane hinein; diese sind ein Abbild dessen, was sich äußern will in Armen und Händen und dann in den andern Gliedmaßen des Menschen. So wird die Eurythmie durch die Natur selbst aus der menschlichen Organisation herausgeholt.

Das eurythmisch sichtbar Dargestellte muß als Ideal anstreben ein orchestrales Zusammenwirken mit der Rezitation und Deklamation. Dies kann nur erreicht werden, wenn durch die Sprachbehandlung die in der Sprache liegende geheime Eurythmie künstlerisch herausgearbeitet wird.

Ebenso kann am Instrument musikalisch begleitet werden, was in der Eurythmie nicht Tanz, sondern bewegtes Singen ist.

(Die Toneurythmie ist sichtbarer Gesang. Kommen Bewegungen, die mimisch oder tanzend sind, in aufdringlicher oder undezenter Weise hinzu, wirken sie fratzenhaft oder brutal. Die wirkliche Eurythmie ist Ausdruck reinster Offenbarung der menschlichen Seele in der Sichtbarkeit.

An den Eurythmiefiguren ist nur dasjenige dargestellt, was am Menschen eurythmisch ist. In drei Richtungen sind festgehalten: die Bewegung, dann das Gefühl, das in der Bewegung liegt, und der Charakter, der sich aus dem Seelischen heraus in die Bewegung hineinergießt. – Es wird die «h-Figur» gezeigt und erläutert. –

Die als Kunst im Jahre 1912 entwickelte Eurythmie wurde als pädagogisch-didaktisches Erziehungsmittel obligatorisch für Knaben und Mädchen in die 1919 gegründete Waldorf-Schule von der untersten bis zur höchsten Klasse eingeführt. Leib, Seele und Geist wirken in der Eurythmie zusammen, so daß man in ihr eine durchseelte, durchgeistigte Gymnastik hat.

In der Heilkunst ist die Eurythmie in umgestalteter, ähnlicher, aber doch wieder anders gearteter Bewegung als Heileurythmie, als Hilfsmittel zur Therapie zu verwenden. Es wurden gute Erfolge bei den Kindern in der Waldorfschule damit erzielt.

Mit der Weiterentwickelung der Eurythmie als Kunst werden alle Dependancen bestehen können. Zur Ausgestaltung des Bühnenbildes hat sich mit der hinzugekommenen Beleuchtung eine Lichteurythmie entwickelt.)

Notwendig ist es für den Ausübenden in der eurythmischen Kunst, mit seiner Persönlichkeit, mit seinem Menschentum darin leben zu können, so daß Eurythmie ein Ausdruck des Lebens wird. Wir haben es mit einem Eindringen in das Menschliche überhaupt zu tun, wenn wir in das Wesen der Eurythmie eindringen wollen. Sie muß durch und durch eine Schöpfung sein aus dem Geistigen heraus, die sich der menschlichen Bewegung als eines Ausdrucksmittels bedient. So wie die Sprache selbst als solche kein Vorbild hat, so muß Eurythmie etwas sein, was eine ursprüngliche Schöpfung darstellt. «Im Urbeginn war das Wort.» In einer ursprünglichen menschlichen Anschauung umfaßte das Wort den ganzen Menschen als ätherische Schöpfung. Dieser Ätherleib des Menschen ist in fortwährender Beweglichkeit; seine in Bewegung begriffenen Formen entstehen und vergehen; man hat sie nur, indem man alles dasjenige lautlich formt, was in den Inhalt der Sprache hineinfließt. Diesen lautlichen Formen, die aus dem Kehlkopfe herauskommen, liegen in der Anlage die Formungen des Kehlkopfes und seiner Nachbarorgane zugrunde. Wenn wir ein Wort aussprechen, führen wir eine bestimmte Luftform aus. Wenn wir vom A bis zum Z gehen könnten in der Luftformulierung und das Ganze würde sich in der Luft abbilden, so wäre dies die Form des menschlichen ätherischen Leibes. Dieser Ätherleib ist dasjenige, was die Kräfte vom Wachstum, von der Ernährung, vom Gedächtnis enthält; wir teilen das alles der Luftgestaltung mit, indem wir sprechen. So entstehen Worte. Der ätherische Mensch ist das Wort, das das ganze Alphabet umfaßt. Was mit der Sprache entsteht, ist eine Geburt des ätherischen Menschen. Immer ist es etwas vom Menschen, das in einem einzelnen Wort ertönt. Jedes Ding in der Welt ist ein Stück von uns; es gibt nichts, was sich nicht durch den Menschen ausdrücken läßt. In dem schaffenden Kehlkopfe hat man den ätherischen Menschen in Luftgestalt im Werden. Gesprochene Worte sind immer Teile von der Geburt des ätherischen Menschen. Mit einer ätherischen Menschenschöpfung haben wir es zu tun, wenn gesprochen wird. In der Sprache tritt uns eine schöpferische Tätigkeit entgegen, die aus dem Tiefsten des Weltenlebens herausquillt. Das Sprechen hängt mit der Entstehung des Menschen zusammen. Menschenerkenntnis beginnt mit dem Staunen, dem *a*; im *b* haben wir seine Hülle; jeder Laut sagt uns etwas über den Menschen; beim *z* angekommen, haben wir die Weisheit vom Menschen. Fast das ganze Seelische seinem Gefühlsleben nach wird dargestellt im I O A. Diese Bewegungsmöglichkeiten sind diejenigen, die erstarrt die physische Form des Menschen geben. Die fertige Form ist aus Bewegung hervorgegangen, aus sich bildenden und ablösenden Urformen. Nicht das Bewegte geht aus dem Ruhenden, das Ruhende geht aus dem Bewegten hervor. Indem Gott eurythmisiert, entsteht als Ergebnis die Menschengestalt. Jede Kunst ist aus dem Göttlichen herzuleiten; aber weil sich Eurythmie des Menschen als eines Werkzeugs bedient, sieht man am tiefsten hinein in den Zusammenhang des Menschenwesens mit dem Weltenwesen.

liegt. – Beim Russischen wird noch die Spur des Wortwesens verfolgt; das Französische bewegt sich durchaus vor dem Wortwesen. Man kann übergehen von einem Offenbaren des Wesens, das in dem einzelnen Worte liegt, zu der inneren Logik, die in der Sprache liegt. In dieser Logik kommt der Charakter des Volkes zum Ausdruck.

Innern. Das In-sich-Bewegte wird ausgedrückt im Zitterlaut und Wellenlaut. Die Diphthonge: an ihnen lernt man am besten den Übergang von einem Laut zum andern ersehen; der erste Laut wird in seiner ersten Hälfte, der zweite in seiner zweiten Hälfte genommen. Wir binden die Elementarteile aneinander, indem wir sie nicht vollständig entstehen lassen. Der Diphthong hat etwas, was nicht scharf begrenzt anschaulich ist: man muß vieles zusammenhalten, wo als wesentlich wortgestaltend der Diphthong auftritt. Wenn Undeutlichkeit für die Anschauung hervortritt, erscheint der Umlaut. Die Eurythmie ist imstande, überall den tiefen Charakter des Lautlichen zum Ausdrucke zu bringen. I, E, U sprühen dionysisches Feuer, A, O ziehen ruhig an, gestalten apollinisch.

Wir unterscheiden auch beim Lautlichen das, was mehr heruntergeht in die physische Welt, und das, was das Wort hinaufträgt in die geistige Welt. Wenn aus dem Laut der Umlaut wird, der nicht mehr in festen Konturen auftritt, haben wir schon ein Hineingehen in das Geistige. Die Diphthonge stellen in der Offenbarung etwas wesentlich geistiger Empfundenes dar als die Elementen-Laute, aus denen sie zusammengesetzt sind. Was im Sprachlichen zum Geiste hinschimmert, liegt nicht da, wo der Laut scharf betont wird, sondern wo der eine Laut in den andern übergeht. Doppelter Charakter des Wortes: auf der einen Seite will es das äußere Nachahmen in sich schließen, auf der andern Seite dasjenige, was es ausdrückt, in die gesamte Weltordnung hinstellen, das Verhältnis eines Vorgangs oder Dinges zur Gesamtheit klarlegen, über sich hinaus in die Zusammenhänge dringen, welche im Wort gegeben sind. Persönliche Fürwörter und ihre Formen.

Das Schreiten als Ausfluß eines Willensimpulses. Drei Phasen: das Heben, Tragen und Aufstellen des Fußes. Beim Heben haben wir es mit dem Willensimpuls als solchem zu tun; beim Tragen mit dem Gedanken, der in diesem Willensimpuls zum Ausdruck kommt; im Stellen mit der Tat, dem vollendeten Willensakt. Rhythmisches Schreiten; poetische und Prosa-Sprache. Zum Wesen der Sprache gehört es, daß sie mitten drinnen liegt zwischen Gedanke und Gefühl. Der Mensch einer früheren Entwikkelung hörte innerlich, wenn er fühlte, empfand innerlich Worte. Er hatte auch kein abstraktes Denken, sondern ein innerliches Erklingen in Worten. Es gab kein verinnerlichtes Fühlen wie heute; das primitive Seelenleben war eng verbunden mit der innerlichen Wortkonfiguration, Tonkonfiguration. Auf dem Grunde der Sprach- und Gedanken- und Gefühlsentwickelung lag einmal das innerliche Rezitieren. Es differenzierte sich in die Sprache, die künstlerisch blieb, und in das musikalische, wortlose Erklingen von Tönen. Als Drittes gliederte sich dann ab der eigentliche Gedanke. Weil das Prosaische des abstrakten Denkens mit dem Materialismus eng verknüpft ist, ist heute das Gefühl verloren gegangen für künstlerische Gestaltung der Sprache.

Der Eurythmist muß sich das ganz im Wesentlichen aneignen. Zunächst das Gefühl für das Jambische und Trochäische, das dem Schreiten den besonderen Charakter geben muß: im jambischen Versmaß den Willenscharakter, im trochäischen das Verwirklichen des Denkens. Im Anapästischen haben wir ein intimeres empfindungsmäßiges Gestalten der Sprache; das vergeistigt die Sprache. Das Trochäische weiter konfiguriert gibt das daktylische Versmaß, ein Diktieren, Sagen, Behaupten – sichtbar gemacht im Zeitverlauf und im Raume. Durch die Raumesformen kann man in das Poetische der Sprache leichter hineingehen als beim Rezitieren und Deklamieren. In dem künstlerischen Gestalten der Sprache muß die Sehnsucht immer darauf gehen, sich wirklich an die Phantasie zu wenden. In der Möglichkeit, Bilder zu finden, beruht die innere Gestaltung der Sprache. Der Laut als solcher ist immer ein Bild für das, was er bezeichnen will; wer das empfindet, wird sich auch angewöhnen, die Empfindung zu haben für den Gebrauch von Bildern in der poetischen Sprache. Metaphern. Synekdochen. Rückwärtsschreiten: Aufsteigen zu einem Umfassenderem; Vorwärtsschreiten: Hineingehen in ein weniger Umfassendes. Seitwärtsschreiten: Konversation; denn diese ist metaphorisch gebildet, im Sinne der Verwandtschaft zwischen zwei darzustellenden Dingen.

Formen, die sich aus der Wesenheit des Menschen ergeben

Die Charakteristik der eurythmischen Geste nahmen wir bis jetzt von der Lautsprache her; wir wollen jetzt von der Wesenheit des Menschen ausgehend die Form- und Bewegungsmöglichkeiten entwickeln. Zwölf Gesten, die in ihrem Gesamtumfange das ganze Menschenwesen darstellen. Sie erschöpfen den Menschen in seinen Elementen, fassen ihn zusammen im Tierkreis; in Haltung und Form kommen die menschlichen Fähigkeiten zum Ausdruck. Von den ruhigen Haltungsgesten gehen wir über zu den Bewegungen, die die innern Betätigungsmöglichkeiten darstellen und in dem Planetarischen ihren Ursprung haben. In ihrer Siebenheit haben wir die Zusammenfassung des Tierischen ins Menschliche. Neunzehn Lautmöglichkeiten: im Tierkreis urständet das Konsonantische; im Reigen der Planeten das Vokalische. Durch menschliche Gesten und Bewegungsmöglichkeiten wird ein Kosmisches ausgedrückt. Das, was der Himmel spricht, ist eigentlich Wesenheit des Menschen. In der Nachahmung des Sternenreigens, aus dem Elemente des geistigen Erkennens, haben wir die Möglichkeit, in der Eurythmie dasjenige zu erneuern, was in den uralten Mysterien Tempeltanz war.

Hauptsächlichste, was durch die Eurythmie zum Vorschein kommt; daher ist am bedeutsamsten in der Eurythmie die Bewegung der Arme und Hände; der Kopf ist für den Geist da und kann in mannigfaltiger Weise nach seiner Organisation hin benützt werden. – Aus den zwölf Gebärden, die in Anlehnung an den Tierkreis, und den sieben Gebärden, die in Anlehnung an die Planetenkreisläufe gemacht werden, können immer welche für irgend etwas verwendet werden, z. B. für den Schlußreim. – Harmonisierende Übung: Ich denke die Rede. – Sorgfältige Analyse dessen, was man zu eurythmisieren hat – eine Notwendigkeit; es ist wichtiger, den Lautgehalt sich vor die Seele zu führen als den bloßen Sinngehalt. Das Gedicht muß erst seiner Sprachgestaltung nach erlebt werden, dann soll man es eurythmisieren. Bewegung, Gefühl, Charakter. Die Seele muß lernen, insofern sie eurythmisiert, ganz in dem Körper zu leben; der ganze Körper muß in der eurythmischen Ausführung Seele geworden sein.

LITERATURHINWEIS

(GA = Rudolf Steiner Gesamtausgabe / TB = Rudolf Steiner Taschenbücher)

Zur Weiterführung und Vertiefung der Darstellungen des vorliegenden Bandes sei auf folgende Ausgaben von Rudolf Steiner verwiesen:

Schriften

Theosophie. Einführung in übersinnliche Welterkenntnis und Menschenbestimmung (1904) GA 9 (TB 615)

Vorträge

Lachen und Weinen in *Metamorphosen des Seelenlebens – Pfade der Seelenerlebnisse*, Band II. Neun öffentliche Vorträge, Berlin 20. Januar bis 12. Mai 1910. GA 59 (TB 622)

Anthroposophie – Psychosophie – Pneumatosophie. Zwölf Vorträge, Berlin 23. bis 27. Oktober 1909, 1. bis 4. November 1910, 12. bis 16. Dezember 1911. GA 115

Der menschliche und der kosmische Gedanke. Vier Vorträge, Berlin 20. bis 23. Januar 1914. GA 151

Entsprechungen zwischen Mikrokosmos und Makrokosmos. Der Mensch – eine Hieroglyphe des Weltenalls. Sechzehn Vorträge, Dornach 9. April bis 16. Mai 1920. GA 201

Die Gestaltung des Menschen als Ergebnis kosmischer Wirkungen in *Anthroposophie als Kosmosophie*, Teil II. Elf Vorträge, Dornach 21. Oktober bis 13. Nov. 1921. GA 208

Der Mensch als Zusammenklang des schaffenden, bildenden und gestaltenden Weltenwortes. Zwölf Vorträge, Dornach 19. Oktober bis 11. November 1923. GA 230

Goethe als Vater einer neuen Ästhetik / Über das Komische / Das Wesen der Künste in *Kunst und Kunsterkenntnis. Grundlagen einer neuen Ästhetik.* Sechs Aufsätze aus den Jahren 1888 bis 1898. Acht Vorträge, gehalten 1909, 1918, 1920, 1923 in verschiedenen Städten. GA 271 (TB 650)

Kunst im Lichte der Mysterienweisheit. Acht Vorträge, Dornach 28. Dezember 1914 bis 4. Januar 1915. GA 275

Anthroposophie und Kunst / Anthroposophie und Dichtung in *Das Künstlerische in seiner Weltmission.* Acht Vorträge, Kristiania (Oslo) 18., 20. Mai; Dornach 27. Mai bis 9. Juni 1923. GA 276

Eurythmie – Die Offenbarung der sprechenden Seele. Eine Fortbildung der Goetheschen Metamorphosenanschauung im Bereich der menschlichen Bewegung. Ansprachen zu Eurythmie-Aufführungen aus den Jahren 1918 bis 1924. GA 277

Die Entstehung und Entwickelung der Eurythmie. Kurse in Bottmingen 1912 und Dornach 1915. Ansprachen, Programme Ankündigungen u. a. GA 277a

Eurythmie als sichtbarer Gesang. Ton-Eurythmie-Kurs. Acht Vorträge, Dornach 19. bis 27. Februar 1924. GA 278

Heileurythmie. Acht Vorträge für Ärzte und Eurythmisten, Dornach 1921 und Stuttgart 1922. GA 315

✻

Sprachgestaltung und dramatische Kunst. Dramatischer Kurs. Neunzehn Vorträge, eine Fragenbeantwortung und fünf vorbereitende Stunden, Dornach 1921 und 1924. GA 282

Das Wesen des Musikalischen und das Tonerlebnis im Menschen. Acht Vorträge, Fragenbeantwortungen und Schlußwort, in verschiedenen Städten 1906, 1920 bis 1923. GA 283 (TB 700)

Aus dem künstlerischen Werk

Entwürfe zu den Eurythmiefiguren. 37 s/w-Tafeln, 4 farbige Abbildungen von Eurythmiefiguren, 1922. GA K 26 (363)

Die Eurythmiefiguren von Rudolf Steiner, malerisch ausgeführt von Annemarie Bäschlin. 35 Farbtafeln mit Textheft. GA K 26 a (367).

Eurythmieformen zu Dichtungen und Musik in 9 Bänden

   I: *Eurythmieformen zu Dichtungen von Rudolf Steiner* 125 Faksimiles. GA K 23 / 1 (3681)

  II: *Eurythmieformen zu den Wochensprüchen des anthroposophischen Seelenkalenders*, von Rudolf Steiner. 130 Faksimiles. K 23 / 2 (3682)

 III: *Eurythmieformen zu Dichtungen von Johann Wolfgang von Goethe*. 199 Faksimiles. GA K 23 / 3. (3683)

  IV: *Eurythmieformen zu Dichtungen von Christian Morgenstern*. 257 Faksimiles. GA K 23 / 4 (3684)

   V: *Eurythmieformen zu Dichtungen von Albert Steffen*. 131 Faksimiles. GA K 23 / 5 (3685)

  VI: *Eurythmieformen zu deutschsprachigen Dichtungen von Fercher von Steinwand, Hamerling, Hebbel, Meyer, Nietzsche u.a.* 230 Faksimiles. GA 23 / 6 (3686)

 VII: *Eurythmieformen zu englischen Dichtungen*. 156 Faksimiles. GA K 23 / 7 (3687)

VIII: *Eurythmieformen zu französischen und russischen Dichtungen*. 160 Faksimiles. GA K 23 / 8 (3688)

  IX: *Eurythmieformen für die Ton-Eurythmie*. 167 Faksimiles. K 23 / 9 (3689)

Beleuchtungs- und Kostümangaben für die Laut- und Ton-Eurythmie

  I: Ägyptisch bis Goethe. 5301
 II: Hamerling bis Schröer. 5302
III: Steffen bis Volksweise. 5303
 IV: Fremdsprachige Texte. 5304
  V: Ton-Eurythmie. 5310

Das Lebenswerk Rudolf Steiners ist überliefert in den geschriebenen Werken und in den Nachschriften seiner stets frei gehaltenen Vorträge. Hinzu kommen zahlreiche künstlerische Arbeiten, von denen die beiden Goetheanumbauten weltweite Beachtung gefunden haben. Seine Ausführungen über Pädagogik, Landwirtschaft, Medizin, Nationalökonomie usw. führten zur Begründung zahlreicher Einrichtungen, die als Bereicherung des öffentlichen Kulturlebens immer mehr Anerkennung finden.

Im Auftrag Rudolf Steiners hat Marie Steiner-von Sivers die Vortragsnachschriften durchgesehen und veröffentlicht. Nach ihrem Tod (1948) wurde gemäß ihren Richtlinien von der durch sie 1943 begründeten Rudolf Steiner-Nachlaßverwaltung mit der Herausgabe der Rudolf Steiner-Gesamtausgabe begonnen. Diese wird etwa 350 Bände umfassen. In den beiden ersten Abteilungen erscheinen die *Schriften* und das *Vortragswerk*, in der dritten Abteilung wird das *künstlerische Werk* in entsprechender Form wiedergegeben.

Einen systematischen Überblick über die Gesamtausgabe (GA) gibt der Band «Bibliographische Übersicht. Das literarische und künstlerische Werk von Rudolf Steiner». Über den jeweiligen Stand der erschienenen Bände orientieren die Bücherverzeichnisse und der Gesamtkatalog des Rudolf Steiner Verlages.

Chronologischer Lebensabriß
(zugleich Übersicht über die geschriebenen Werke)

1861	Am 27. Februar wird Rudolf Steiner in Kraljevec (damals Österreich-Ungarn, heute Jugoslawien) als Sohn eines Beamten der österreichischen Südbahn geboren. Seine Eltern stammen aus Niederösterreich. Er verlebt seine Kindheit und Jugend an verschiedenen Orten Österreichs.
1872	Besuch der Realschule in Wiener-Neustadt bis zum Abitur 1879.

1879–1882	Studium an der Wiener Technischen Hochschule: Mathematik und Naturwissenschaft, zugleich Literatur, Philosophie und Geschichte. Grundlegendes Goethe-Studium.
1882	Erste schriftstellerische Tätigkeit.
1882–1897	Herausgabe von Goethes Naturwissenschaftlichen Schriften in Kürschners «Deutsche National-Litteratur», 5 Bände (GA 1a–e). Eine selbständige Ausgabe der Einleitungen erschien 1925 unter dem Titel *Goethes Naturwissenschaftliche Schriften* (GA 1).
1884–1890	Privatlehrer bei einer Wiener Familie.
1886	Berufung zur Mitarbeit bei der Herausgabe der großen «Sophien-Ausgabe» von Goethes Werken. *Grundlinien einer Erkenntnistheorie der Goetheschen Weltanschauung mit besonderer Rücksicht auf Schiller* (GA 2).
1888	Redakteur bei der «Deutschen Wochenschrift», Wien (Aufsätze daraus in GA 31). Vortrag im Wiener Goethe-Verein: *Goethe als Vater einer neuen Ästhetik* (in GA 30).
1890–1897	Weimar. Mitarbeit am Goethe- und Schiller-Archiv. Herausgeber von Goethes Naturwissenschaftlichen Schriften.
1891	Promotion zum Doktor der Philosophie an der Universität Rostock. 1892 erscheint die erweiterte Dissertation: *Wahrheit und Wissenschaft. Vorspiel einer «Philosophie der Freiheit»* (GA 3).
1894	*Die Philosophie der Freiheit. Grundzüge einer modernen Weltanschauung. Seelische Beobachtungsresultate nach naturwissenschaftlicher Methode* (GA 4).
1895	*Friedrich Nietzsche, ein Kämpfer gegen seine Zeit* (GA 5).
1897	*Goethes Weltanschauung* (GA 6). Übersiedlung nach Berlin. Herausgabe des «Magazin für Litteratur» und der «Dramaturgischen Blätter» zusammen mit O. E. Hartleben (Aufsätze daraus in GA 29–32). Wirksamkeit in der «Freien literarischen Gesellschaft», der «Freien dramatischen Gesellschaft», im «Giordano Bruno-Bund», im Kreis der «Kommenden» u. a.
1899–1904	Lehrtätigkeit an der von W. Liebknecht gegründeten Berliner «Arbeiter-Bildungsschule».

1900/01	*Welt- und Lebensanschauungen im 19. Jahrhundert*, 1914 erweitert zu: *Die Rätsel der Philosophie* (GA 18). Beginn der anthroposophischen Vortragstätigkeit auf Einladung der Theosophischen Gesellschaft in Berlin. *Die Mystik im Aufgange des neuzeitlichen Geisteslebens* (GA 7).
1902–1912	Aufbau der Anthroposophie. Regelmäßige öffentliche Vortragstätigkeit in Berlin und ausgedehnte Vortragsreisen in ganz Europa. Marie von Sivers (ab 1914 Marie Steiner) wird seine ständige Mitarbeiterin.
1902	*Das Christentum als mystische Tatsache und die Mysterien des Altertums* (GA 8).
1903	Begründung und Herausgabe der Zeitschrift «Luzifer», später «Lucifer-Gnosis» (Aufsätze in GA 34).
1904	*Theosophie. Einführung in übersinnliche Welterkenntnis und Menschenbestimmung* (GA 9).
1904/05	*Wie erlangt man Erkenntnisse der höheren Welten?* (GA 10). *Aus der Akasha-Chronik* (GA 11). *Die Stufen der höheren Erkenntnis* (GA 12).
1910	*Die Geheimwissenschaft im Umriß* (GA 13)
1910–1913	In München werden die *Vier Mysteriendramen* (GA 14) uraufgeführt.
1911	*Die geistige Führung des Menschen und der Menschheit* (GA 15).
1912	*Anthroposophischer Seelenkalender. Wochensprüche* (in GA 40, und selbständige Ausgaben). *Ein Weg zur Selbsterkenntnis des Menschen* (GA 16).
1913	Trennung von der Theosophischen und Begründung der Anthroposophischen Gesellschaft. *Die Schwelle der geistigen Welt* (GA 17).
1913–1922	Errichtung des in Holz als Doppelkuppelbau gestalteten ersten Goetheanum in Dornach/Schweiz. Im gleichen Zeitraum entstanden in Dornach ebenfalls nach Entwürfen Rudolf Steiners mehrere Wohn- und Zweckbauten, so das Haus Duldeck, Haus de Jaager, drei Eurythmiehäuser, Heizhaus, Transformatorenhäuschen, Glashaus, Verlagshaus u. a.
1914–1923	Dornach und Berlin. In Vorträgen und Kursen in ganz Europa gibt Rudolf Steiner Anregungen für eine Erneuerung auf vielen Lebensgebieten: Kunst, Pädagogik, Naturwissenschaften, soziales Leben, Medizin, Theologie. Weiterbildung der 1912 inaugurierten neuen Bewegungskunst «Eurythmie».

1914	*Die Rätsel der Philosophie in ihrer Geschichte als Umriß dargestellt* (GA 18).

| 1916–1918 | *Vom Menschenrätsel* (GA 20). *Von Seelenrätseln* (GA 21). *Goethes Geistesart in ihrer Offenbarung durch seinen «Faust» und durch das «Märchen von der Schlange und der Lilie»* (GA 22). |

1919   Rudolf Steiner vertritt den Gedanken einer «Dreigliederung des sozialen Organismus» in Aufsätzen und Vorträgen, vor allem im süddeutschen Raum. *Die Kernpunkte der sozialen Frage in den Lebensnotwendigkeiten der Gegenwart und Zukunft* (GA 23). *Aufsätze über die Dreigliederung des sozialen Organismus* (GA 24). Im Herbst wird in Stuttgart die «Freie Waldorfschule» begründet, die Rudolf Steiner bis zu seinem Tode leitet.

1920   Beginnend mit dem Ersten anthroposophischen Hochschulkurs finden im noch nicht vollendeten Goetheanum fortan regelmäßig künstlerische und Vortragsveranstaltungen statt.

1921   Begründung der Wochenschrift «Das Goetheanum» mit regelmäßigen Aufsätzen und Beiträgen Rudolf Steiners (in GA 36).

1922   *Kosmologie, Religion und Philosophie* (GA 25). In der Silversternacht 1922/23 wird der Goetheanumbau durch Brand vernichtet. Für einen neuen in Beton konzipierten Bau kann Rudolf Steiner in der Folge nur noch ein erstes Außenmodell schaffen.

1923   Unausgesetzte Vortragstätigkeit, verbunden mit Reisen. Zu Weihnachten 1923 Neubegründung der «Anthroposophischen Gesellschaft» als «Allgemeine Anthroposophische Gesellschaft» unter der Leitung Rudolf Steiners.

1923–1925   Rudolf Steiner schreibt in wöchentlichen Folgen seine unvollendet gebliebene Selbstbiographie *Mein Lebensgang* (GA 28) sowie *Anthroposophische Leitsätze* (GA 26), und arbeitet mit Dr. Ita Wegman an dem Buch *Grundlegendes für eine Erweiterung der Heilkunst nach geisteswissenschaftlichen Erkenntnissen* (GA 27).

1924   Steigerung der Vortragstätigkeit. Daneben zahlreiche Fachkurse. Letzte Vortragsreisen in Europa. Am 28. September letzte Ansprache zu den Mitgliedern. Beginn des Krankenlagers.

1925   Am 30. März stirbt Rudolf Steiner in Dornach.

RUDOLF STEINER GESAMTAUSGABE

Überblick über das literarische und künstlerische Werk

Erste Abteilung: Die Schriften

I. Werke

Goethes Naturwissenschaftliche Schriften, eingeleitet und kommentiert von
Rudolf Steiner, 5 Bände (GA 1a–e); separate Ausgabe der Einleitungen (GA 1)

Grundlinien einer Erkenntnistheorie der Goetheschen Weltanschauung (GA 2)

Wahrheit und Wissenschaft. Vorspiel einer «Philosophie der Freiheit» (GA 3)

Die Philosophie der Freiheit (GA 4)

Friedrich Nietzsche, ein Kämpfer gegen seine Zeit (GA 5)

Goethes Weltanschauung (GA 6)

Die Mystik im Aufgange des neuzeitlichen Geisteslebens und ihr Verhältnis zur
modernen Weltanschauung (GA 7)

Das Christentum als mystische Tatsache und die Mysterien des Altertums (GA 8)

Theosophie. Einführung in übersinnliche Welterkenntnis und Menschenbestimmung (GA 9)

Wie erlangt man Erkenntnisse der höheren Welten? (GA 10)

Aus der Akasha-Chronik (GA 11)

Die Stufen der höheren Erkenntnis (GA 12)

Die Geheimwissenschaft im Umriß (GA 13)

Vier Mysteriendramen: Die Pforte der Einweihung – Die Prüfung der Seele –
Der Hüter der Schwelle – Der Seelen Erwachen (GA 14)

Die geistige Führung des Menschen und der Menschheit (GA 15)

Anthroposophischer Seelenkalender (in GA 40)

Ein Weg zur Selbsterkenntnis des Menschen (GA 16)

Die Schwelle der geistigen Welt (GA 17)

Die Rätsel der Philosophie in ihrer Geschichte als Umriß dargestellt (GA 18)

Vom Menschenrätsel (GA 20)

Von Seelenrätseln (GA 21)

Goethes Geistesart in ihrer Offenbarung durch seinen «Faust» und durch das
«Märchen von der Schlange und der Lilie» (GA 22)

Die Kernpunkte der sozialen Frage in den Lebensnotwendigkeiten der Gegenwart
und Zukunft (GA 23)

Aufsätze über die Dreigliederung des sozialen Organismus und zur Zeitlage
1915–1921 (GA 24)

Kosmologie, Religion und Philosophie (GA 25)

Anthroposophische Leitsätze (GA 26)

Grundlegendes für eine Erweiterung der Heilkunst nach geisteswissenschaftlichen
Erkenntnissen. Von Dr. Rudolf Steiner und Dr. Ita Wegman (GA 27)

Mein Lebensgang (GA 28)

II. Gesammelte Aufsätze

Gesammelte Aufsätze zur Dramaturgie 1889–1900 (GA 29)

Methodische Grundlagen der Anthroposophie. Gesammelte Aufsätze zur Philosophie, Naturwissenschaft, Ästhetik und Seelenkunde 1884–1901 (GA 30)

Gesammelte Aufsätze zur Kultur- und Zeitgeschichte 1887–1901 (GA 31)

Gesammelte Aufsätze zur Literatur 1886–1902 (GA 32)

Biographien und biographische Skizzen 1894–1905 (GA 33)

Lucifer–Gnosis. Grundlegende Aufsätze zur Anthroposophie und Berichte aus den Zeitschriften «Luzifer» und «Lucifer-Gnosis» 1903–1908 (GA 34)

Philosophie und Anthroposophie. Gesammelte Aufsätze 1904–1918 (GA 35)

Der Goetheanumgedanke inmitten der Kulturkrisis der Gegenwart. Gesammelte Aufsätze aus der Wochenschrift «Das Goetheanum» 1921–1925 (GA 36)

III. Veröffentlichungen aus dem Nachlaß

Briefe – Wahrspruchworte – Bühnenbearbeitungen – Entwürfe zu den vier Mysteriendramen 1910–1913 – Anthroposophie. Ein Fragment aus dem Jahre 1910 – Gesammelte Skizzen und Fragmente – Aus Notizbüchern und -blättern (GA 38–47)

Zweite Abteilung: Das Vortragswerk

I. Öffentliche Vorträge

Die Berliner öffentlichen Vortragsreihen («Architektenhaus-Vorträge») 1903/04 bis 1917/18 (GA 51–67)

Öffentliche Vorträge, Vortragsreihen und Hochschulkurse an andern Orten Europas 1906–1924 (GA 68–84)

II. Vorträge vor Mitgliedern der Anthroposophischen Gesellschaft

Vorträge und Vortragszyklen allgemein-anthroposophischen Inhalts – Evangelien-Betrachtungen – Christologie – Geisteswissenschaftliche Menschenkunde – Kosmische und menschliche Geschichte – Die geistigen Hintergründe der sozialen Frage – Der Mensch in seinem Zusammenhang mit dem Kosmos – Karma-Betrachtungen (GA 91–244)

Vorträge und Schriften zur Geschichte der anthroposophischen Bewegung und der Anthroposophischen Gesellschaft – Veröffentlichungen zur Geschichte und aus den Inhalten der Esoterischen Schule (251–270)

III. Vorträge und Kurse zu einzelnen Lebensgebieten

Vorträge über Kunst: Allgemein-Künstlerisches – Eurythmie – Sprachgestaltung und Dramatische Kunst – Musik – Bildende Künste – Kunstgeschichte (GA 271–292)

Vorträge über Erziehung (GA 293–311)

Vorträge über Medizin (GA 312–319)

Vorträge über Naturwissenschaft (GA 320–327)

Vorträge über das soziale Leben und die Dreigliederung des sozialen Organismus (GA 328–341)

Vorträge für die Arbeiter am Goetheanumbau (GA 347–354)

Dritte Abteilung: Das künstlerische Werk

Reproduktionen und Veröffentlichungen aus dem künstlerischen Nachlaß

Originalgetreue Wiedergaben von malerischen und graphischen Entwürfen und Skizzen Rudolf Steiners in Kunstmappen oder als Einzelblätter: Entwürfe für die Malerei des Ersten Goetheanum – Schulungsskizzen für Maler – Programmbilder für Eurythmie-Aufführungen – Eurythmieformen – Entwürfe zu den Eurythmiefiguren – Wandtafelzeichnungen aus dem Vortragswerk, u. a.

Die Bände der Rudolf Steiner Gesamtausgabe sind innerhalb einzelner Gruppen einheitlich ausgestattet. Jeder Band ist einzeln erhältlich. Ausführliche Verzeichnisse können beim Verlag angefordert werden.